古代歷史文化研究輯刊

十編

王明蓀 主編

第 3 冊

商周鑄研究

馮卓慧 著

國家圖書館出版品預行編目資料

商周鎛研究／馮卓慧 著 — 初版 — 新北市：花木蘭文化出版
社，2013〔民 102〕

目 6+216 面；19×26 公分

（古代歷史文化研究輯刊 十編；第 3 冊）

ISBN：978-986-322-331-3（精裝）

1. 樂器　2. 商代　3. 周代

618　　　　　　　　　　　　　　　　　102014356

ISBN-978-986-322-331-3

9 789863 223313

古代歷史文化研究輯刊
十 編　第三 冊　　　　　　　ISBN：978-986-322-331-3

商周鎛研究

作　　者　馮卓慧

主　　編　王明蓀

總 編 輯　杜潔祥

出　　版　花木蘭文化出版社

發 行 所　花木蘭文化出版社

發 行 人　高小娟

聯絡地址　235 新北市中和區中安街七二號十三樓

　　　　　電話：02-2923-1455／傳眞：02-2923-1452

網　　址　http://www.huamulan.tw 信箱 sut81518@gmail.com

印　　刷　普羅文化出版廣告事業

初　　版　2013 年 9 月

定　　價　十編 35 冊（精裝）新台幣 62,000 元　　　版權所有‧請勿翻印

商周鎛研究

馮卓慧　著

作者簡介

馮卓慧，男，漢族，內蒙古包頭市人。現供職於中國藝術研究院音樂研究所。

2005 至 2008 年於中國藝術研究院研究生院攻讀博士學位，師從王子初研究員，研究方向為中國音樂考古學。畢業論文《商周鎛研究》獲得《第五屆高校學生中國音樂史論文評選》二等獎。

曾參與《中國音樂文物大系・湖南卷》、《中國音樂文物大系・內蒙古卷》等多個卷本的編輯工作，並擔任《中國音樂文物大系》總編輯部副主任及《中國音樂文物大系・江西卷》與《中國音樂文物大系・續河南卷》副主編。曾參與文化部《全國文化資訊資源分享工程》之精品資源庫 ——《古琴文化資訊資源專題庫》的編撰，並兼任副主編。在學術期刊、學術會議發表論文數十萬字。

提　　要

在中國音樂發展史上，夏、商、周三代被稱為「金石之樂時期」。這一時期最突出的特點在於，青銅樂鐘與石質編磬的大量使用。作為金石之樂的代表，編鐘與編磬反映了當時禮樂文明發展的高度。通過目前的考古發現可以看到，在中國先秦階段，特別是商周時期，由編鐘與編磬所反映出的音樂表現能力已經發展至相當的高度，形成了鮮明的時代特點。鎛作為中國青銅樂鐘之一，盛行于商周時期，因其聲學性能與社會功用的特點鮮明，所以在「金石之樂」中具有特殊的地位。

本文通過對目前所知的 430 多件鎛的系統研究，基本理清了這一類青銅樂器的起源、發展、興盛以及衰亡的歷史軌跡。在起源階段，文中著重對目前所知的 17 件南方鎛的形制與紋飾進行逐件的分析，將其變化置於歷史背景中進行考察。在鎛進入中原以後，就被納入青銅樂懸的組合之中，其形紋與音樂能力的一系列轉變都與此相關，並由此走上興旺一時的道路。在鎛興盛於鄭、葉之地時，其自身的諸多局限卻蘊含著鎛衰落的必然，至戰國中期以後，隨著陶制鎛與非實用器的大量出現 標誌著一個時代的結束。文中通過將每一階段鎛之墓葬資訊以及鎛的形制、紋飾、音響性能、音列構成與組合形式進行橫向的剖析與縱向的比較，從歷時性與共時性不同的角度對鎛進行全方位的考察。其中，關於鎛的起源、中原對鎛的引入、鎛的地域文化特點以及鎛興盛期的分析，是建立在一般考古學現有研究成果的基礎之上，並充分利用音樂考古學的研究方法，較為清晰地梳理了先秦時期鎛的發展脈絡。由此，基本上確立起鎛演變發展的譜系序列，為商周時期禮樂文明與音樂文化的研究提供了不同的視角和參照尺規。

目次

圖片目錄

表格目錄

緒　言

　　中國的商周時期，經歷過一個青銅打擊樂器十分繁榮的時代。特別是西周以往，隨著周初統治者推行禮樂制度的影響所及，青銅樂鍾成爲令人矚目的禮樂重器，進而躋身爲國家重典「樂懸」的主要組成部分。

　　以合瓦形腔體爲主要特徵的中國青銅樂鍾，未見於世界各古老文明之中，是中華文化園中一道特別絢麗的風景。其所體現出來的高文化、高技術和高藝術的內涵，無愧於我們民族「禮儀之邦」的自詡。中國青銅樂鍾有廣義的一說，其概念可以包含盛行於商周時期的所有鍾類樂器，如鍾、鉦、鐸、鐃、句鑃乃至錞于等器。本文擬採用其狹義的概念。狹義的中國青銅樂鍾，主要是指以合瓦形腔體爲主要特徵、有固定音高、可以演奏旋律的青銅鍾類樂器。本文所要論述的鎛即爲其中之一。除了鎛之外，這一概念還應該包括甬鍾、紐鍾等兩種。甬鍾產生於西周早期，紐鍾出現於西周末、春秋初期；而鎛，如果以江西新干縣大洋洲殷代後期大墓出土的渦紋獸面紋鎛爲標誌，其至晚應在殷商的中晚期已經面世。相比之下，鎛是中國青銅樂鍾中的元老。

一、鎛的名實

　　鎛這種古老的青銅樂器，曾在商周時期盛行一時。關於其名與實，自古以來多有不同見解，甚至不乏種種的誤解。如有關這種青銅鍾類樂器的大小，歷史文獻中就有截然相反的說法。《國語·周語下》記載：「細鈞有鍾無鎛，昭其大也。」韋昭注：「鍾，大鍾。鎛，小鍾也。」〔註1〕而在《周禮》春官

〔註1〕 《國語》卷三，上海師範大學古籍整理組，上海古籍出版社，1978年3月版，第137頁。

中，關於鎛師的職位記有：「鎛師，中士二人，下士四人，府二人，史二人，胥二人，徒二十人。」鄭玄注曰：「鎛如鍾而大。」〔註2〕漢代許慎在《說文解字》中，釋鎛爲：「鎛，大鍾錞于之屬。」〔註3〕唐代賈公彥疏《儀禮》時，也持「如鍾而大」的觀點。〔註4〕如依文獻，鎛究竟是大是小？齟齬若此！

北宋金石之學興起，作爲青銅重器的鎛漸入金石學家的視野。呂大臨在《考古圖》中錄有齊侯鎛5件，其中只有1件爲今天所言之鎛。〔註5〕雖然，宋人已經有意通過圖例來表示鎛與甬鍾的區別，但卻基本上仍然承襲了漢儒關於鎛的大小之辨。

近人對於鎛的研究與資料的逐漸增多有關。郭沫若在《兩周金文辭大系圖錄考釋》之圖編序說中認爲：「較鍾稍後起者爲鎛，鎛乃鍾與拊之合體也。」文中對鎛形制的界定是通過與甬鍾的對比完成的：「鍾有甬而鎛用紐，鍾枚長而鎛枚短，鍾銑侈而鎛銑弇，鍾于彎而鎛于平。」〔註6〕唐蘭在《古樂器小記》中提出：「鎛之形，上爲紐，下口如囊也。」〔註7〕馬承源對鎛的界定基本沿襲了文獻記載，但其又從禮樂功用加以解釋：「大型單個打擊樂器，盛行於春秋戰國時期，是貴族在宴饗或祭祀時，與編鍾、編磬相和使用的樂器。鎛的形制與紐鍾相同，但體形特大。……鎛如大鍾，是用以指揮樂隊的節奏性樂器。」〔註8〕其後，學者對於鎛的認識逐步清晰，對於鎛的名實關係也趨於統一。朱鳳瀚在《古代中國青銅器》中，通過鎛的自銘，認爲「鎛除平口外，還有下述特點：器身橫截面多作扁橢圓形，但亦有作葉形（合瓦形）者，紐部多附有蟠曲堆垛的獸形紋飾，無枚或有扁圓及其他形制的枚。」〔註9〕

音樂理論界對於鎛的界定，與一般考古學界相似，但更多的是音樂角度

〔註2〕 《十三經注疏》，北京，中華書局，1980年版，第754頁。

〔註3〕 許慎：《說文解字》（段玉裁注），鄭州，中州古籍出版社，2006年版，第709頁。

〔註4〕 《十三經注疏》，北京，中華書局，1980年版，第1028

〔註5〕 呂大臨：《考古圖》，《宋人著錄金文叢刊》。北京，中華書局，2005年版，第13頁。

〔註6〕 郭沫若：《兩周金文辭大系圖錄考釋》（一），北京，科學出版社，1957年12月版，第14頁。

〔註7〕 唐蘭：《古樂器小記》，《燕京學報》，第14期。

〔註8〕 馬承源：《中國青銅器》，上海古籍出版社，2005年，第283頁。

〔註9〕 朱鳳瀚：《古代中國青銅器》，天津，南開大學出版社，1995年版，第247頁。

的考量。袁荃猷認爲：鎛與鍾的最大區別在於其下口之平齊。〔註 10〕李純一認爲：鎛是一種銅製鍾體、有旋紐、擊奏體鳴樂器。〔註 11〕王子初對於鎛剖析得較爲具體，而且從歷史發展的角度，指出鎛的基本特徵：「殷末周初，鎛的形制已有了基本的規範。如合瓦形的腔體，平齊的于口，富於裝飾的懸紐等。……春秋中期前後，鎛在中原地區有了較大地發展。這種發展主要朝著以下兩個方面進行：一是追求形制巨大，二是追求更爲完善的音樂性能〔註 12〕。方建軍認爲：「西周的編鎛是一種大型的鍾體樂器，其發音低沉渾厚，餘音悠長。……春秋晚期，編鎛的扉棱消失，除鎛體爲平口而非凹口外，其體制與其它種類的鍾體樂器大致相同。」〔註 13〕「兩周鎛在形制上有兩個主要特徵，一是平口，二是有紐。」〔註 14〕從今日所見大量自殷商以來的青銅鎛標本，人們已完全可以掙脫漢儒所設置的紛爭泥淖：一般來說，鎛與其他兩種青銅鍾類樂鍾——甬鍾和紐鍾相比，的確是一種形制較爲大型的樂器。因其形制較大，在春秋以往出現的大型組合編鍾中，鎛順理成章地擔任了低音區的功能。

從有銘鎛的分析來看，自銘爲鎛者，目前可知的共有 3 件，爲齊鑮鎛、叔夷鎛以及邾公孫鎛。容希白《商周彝器通考》載：「今所見稱鎛者三器，尸鎛、綸鎛、邾公孫鎛，其于皆平，故唐蘭於鍾類之後別爲鎛類。然而宋公成鍾、留鍾、麋侯鍾于平而亦稱鍾，且于平者皆不大，故知鍾鎛之無別也。」〔註 15〕李純一指出了容希白觀點的誤區，認爲以鎛自名的僅限於齊、邾等國。而更多的鎛自名爲鍾。〔註 16〕鎛本來就是樂鍾之一種，李純一的說法是合理的。

綜合上述學者的觀點，並結合鎛的考古實物標本，不難找到如下有關鎛形制上的共同點：一是形制較大，二是繁紐直懸，三是于口平齊。形制較大，

〔註 10〕袁荃猷：《北京音樂文物綜述》，《中國音樂文物大系・北京卷》，鄭州，大象出版社，1996 年，第 2 頁。

〔註 11〕李純一：《中國上古出土樂器綜論》，北京，文物出版社，1996 年版，第 145 頁。

〔註 12〕王子初：《禮樂重器鎛的發掘與研究》，《中國音樂考古學》，福州，福建教育出版社，2003 年版，第 563～575 頁。

〔註 13〕方建軍：《陝西音樂文物綜述》，《中國音樂文物大系・陝西卷》，鄭州，大象出版社，1996 年。

〔註 14〕方建軍：《兩周銅鎛綜論》，《東南文化》，1994 年，第 1 期

〔註 15〕容希白：《商周彝器通考》，臺灣大通書局，1973 年版，上冊第 495 頁。

〔註 16〕李純一：《中國上古出土樂器綜論》，北京，文物出版社，1996 年版，第 145 頁。

是指一般而言，即偶也有形制較小者；繁紐直懸，也是指一般而言，即偶也有簡紐直懸者；而于口平齊，則爲鎛最重要的特徵，非于口平齊者不可稱鎛。因年代的不同，鎛的形制也有所不同。早期鎛形制繁複多變，紋飾精緻，所飾獸面紋較爲具象，舞上置繁紐多飾；腔體截面更接近於橢圓形或圓角方形，腔體多置有扉棱和中脊，扉棱多飾有虎、鳥紋樣。成熟期的鎛形制較爲單一穩定，設有如甬鍾和紐鍾的獨立的枚、篆、鉦區及鼓部，扉棱消退。腔體更接近於合瓦形，銑棱較爲清晰，基本呈豎直狀，枚多見圓泡狀或螺旋形。本文所要研究的對象鎛，就是這類形制的樂鍾。

鎛盛行的時間跨度，主要集中於商、西周、春秋、戰國（前 16 世紀～前221），前後共約 1400 年。這也是本文研究對象時間範圍。於此時間跨度內，筆者搜集的研究對象已極爲豐富，所涉鎛的標本達四百餘件。這些鎛可分爲三期。第一期爲商至西周中期，共有 21 件。第二期爲西周中晚期至春秋晚期，共 237 件。第三期，春秋末年至戰國晚期，共 161 件。

二、鎛的研究概述

學界對中國青銅鎛的研究，多散見於青銅器研究的著作之中，系統專題的著述較不多見。目前能見到的專述有：《禮樂重器鎛的發掘與研究》〔註17〕《太原晉國趙卿墓銅編鎛和石編磬研究》〔註18〕《兩周銅鎛綜論》〔註19〕《商周鎛之考古學研究》〔註20〕以及《先秦青銅鎛研究》〔註21〕。

有關青銅鎛的起源，唐蘭在其《古樂器小記》〔註22〕中認爲鎛起源於搏拊，但在《關於大克鍾》一文裏，又認爲大鐃是鎛之源。〔註23〕郭沫若基本認同唐蘭搏拊說的觀點，隨後又提出甬鍾說。〔註24〕高至喜則主張鎛起源於

〔註17〕王子初：《禮樂重器鎛的發掘與研究》，《中國音樂考古學》，福州，福建教育出版社，2003 年版，第 563～575 頁。

〔註18〕王子初：《太原晉國趙卿墓銅編鎛和石編磬研究》，《殘鍾錄》，上海音樂學院出版社，2004 年版，第 318～351 頁。

〔註19〕方建軍：《兩周銅鎛綜論》，《東南文化》1994 年第 1 期，第 28～35 頁。

〔註20〕仇鳳琴：《商周鎛之考古學研究》，《文物春秋》2004 年第 1 期，第 32～37 頁。

〔註21〕楊濤：《先秦青銅鎛研究》，《黃鍾》，1993 年第 3 期，第 19～26 頁。

〔註22〕唐蘭：《古樂器小記》，《燕京學報》，第 14 期。

〔註23〕唐蘭：《關於大克鍾》，《出土文獻研究》，北京：文物出版社，1985 年，第 121～126 頁。

〔註24〕郭沫若：《兩周全文辭大系圖錄考釋》（一），科學出版社，1957 年，第 14 頁。

銅鈴。〔註 25〕陳雙新的《青銅鍾鎛起源研究》從文字學、器物學和樂器銘文本身等不同角度分析，認爲甬鍾和鎛分別起源於原始的竹、木策與搏拊，成熟鎛的形制是南北文化交互作用的結果。〔註 26〕王子初在《禮樂重器鎛的發掘與研究》中，則否定了鎛與商代大鐃與編鐃的直接傳承關係。〔註 27〕李純一在《先秦音樂史》中認爲：南方古越族鎛可能是脫胎於中原地區的夏鈴，而爲中原地區西周鎛之本。〔註 28〕

　　學界普遍認爲青銅鎛的衰落是受其音響性能的制約。李純一、方建軍、王子初分別在其論著中論及了鎛的于口平齊的結構，以及易產生混響的音樂特點。鎛與甬鍾的鍾體從外觀上最大的區別就是其于口的形狀。方建軍認爲：鎛體共鳴腔的形制決定了它的音響。鎛是平口而非凹口。凹口易使正鼓音與側鼓音分離，即可發出兩個不同音高的基音而具有良好的雙音性能。而平口的鍾體，較爲適合發一個正鼓音，其側鼓音極爲柔弱，往往與正鼓相同，或與正鼓音不能清晰地分離出來。西周鎛的口形有橢方形、橢圓形和合瓦形 3 種，且都有寬約 1～2 釐米左右的唇。這些表現在音響方面，肯定會有所不同。〔註 29〕程建政與蘭從慶在《中華和鍾之雙音鎛的聲頻特徵和振動方式研究》一文裏，從聲學角度給予闡述，利用譜估計對其輻射聲信號進行了譜分析，研究了其譜結構隨時間變化的情況。同時，通過不同位置的振動信號譜分析，重建了鎛在不同頻率下的振動方式。認爲中華和鍾的鎛敲擊後過渡到純音的時間較長，或不能過渡到純音，所以不能產生真正的較爲純淨低音，且餘音過長。只有增加音源部位的厚度才能有效解決這些問題。〔註 30〕王子初認爲，易生混響、不同頻率相互干擾是鍾類樂器之通病，只是因爲鎛的平于、短枚或無枚、腔體較爲渾圓、銑棱不突出的特點才使得這一問題更爲突出。〔註 31〕

〔註 25〕高至喜：《論商周銅鎛》，《湖南考古輯刊》，嶽麓書社，1986 年，第 38～47 頁。

〔註 26〕陳雙新：《青銅鍾鎛起源研究》，《中國音樂學》2002 年第 2 期。

〔註 27〕王子初：《禮樂重器鎛的發掘與研究》，《中國音樂考古學》，福建教育出版社，2003 年，第 563～575 頁。

〔註 28〕李純一：《先秦音樂史》，人民音樂出版社，2005 年。

〔註 29〕方建軍：《兩周銅鎛綜論》，《東南文化》1994 年第 1 期。

〔註 30〕程建政、蘭從慶：《中華和鍾之雙音鎛的聲頻特徵和振動方式研究》，《應用聲學》20 卷 5 期，2001 年。

〔註 31〕王子初：《禮樂重器鎛的發掘與研究》，《中國音樂考古學》，福建教育出版社，2003 年。

有關青銅鎛的紋飾研究在美術考古界已有較豐碩的成果，但是如何將這些成果與音樂考古學的研究成果相結合、相比較，產生更爲符合歷史原貌的結論尚有待開拓。

三、研究方法及意義

在中國音樂歷史上，夏商周三代被稱爲「金石之樂時期」，作爲金石之樂的代表，編鍾與編磬代表了當時禮樂文明的高峰。到目前爲止，已知的青銅鎛約有 400 多件，但是尚未有一部完整的中國青銅鎛發展史之著作，本文有意在這一方面作些初步的探索。此外，中國青銅樂鍾的發展史，是由鈴、鐃、紐鍾、甬鍾、鎛等一系列個案的發展歷史構成；如果能夠將每一類樂鍾的發展脈絡進行系統的梳理，建立起獨立的譜系，並在歷時性研究的基礎上分析各類樂鍾的共時性特徵，這對整部中國青銅樂鍾發展史的研究，無疑具有重要的意義。本文擬通過對大量出土青銅鎛的分析研究，梳理鎛在中國歷史上從其起源、發展、繁榮直至衰落的過程，以對中國青銅樂鍾發展史的研究做一份基礎工作，并希望對先秦音樂史及中國音樂考古學學科的建設有所促進。

禮樂文化是中國傳統文化的重要組成部分。中華民族的民族精神、文化心理、社會理想、倫理觀念、行爲方式、情感表現、審美傾向等文化事象，無不或隱或顯、潛移默化地帶有禮樂文化的印痕。〔註32〕自周公制禮作樂以來，禮樂制度對整個華夏文明產生了數千年的影響。西周以往，禮樂制度的核心在於明貴賤、辨等列，其時盛行的五禮中，無不用樂。依據現有的考古資料，已經存在掙脫以往以文獻史料爲基礎的傳統歷史學局限，開闢了運用現代考古學的理論和方法對周代禮樂制度進行研究的重要途徑。從這一方面而言，本文的研究是有重要意義的。

考古發掘的資料表明，在周公制禮之初，鎛並未入樂懸。但是，同樣從考古發現來看，至春秋戰國之際，鎛在各諸侯之間應用頻繁，達到了一個歷史時期的繁榮，這一現象之後的原因究竟是什麼？在西周以來的禮樂文化的氛圍中，青銅樂鍾鎛與其他同爲樂鍾的甬鍾、紐鍾，各自究竟扮演了什麼角色，其在禮儀活動中有何不同的象徵意義？楚惠王五十六年（公元前 433 年），強大的宗主國楚爲給附庸國曾的國君乙送葬，又爲什麼要送鎛？曾侯乙編鍾出土的時候，位於鍾架正中的楚王鎛赫然映入人們的眼簾。

〔註32〕劉清河、李銳：《先秦禮樂・引言》，雲龍出版社，1995 年，臺北。

秦漢以降，歷朝歷代無不功成作樂，鎛似乎仍受推崇。《資治通鑑》卷一四五載：「上素善鍾律，欲釐正雅樂……先是，宮懸止有四鎛，雜以編鍾、編磬、衡鍾凡十六虡。上始命設十二鎛，各有編鍾編磬凡三十六虡而去衡鍾四隅植建鼓。」〔註33〕南梁武帝「釐正雅樂」也以鎛爲準，雜以鍾磬之說。現今可見的宋、清宮廷雅樂用鍾，也大多具備平舞、平于、繁紐特徵的鎛。禮樂制度雖然消亡了，鎛的形制特徵卻得以延續，其象徵意義何在？這些問題都有待於深入研究。

本文擬使用考古學、音樂學、文獻學的研究方法，在詳盡現有資料的基礎上，結合一般考古學的研究成果，運用類型學、地層學、圖像學、樂律學、聲學等學科的相關基礎知識，並突出體現音樂考古學的學科特點，對中國青銅鎛之形制、紋飾、音樂相關結構、聲學與律學特徵等個性與共性之分析，力求對青銅鎛自身的發展歷程及其社會歷史地位進行系統地梳理。在此基礎上，本文力求建立起一套可以逐步完善的分析體系，以期將來能夠對每一類青銅樂鍾進行研究。

考古學資料的發現和發掘，不可避免地存在著偶然性和片斷性。歷史科學的本質，就是一門「遺憾的科學」。人類永遠不能絕對完全地再現歷史的本來面貌，但這並不妨礙人們通過努力，不斷地、無限地去接近歷史的眞實。如何將歷史留給我們的斷斷續續的、充滿空白的資料串聯起來，進行綜合、比較和分析，並進而找出盡可能接近歷史事實的信息，這是人類認識自身所走過的路的重要途徑，也是歷史學、考古學乃至音樂考古學研究的價値所在。

〔註33〕司馬光〔宋〕：《資治通鑑》，北京，中華書局，1956年。

第一章　鎛的起源

　　鎛作爲一種先秦的禮樂重器，歷來受到學者文人們的關注。關於鎛的來源問題，古來各家的說法多有不同。其中難免夾雜一些主觀臆測，也不乏包含一定合理因素的見解。概括而言，共有搏拊說、甬鍾說、大鐃說、銅鈴說等數種。

　　搏拊說產生較早，主張搏拊說的學者多是從歷史典籍尋找依據。有關搏拊的記載最早可見於《尚書·益稷》：夔曰「戛擊鳴球，搏拊琴瑟以詠，祖考來格。」漢孔安國傳曰：「搏拊，以韋爲之，實之以糠，所以節樂。」〔註 1〕後世史籍中所見搏拊的記述，多以此說爲據，將搏拊與鳴球、琴瑟共釋爲樂器。近代學者唐蘭在《古樂器小記》中提出：「蓋鎛之起源，本自於搏拊。……縛韋爲囊，而搏擊之以爲樂，是爲搏，搏拊即搏之復音耳。……其後銅器興，則仿搏拊之形而爲鎛。……而鎛之形，上爲紐，下口如囊也。」〔註 2〕綜觀唐蘭搏拊之說的依據，猜測成分居多。《尚書·益稷》所言「搏拊」，早已淹沒於歷史的長河之中。搏拊是何形貌，已無人知曉。漢儒的注解爲皮囊實糠的節拍之器，也無從求證。況且，這種皮囊實糠的節拍之器，無論其樂器之性質，或是其樂器的形制、質地，與作爲青銅鍾類樂器的鎛，很難找到其是否存在關聯。可見僅憑「鎛」、「搏」音近，就說「蓋鎛之起源，本自於搏拊」，只是一種臆測，不足爲憑。鎛來源於大鐃的觀點同爲所唐蘭首倡，其在《關於大克鍾》一文裏談到：「直懸的鎛，在形制上是繼承直懸的大鐃或鏞的，不過把甬變成紐了。大概側懸甬鍾的發展在西周前期，其所以要側懸，爲的

〔註 1〕　《十三經注疏》，北京，中華書局，1980 年版，第 144 頁。
〔註 2〕　唐蘭：《古樂器小記》，《燕京學報》，第 14 期。

是可以從一個鍾上打出兩種聲音。隨後又把直懸的大鐃或鏞，變甬爲紐。一般仍叫作鍾，加以區別時，就叫做鎛。」〔註 3〕唐蘭此說同樣不足爲據。唐蘭所謂的「直懸的大鐃或鏞」今已無法實指。但從其字裏行間分析，似應落實在西周以前出現的鍾類樂器上。按音樂考古學的一般理解，大鐃爲殷商時期流行在中國南方贛（江）鄱（陽湖）流域的大型青銅打擊樂器，其與同時出現在中國北方殷墟一帶的編鐃並行。至於唐蘭所說的甬鍾，其產生已是在西周前期。從江西新干大洋洲出土的商鎛來看，鎛至晚在殷商中晚期已經出現。根據它們流行時段分析，無論是大鐃或鏞，還是甬鍾，只能是鎛的「兄弟」甚至「子侄」，而決不能是「父輩」；鎛之「來源」一說難以立足。江西新干大洋洲出土青銅鎛 1 件，同時出土青銅大鐃 3 件，即是大鐃與鎛並行的實證，而且均爲迄今所見青銅鎛和青銅大鐃的最早標本。唐蘭的鎛來源於大鐃的觀點與其來源於搏拊一說，皆不可取。

近人郭沫若在《兩周金文辭大系圖錄考釋》中認爲「此以鎛音近搏拊，又以鎛形於囊而推得之，近是。然鎛亦脫胎於鍾，乃明白之事實」。書中以圖示的方式簡要勾畫出各類青銅樂器之起源。其中認爲，鎛的產生源自兩條線索，其一爲搏拊，其二爲原始竹木器、殷鐸、周鐸、甬鍾一脈發展而來。〔註 4〕郭沫若似乎接受了唐蘭的搏拊之說；但從郭沫若「然鎛亦脫胎於鍾，乃明白之事實」的字裏行間，不難看出其更青睞於自己提出的「脫胎於鍾」的新說。以今日所掌握的豐富資料分析，郭說同樣存在難以圓說的矛盾之點。其一，所謂來源於「周鐸」、「甬鍾」說。從上述江西新干大洋洲出土的商鎛來看，鎛至晚在殷商中晚期已經出現。而「周鐸」、「甬鍾」皆產生於西周以往。周器何以成爲商器之源？前後顛倒，不合乎邏輯，此觀點顯然不能成立。其二，所謂來源於「原始竹木器」說。殷商至今少說已有 3000 餘年，如此古遠的原始竹木器的「鎛」或是相關的東西誰也沒見過，今後考古發現的可能性也幾爲零。郭說本爲猜想，並無舉證，更無法對證。其三，郭說中的「殷鐸」說。郭所說之「殷鐸」，今日音樂考古界多稱之爲殷商編鐃。從目前所掌握的考古資料來看，同爲青銅鍾類樂器的殷商編鐃，主要流行於中國北方、以今河南安陽爲中心的地區；時間上與以新干大洋洲鎛的出土地呈南北並行之態。時代上也與以新干大洋洲鎛相當。如果一定要說「殷鐸」

〔註 3〕 唐蘭：《關於大克鍾》，《出土文獻研究》，北京，文物出版社，1985 年。
〔註 4〕 郭沫若：《兩周金文辭大系圖錄考釋》，北京，科學出版社，1957 年。

為鎛之源，仍是十分牽強。王子初在《禮樂重器鎛的發掘與研究》中，曾明確地指出，從目前已知的材料分析，商代的編鐃和大鐃與出現於殷末周初的鎛，在形制及音樂性能上均無法找到明顯的直接相承關係。〔註 5〕至於陳雙新《青銅鍾鎛起源研究》，其在前人諸說的基礎上，從文字學、器物學和樂器銘文等不同角度分析，認為甬鍾和鎛分別起源於原始的竹、木策與搏拊，成熟鎛的形制是南北文化交互作用的結果。〔註 6〕完全秉承唐蘭、郭沫若氏舊說，已無太多新意。

關於鎛的起源問題，還有銅鈴一說。銅鈴之說產生略晚，但近來為較多學者所認同，值得關注。

陳夢家在《中國銅器概述》中首次提出鎛起源於鈴〔註 7〕。高至喜依據近來的考古發現，主張鎛的起源受到中原商文化銅鈴的影響〔註 8〕，其在《論商周銅鎛》中更進一步闡述「南方銅鎛的出現故很可能是受銅鈴的影響而鑄製的。銅鈴太小，把形體擴大，去掉鈴舌，改為敲擊，便形成了鎛。」〔註 9〕王子初的觀點與上說相似，但其特點在於從樂器本身的特徵進行分析，將鎛形制的變化導致演奏方式變化的過程，視為鎛產生之內在原因。李純一先生基本認同高至喜的觀點，但就商代銅鈴的時期問題持有異議，認為「南方銅鎛受殷墟文化後期銅鈴的影響的可能性要大一些，估計它出現的時間當不會早於殷墟文化後期。」〔註 10〕方建軍在《兩周銅鎛綜論》中持相同觀點〔註 11〕，認為「鎛可能主要是受中原地區商晚期有扉棱的平口合瓦形體製銅鈴的影響而發明的。」〔註 12〕只是更進一步地指出「……因此，鎛恐怕不可能早到商晚期而與鐃大體平行發展。……鎛的起源時間有可能與甬鍾同時。」〔註 13〕其觀點已為今出土新資料所突破，需重新加以考慮。

〔註 5〕　王子初：《禮樂重器鎛的發掘與研究》，《中國音樂考古學》，福州，福建教育出版社，2003 年。

〔註 6〕　陳雙新：《青銅鍾鎛起源研究》，《中國音樂學》，2002 年第 2 期。

〔註 7〕　陳夢家：《中國銅器概述》，《海外中國銅器圖錄》，北京，北平圖書館，1946年。

〔註 8〕　高至喜：《論湖南出土的西周銅器》，《江漢考古》，1984 年第 3 期。

〔註 9〕　高至喜：《論商周銅鎛》，《湖南考古輯刊》，長沙，嶽麓書社，1986 年。

〔註 10〕李純一：《中國上古出土樂器綜論》，北京，文物版社，1996 年 8 月版。

〔註 11〕持類似觀點還可見，陳荃有：《中國青銅樂鍾研究》，上海音樂學院出版社，2005 年 5 月版。

〔註 12〕方建軍：《兩周銅鎛綜論》，《東南文化》，1994 年第 1 期。

〔註 13〕方建軍：《兩周銅鎛綜論》，《東南文化》，1994 年第 1 期。

　　1953 年出土於河南安陽大司空村殷代車馬坑的大司空村 175 墓銅鈴，通高 9.6、銑間 6.0 釐米，器身上小下大呈扁筒形，兩側起棱，棱外有扉，口沿平齊，兩面飾獸面紋。〔註 14〕此鈴的形狀與早期設扉棱鎛的形制極為相似，且這一地區多有出現。李純一認為安陽大司空村所出銅鈴多為狗鈴，但也不排除它們被用作樂器的可能性。〔註 15〕安陽大司空類型共分四期，其第一期都被定為武丁時期，約在殷墟第一期之後，〔註 16〕顯然較江西新干大洋洲墓為早〔註 17〕。如果說發源於湘贛一帶的青銅鎛〔註 18〕是受到中原銅鈴的影響，應該具有一定的說服力。自新干大洋洲鎛始，至青銅鎛形制的基本穩定，早期鎛的外形總體上體現出了一種扉棱逐步縮簡、鼓部從無到有、銑棱由奢漸斂、合瓦形逐漸形成的過程。〔註 19〕新干大洋洲鎛的扉棱從舞部的邊緣延至于口，器表紋飾精緻繁複，不設後世光素之鼓部，這與銅鈴由鈴舌內部敲擊，體外不設敲擊點相似。而且鎛體自舞至于逐漸外擴，體腔的橫剖面呈橢圓形，從這些體形特徵都可以看到中原商代銅鈴的影響。所以，鎛與早期的銅鈴之間，可能存在的緊密關係是不能被忽視的。只是迄今為止，鎛與銅鈴之間過渡的的中間環節，還有待於尋找更多的資料來進一步加以確認。

第一節　起源考辨

　　在鎛的起源問題上，銅鈴一說為學者們所關注。王子初在《中國青銅樂鍾的音樂學斷代》〔註 20〕一文中，對青銅樂鍾合瓦形之起源理出了一條較為清晰的線索，從龍山文化陝西長安客省莊陶鍾論起，經過湖北天門石家河陶鈴、山西襄汾陶寺陶鈴與銅鈴至偃師二里頭 11 號墓銅鈴，將陶鈴、銅鈴與青

〔註 14〕馬得志等：《一九五三年安陽大司空村發掘報告》，《考古學報》，第 9 冊，1955年。

〔註 15〕李純一：《中國古代音樂史稿（第一分冊）》，北京，人民音樂出版社，1958年版。

〔註 16〕劉緒、雷興山：《洹北花園莊遺址與河亶甲居相》，《中國文物報》，1990 年 11月 25 日。

〔註 17〕江西新干縣大洋洲墓發掘 1989 年 10 月，出於此墓的新干大洋洲鎛是現今時代最早、資料最可靠一件。雖然目前考古界就其年代尚有爭議，但大多數的學者將其定在殷商晚期。

〔註 18〕目前所發現的西周中期以前的鎛幾乎盡出於此。

〔註 19〕關於這一演變過程及其意義後文將有詳述。

〔註 20〕王子初：《中國青銅樂鍾的音樂學斷代》，《中國音樂學》，2007 年第 1 期。

銅樂鍾的發展脈絡連接起來。其理論的價值在於，將銅鈴與青銅樂鍾的共性提煉出來，並在青銅器時代來臨之前的陶器身上找到源頭。這樣的研究思路足以爲後人所借鑒。上述關於鎛起源的觀點，其共同特徵在於認爲鎛的產生一定是源自某一種比鎛更早的、具有更多原始特性的樂器，這一樂器（或發聲器）的外形與鎛相近，材質或是發音與鎛相似，抑或器名類同，從鎛的形制上也可以看到那些原始樂器所具有的某些特徵。在樂器範圍內探究鎛之源頭，給研究對象一個合理的範圍界定，這一思路本無可厚非。就像探索長江源頭不能追溯到西南季風中的水蒸氣一樣，在樂器或發聲器的範圍內追尋鎛的來源是合理的。但是，這樣一種思維定勢往往也會起到一定的局限作用，將鎛的起源限定在爲數不多的幾種原始樂器範圍之中。這些樂器與鎛所共有的形制特徵提供給了研究者一些啓示，即鎛的產生與這些原始樂器存在著某種關聯。將甬鍾、大鐃、銅鈴與現今可見的早期鎛作一個簡單對比就可以看出，它們之間還存在著明顯的缺環。甬鍾、大鐃及銅鈴究竟是鎛直接的源頭，還是在鎛定型之前給予其一定的影響，或是本爲同一源頭下的不同分支，明確結論的得出還有待於新材料的發現。

一、釋　鎛

王子初在《中國音樂考古學》中將樂器的產生分爲三個階段，第一階段是利用手邊的生活用具或生產工具直接發出音響；第二階段是通過改造生活用具、生產工具去獲得所需的音響；第三階段是人們有目的地製造發聲器，進入這一階段，眞正的樂器製造業已經產生了。〔註21〕這一論述的重要價值在於，突破了傳統樂器起源的研究中多就器論器之不足，將樂器的製造者與使用者——人置於著眼之根本。將樂器的起源與人對音樂的感覺、認知、創造這三個過程緊密結合起來，將二者平行發展之對應關係給予的清晰展示。所以，如果對待鎛的起源這一問題不僅僅限於「第三階段」進行考慮，而是向前拓展至「第二、第一階段」，研究的視野將會大大拓展。同一處文中，王子初還提到「流行極爲廣泛的樂器石磬，就和一些石犁、石刀在許多地方有著一脈相承的特點。」鎛在「第一階段」是否也存在著相對應的器物呢？

鍾鎛之「鎛」在古代文獻中記作「鎛」「鑮」及「鏄」。

〔註21〕王子初：《中國音樂考古學》，福州，福建教育出版社，2003 年 8 月版，第 34
　　　　～35 頁。

「鏄」，《集韻》將其釋爲：「鏄，徒官切，音團。塊鐵。」〔註22〕與「鎛」的發音完全不同。從文字學的角度來看，二者也不屬於同一部類，顯然不能作爲通假字對待。而且有關「鏄」鍾之文獻，大多可以在更早的材料中找到其爲「鎛」鍾的對應記載。所以，「鏄」極有可能是「鎛」之脫刻漏抄之誤。

鍾鎛之「鎛」最早見於《儀禮》，卷七《大射儀》記載「樂人宿縣於阼階東，笙磬西面，其南笙鍾，其南鎛，皆南陳。賈公彥疏曰：「鎛本又作鏄，音博」。〔註23〕其後的文獻中所見鎛之處，多與《儀禮》有關，如《儀禮章句》《儀禮本意》《儀禮集說》等。所以，鎛這一稱謂多是源自《儀禮》之載。在歷代正史中鮮有「鎛」鍾的記載，僅見於《晉書音義》卷上：「鏄字當作鎛，鉏屬也」。〔註24〕書中將「鏄」與「鎛」相通，並將其釋作鉏〔鋤〕之屬，即農具的一種。至明代，《通雅》釋之爲：「鏄鎛之分，又作鎛，補各切。許慎及鄭氏皆以鎛爲鍾之大者。國語則鎛細於鍾。鏄鎛多互。說文則以鎛爲鍾而鏄爲田器。可見當時皆是臆解」。〔註25〕方以智看到了前人關於「鎛」和「鏄」理解的偏差，但其又將「鏄」與「鎛」混爲一談。在《說文解字》與《國語》中，《通雅》所言「鏄」之處原皆爲「鎛」字。由此也可見，「鏄」使用之錯亂。在現今可見的考古發現中，鎛的銘文未見有自名「鏄」或「鎛」者，俱銘爲「鎛」，如邾公孫班鎛、鑰鎛、齊侯鎛等。所以，「鏄」當是「鎛」的通假字，「鎛」應爲鎛之正名。

「鎛」，文獻中的記載主要分爲兩類，一爲樂器，二爲田器。爲樂器者，先秦文獻中多有涉及：

《周禮》卷十七：鎛師，中士二人，下士四人，府二人，史二人，胥二人，徒二十人。鄭玄注：鎛如鍾而大。〔註26〕

《周禮》卷二四：鎛師掌金奏之鼓。鄭玄注：謂主擊晉鼓以奏其鍾鎛也，然則擊鎛者亦眡瞭。〔註27〕

《國語》周語下：細鈞有鍾無鎛，昭其大也。大鈞有鎛無鍾，甚大無鎛，鳴其細也。韋昭注：鍾，大鍾。鎛，小鍾也。〔註28〕

〔註22〕丁度〔宋〕等：《集韻》，北京，中華書局，1989年5月版。
〔註23〕《儀禮注疏》，《十三經注疏》，北京，中華書局，1980年版，第1028頁。
〔註24〕何超〔唐〕：《晉書音義》，北京，中華書局，1974年11月版。
〔註25〕方以智〔明〕：《通雅》，《方以智全書》第一冊，上海古籍出版社，1988年版。
〔註26〕《周禮注疏》，《十三經注疏》，北京，中華書局，1980年版，第754頁。
〔註27〕《周禮注疏》，《十三經注疏》，北京，中華書局，1980年版，第801頁。
〔註28〕上海師範大學古籍校點組：《國語》，上海古籍出版社，1978年版，第137頁。

《左傳》卷三一：歌鍾二肆，及其鎛磬，女樂二八。晉侯以樂之半賜魏
　　絳。〔註29〕

「鎛」作田器解，在文獻中也較爲多見：

《詩經》周頌：命我眾人，庤乃錢鎛，奄觀銍艾。〔註30〕……其鎛斯趙，
　　以薅荼蓼。〔註31〕

《國語》周語上：民用莫不震動，恪恭於農，修其疆畔，日服其鎛，不
　　解於時，財用不乏，民用和同。〔註32〕

《考工記》卷上：粵無鎛，燕無函，秦無廬，胡無弓車。粵之無鎛也，
　　非無鎛也，夫人而能爲鎛也。聞人軍注爲：鎛——鋤草的青銅
　　農具，一說釋爲鋤，一說釋爲鏟。〔註33〕

《天工開物》卷中：治地生物用鋤、鎛之屬，熟鐵鍛成。〔註34〕

　　由上述文獻記載可以看出，在鎛較爲興盛的時期，古人觀念中所謂「鎛」
者，樂器與田器的含義並存。二者的關係孰爲源孰爲流，抑或是同一起源下
的不同產物，從現在的考古資料來看，已難以定論。但是，從人類歷史的發
展進程而言，在意識領域具有審美意義的符號性事物，往往在物質領域有具
體的、功用性的對應事物存在。在人類社會的初期，金屬工具的使用無疑是
具有革命性意義的，是當時的「高科技」產品。這些工具在農業領域的應用，
促進了種植業的產生與發展，給人類帶來了穩定的食物來源。當其實用價值
逐漸被更多的人所認識，而且受生產製造水平限制較爲稀缺時，人類多會在
這些工具實用價值之外賦予其更多的象徵意義或表情意義。由此，這些實用
工具的應用就不僅僅局限於生產領域，而是向社會的更高層面滲透。這樣一
個過程，與王子初關於樂器產生「三個階段」之理論也是相吻合的。從鎛的
形制來看，其合瓦形腔體的立剖面與古代鏟舌之器頗爲相似〔註35〕，對於商

〔註29〕《春秋左傳正義》，《十三經注疏》，北京，中華書局，1980年版，第1951頁。
〔註30〕《毛詩正義》，《十三經注疏》，北京，中華書局，1980年版，第591頁。
〔註31〕同上，第602頁。
〔註32〕上海師範大學古籍校點組：《國語》，上海古籍出版社，1978年版，第20頁。
〔註33〕聞人軍：《考工記譯注》，上海古籍出版社，1993年版，第117頁。
〔註34〕宋應星〔明〕著，潘吉星譯注：《天工開物譯注》，上海古籍出版社，1993年
　　　版，第277頁。
〔註35〕1953年安陽大司空村晚商晚期層中發現一把青銅鏟，上端有方銎，可裝木柄，
　　　全長22.45、刃寬8.5釐米，有明顯的使用痕迹，應爲實用器（馬得志等：《一
　　　九五三年安陽大司空村發掘報告》，《考古學報》，1955年第9期）。《商周考古》
　　　中將其認定爲鎛。（北京大學歷史系考古教研室商周組，北京，文物出版社，

代農具的應用，學界還有不同看法〔註36〕，且一為田器，一為禮樂器；一為單片狀，一為合瓦形。在一個更廣闊的範圍裏考慮，任何一種器物的產生直至定型，都會受到來自同類器物和異類器物的多方面的影響，鑄的產生應與之同理。

此外，從中國古代貨幣發展史來看，貨幣的起源也與人類早期的工具有關。中國早期金屬貨幣中的刀幣、布幣，都是物物交換之遺留。其中，布幣與青銅田器「鑄」及鑄立剖面之形制極為相似。《詩經》有「庤乃錢鎛，奄觀銍艾」〔註37〕一句，其中「錢鎛」俱為田器。唐蘭指出，金屬貨幣之「錢」來自於農具之錢。〔註38〕關於「鎛」，彭信威認為「布幣是由農具鏟演變出來的，可能是鎛字的同聲假借字。」〔註39〕同樣在《詩經》可以看到「氓」「抱布貿絲」的記載。所以，從「錢鎛」與布幣的關係也可以看出，在農耕社會的早期，金屬工具給人類的生活形成了巨大的影響，其價值已不僅僅局限於勞動工具的範疇，而是被賦予更多的符號化和象徵性意義。（圖1-1 布幣）

圖 1-1　布　幣

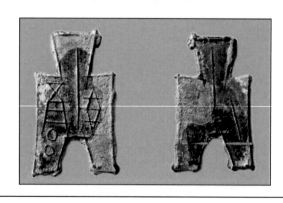

1979 年版，第 38 頁。）

〔註36〕中國社會科學院考古研究所編著（楊錫璋，高煒主編）的《中國考古學——夏商卷》一書認為：「商代是否已普遍使用青銅農具，是個有爭議的問題。有學者解釋青銅農具發現很少的原因，是青銅農具使用後可回收和重鑄。事實上，在商代青銅原料是國家控制的，商代貴族將青銅產業的重點放在鑄造青銅禮器和兵器上，即『國之大事，在祀於戎』，普通農民是很難得到鑄銅原料的。只是到鐵農具興起後，才普遍取代石、骨、蚌器。」（北京，中國社會科學出版社，2003 年版，第 371 頁。）

〔註37〕《毛詩正義》，《十三經注疏》，北京，中華書局，1980 年版，第 591 頁。

〔註38〕唐蘭：《中國古代社會使用青銅農器問題的初步研究》，《故宮博物院院刊》總二期，1960 年。

〔註39〕彭信威：《中國貨幣史》，上海人民出版社，1958 年版，第 22 頁。

綜上所述，青銅鎛的產生未必是單一的源頭，與其形制相似、功用相近的早期青銅樂器對鎛相對穩定形態的形成可能存在影響。在一個相對獨立的階段裏，將陶鈴與銅鈴視作鎛之原始形態，或一旁系的重要支脈，其合理性也是值得注意的。此外，在青銅鎛的興盛時期，同名為鎛的還有農具、錢幣等不同功用的青銅器物，其形制的相近給後人傳遞著一個信息，即其中也許還存在著某種關聯。

二、鎛與遠古鐘類樂器

鎛是青銅樂鍾之一種，是周代禮樂制度中的「樂懸」的成員之一。建立於周初的樂懸制度，已是中國青銅時代最為繁榮時期的產物。但是樂懸卻並非是周初突然產生的。儘管從文獻上來看，商代還沒有真正可稱之為「樂懸」的資料。然而從考古學上來看，江西新干大洋洲商墓所出土的青銅鎛，無疑是當時身為大貴族的墓主之廟堂重器，而出土銅鎛的繁紐結構，表明了這種樂器懸掛使用的性質，此非「樂懸」而何謂！

中國鍾類樂器的產生，無疑有著一個長期的醞釀發展的過程。我國古籍中有著關於發明鍾的豐富的傳說，較有代表性的有《山海經·海內經》：「炎帝之孫伯陵，伯陵同吳權之妻阿女緣婦，緣婦孕三年，是生鼓、延，殳。始為候，鼓、延是始為鍾，為樂風。」《世本·作篇》：「陲作鍾。」《呂氏春秋·古樂》、《禮記·明堂位》、《說文》均有關於垂作鍾的傳說。傳說當然不是信史，但它反映了古人對事物產生的一種猜測，它至少說明了鍾在我國的誕生確有著悠久的歷史。

高至喜認為，西周的甬鍾，從其器物類型學的角度分析，應該直接脫胎於殷商時期中國南方的大鐃；但鍾類樂器更原始的形態很可能出於遠古的陶鈴或陶鍾。大約把遠古的鈴看作鍾類樂器的先祖，應該是可信的，鈴與鍾之間有著千絲萬縷的聯繫。古人在解釋鍾屬樂器時多以鈴作比喻，如《廣雅·釋器》謂：「鐲、鐸、鉦、鐃、鍾，鈴也。」現存古鐘亦不乏以「鈴」自銘的例子，1978 年河南淅川下寺 1 號墓出土的 9 件紐鍾即銘有「自作詠鈴」等語；更多的鍾則把「鈴」與「鍾」結合起來，自銘「鈴鍾」。如傳世的許子鎛、楚王頷鍾均銘「自作鈴鍾」；1977 年山東沂水劉家店子春秋墓出土的 9 件紐鍾亦有「陳大喪史中高作鈴鍾」的銘文。鈴與（紐）鍾的腔體在形制上基本相同，它們的根本區別在於是否有舌，這決定了兩者演奏方法的不同。但是，當早

期形制較小的鈴隨著青銅冶鑄技術和音樂藝術的發展，被越做越大的時候，再用鈴舌撞擊鈴腔的發音方式由於鈴體太重而變得難以實施了；把鈴懸掛起來改以槌擊，則順理成章省去了鈴舌，鈴也就成了鍾。

王子初認為，今日考古學上所說的鈴，有無鈴舌是其根本的標誌；從理論上推測遠古的鈴，其自身必然也有著一個從無舌到有舌發展過程。換句話說，更古的鈴不一定有鈴舌，舌應是鈴發展到一定階段的產物。出土於河南陝縣廟底溝遺址的陶鈴，已是有鈴舌裝置的鈴；其年代為公元前 3900 到公元前 3000 年。該器通高約 9.0、徑約 5.0 釐米，由細泥紅陶製成，肩部的小孔為穿繩繫舌所用。出土於湖北天門石家河文化遺址的一件陶鈴，腔體略呈扁圓，上窄下寬，呈斜線外侈，符合後世鍾腔的共同特點；紋飾及其所在部位也與商鏡上常見的饕餮紋十分接近；其考古學年代約為公元前 2400 年。顯然，早在先民發明青銅之前，人們已創製了用陶土燒製的鍾類樂器。

1983 年，山西襄汾陶寺遺址 3296 號墓（公元前 2085 年左右）出土了一件鈴形器。該器通高 2.65、頂部徑 5.2～2.1、口部徑 6.3～2.7 釐米。雖其器體較小，發掘者曾認為不便直接與青銅鈴、鍾相聯繫；但據鑒定，該器採用純銅鑄製而成；這樣一件須用內、外範結合才能鑄成的銅質空腔體，至少也表明了合範鑄造法的發明，當時用銅鑄造鈴、鍾的一定技術條件已經具備。特別是，同樣在山西襄汾陶寺遺址中，人們找到了與這件原始銅鈴造型基本相同的陶鈴。在同一地點、同一時代的地層中，出現了造型基本相同、而用不同的材質的製成的器物，這說明了什麼？這說明，在中國先民在由陶器時代進入青銅時代的最初歲月，人們已用當時無比新奇、無比珍貴的材料——銅，用於代替陶土來嘗試製作能夠發聲的樂器鈴鐺。這件鈴鐺，無論其製作工藝是如何粗糙、發音性能是如何低劣，它已經是古代中國最早的青銅樂器，華夏民族歷史上出現的第一件原始銅鈴。

終於，我們在河南偃師二里頭遺址圪擋頭村 4 號墓見到了更為進步的銅鈴。二里頭遺址的時代相當於公元前 1900～公元前 1600 年。銅鈴的時代屬二里頭二期偏晚。其形制與天門石家河陶鈴相近，通高 8.5 釐米，頂部中間有兩個方穿孔夾一窄梁，一側出扉。出土時置於墓主人胸、腰之間，上面附著麻布，鈴已破碎。鈴腔內置一玉管形鈴舌，舌呈圓柱狀，通高 6.3 釐米，頂略圓，有一穿。另一件二里頭晚期銅鈴通高 9.4 釐米，形制與上器相近，側有一扉，但頂上已置有一環紐，比起前者的窄梁形實心紐更進了一大步。另外，二里

頭遺址的 11 號墓、57 號墓均有銅鈴及玉鈴舌出土。這些銅鈴在出土時一般都用絲麻織物多層包裹，並配以精美的玉質鈴舌，顯見銅鈴在當時是異常珍貴的東西。有意思的是，二里頭文化遺址還出土了與銅鈴形制相近的陶鈴以及漆鼓、陶塤、石磬等樂器。很明顯，這些陶鈴應為早期銅鈴摹仿的對象。由此可以得出這樣的結論：約當夏代之際，鑄造鍾類樂器所必須具備的合範法已經發明，並較山西襄汾陶寺遺址 3296 號墓出土的銅鈴所反映出來的技術條件更有所進步；由古代沿用下來的陶鈴已有了發聲性能更好的銅質的仿製品。處於龍山文化晚期、約當歷史上傳說中的夏代襄汾陶寺遺址和偃師二里頭遺址，其陶鈴、銅鈴正處於共存並用的時期。不言而喻，比起陶鈴來，銅鈴音量大，音色美，發音靈敏，並且更加耐用；其聲學性能和機械性能均有著很大的優越性。鈴由陶向銅所發生的質的變化，翻開了其後鍾屬樂器問世的第一頁。若當夜晚篝火燃起，先民們頻頻踏舞之時，除了鼉鼓蓬蓬、陶塤嗚嗚，又增添了人們身佩銅鈴的清脆的叮噹聲。

值得關注，襄汾陶寺遺址和偃師二里頭遺址出土的銅鈴，在其形制上有著一個共同的特點，即其腔體的橫截面並非是正圓形，而是接近於橢圓形或合瓦形。通俗地說，這些銅鈴的鈴腔是扁體的。這恰恰是華夏民族鍾類樂器在形制上區別於世界其他古文明中的類似器物的根本性特點。這一特點，它來源於遠古的陶鈴，被繼承於後世的幾乎所有的青銅鍾類樂器，包括殷商的編鐃、大鐃，兩周的甬鍾、紐鍾、鉦、鐸和句鑃等器，同樣也包括青銅鎛。這種造型的腔體結構，是後世中國青銅甬鍾所建樹的重大成就——編鍾雙音技術的重要基礎。商周以來產生的合瓦形腔體的雙音青銅編鍾，其遠在古代的陶鈴、約當夏代的原始銅鈴身上，已經構建成形了。（圖 1-2 二里頭 11 號墓銅鈴）

圖 1-2　二里頭 11 號墓銅鈴

第二節　湘贛鎛述略

　　根據目前所掌握的文物資料，考古發現較早的鎛，主要出自殷商時期湘贛地區。主要有江西新干大洋洲鎛、湖南邵東民安鎛等 17 件。這些青銅鎛大多見於湘贛流域及其周邊地區。新干大洋洲鎛出自贛鄱之地，石首九佛崗鎛出於鄂南，其餘的鎛多數出土或徵集於湘江一帶，少數來源不明之器，也多體現出這一地區鎛所具有的特點。故從這些資料分析，湘贛流域為鎛發源地的可能性較大，其成熟的冶鑄技術也為鎛的產生提供了可能。

一、邵東民安鎛與四虎鎛

　　就目前可知的資料而言，出土地較為明確的湘贛流域的早期標本，主要有邵東民安鎛、石首九佛崗鎛、衡陽金蘭市鎛、資興雲紋鎛、瀏陽黃荊村鎛等。

　　邵東民安鎛（湘博 20575），1985 年出土於湖南邵東縣毛荷殿鄉民安村，現藏於湖南省博物館。鎛腔體略顯修長，橫剖面為圓角長方形。舞部與于口平齊，舞部置梯形環紐，有一小方孔與內腔相通。腔體主紋為倒立夔龍組成的獸面，獸面上下共有兩排 8 枚乳釘。鎛體正中設棱脊，由一高冠鳳鳥與 4 個勾形裝飾構成。鎛兩側設有扉棱，各由兩隻倒懸透雕虎紋構成，虎張口卷尾、形態生動。除鼓部外，鎛身遍飾雲紋。〔註40〕（圖 1-3 邵東民安鎛側視圖）高至喜通過對該鎛的研究認為，鎛扉棱之扁身老虎，與湖南寧鄉所出商代虎紋大鐃上的老虎形態接近，組成獸面的夔龍仍較雄偉，常見於商末周初的銅器上。尚無草率之感，故其年代可定在商末周初。〔註 41〕與邵東民安鎛形制相近的四虎鎛，目前確知的共有 5 件。分別藏於湖南省博物館、上海博物館、北京故宮博物院及美國 Freer and Sackler Galleries 博物館（以下簡稱 Sackler 博物館）。因這幾件四虎鎛並非出自科學的考古發現，過去均不能斷定為何時何地之器。邵東民安鎛的出土，證明這類鎛的主要產地在湘水流域及其鄰近區域的越人居住地區。

〔註40〕高至喜，熊傳薪：《中國音樂文物大系・湖南卷》，鄭州，大象出版社，2006年版，第 53 頁。

〔註41〕高至喜：《論商周銅鎛》，《商周青銅器與楚文化研究》，長沙，嶽麓書社，1999年版，第 40 頁。

圖 1-3　邵東民安鎛側視圖

　　除此之外，藏於上海博物館的獸面紋鍾（滬博 27769），雖扉棱殘缺、枚端殘損，但其腔體紋飾特徵與藏於湖南省博物館的虎飾鎛（39211）（圖 1-4 虎飾鎛）如出一轍，特別是腔體兩側扉棱的殘斷痕迹，與其他 5 件四虎鎛扉棱虎飾與腔體的連接點幾乎完全相同。所以據此可以推斷，這一件所謂獸面紋鍾，實爲目前尚未被人所識的第 6 件四虎鎛。（圖 1-5 獸面紋鍾）〔註 42〕將其形制數據與虎飾鎛相比較，可以看出，除虎飾鎛的重量略大於獸面紋鍾以外，二者的數據大多限於 5 毫米以內，如果將測量誤差與磨損銹蝕因素考慮在內的話，兩件鎛的形制幾近相同。

表格 1　獸面紋鍾與虎飾鎛形制數據表〔註 43〕

器　名	通高	紐高	紐上寬	紐下寬	舞修	舞廣	中長	銑間	鼓間	重量
獸面紋鍾	428	95	65	91	192	138	334	270	198	13.2
虎飾鎛	436	92	60	87	197	135	348	284	205	16.6

單位：毫米千克

〔註 42〕馬承源：《中國音樂文物大系·上海卷》，鄭州，大象出版社，1996 年版，第 95 頁。

〔註 43〕高至喜，熊傳薪：《中國音樂文物大系·湖南卷》，鄭州，大象出版社，2006 年版，第 55 頁。馬承源：《中國音樂文物大系·上海卷》，鄭州，大象出版社，1996 年版，第 95 頁。

圖 1-4　虎飾鎛　　　　　　圖 1-5　獸面紋鍾

　　兩器的重量差異較大，虎飾鎛較獸面紋鍾重約 3.4 千克。造成這一現象的原因主要有二：1、獸面紋鍾扉棱上的 4 件虎飾全部缺失。2、在兩件鎛舞部與于口大小相近的情況下，虎飾鎛稍高的腔體使其重量增加。依據一般聲學原理，板裝物體的振動頻率與板徑的平方成反比，與板的厚度成正比。〔註44〕作爲類板狀體的鎛，其振動模式也基本符合這一規律。〔註 45〕所以，二者之間的重量差別無論是來自於鍾體厚度之異，還是源於鎛體態的增大，其結果都會造成振動頻率、即音高的不同。〔註 46〕目前所見最早的編鎛是西周中期的 3 件眉縣楊家村編鎛，而南方地區早期編鎛尚未發現。獸面紋鍾與虎飾鎛是否曾爲一組，也難下定論。就可知的材料分析，在西周中期以前，南方地區將青銅樂器作編組旋律樂器使用的觀念甚爲淡薄，僅見的幾組青銅大鐃也沒有表現出應有的音律關係。而且，就 6 件四虎鎛的形制與紋飾分析，僅此

〔註44〕計算公式詳見《音的歷程》第 202 頁。（韓寶強，北京，中國文聯出版社，2003年版。）

〔註45〕陳通，鄭大瑞：《橢圓截錐的彎曲振動和編鍾》，《聲學學報》，第 8 卷，1983年第 3 期。

〔註46〕獸面紋鍾的正鼓音爲 $^{\#}a^1$+27、側鼓音爲 d^2+44 音分，較爲符合西周時期雙音編鍾的特點。而虎飾鎛因破損音啞，其音高已無法測量。

兩件基本相同，而其他 4 件則各有特點，難以將其作為同組樂器看待。雖然不能排除獸面紋鍾與虎飾鎛是前 4 件特鎛的基礎上，受外來文化的影響，發展到較高階段的產物。但是，在商末至西周的四五百年裏僅此一例，且這一地區再次發現成組的鎛已是春秋晚期。所以，這 6 件四虎鎛應是在商末至西周中期這一時間段裏，具有濃郁地方特點的一個發展序列的器物。〔註47〕

除此之外，在《宣和博古圖》卷二十五中載有一件周虎鍾，根據書中所繪線圖分析，其形制與四虎鎛無異。文中載有鎛的形制數據：右高一尺一寸一分，紐高三寸，闊三寸二分，兩舞相距六寸一分，橫四寸五分，兩銑相距九寸一分，橫六寸五分，重二十四斤。〔註48〕宋代的「官小尺」約合 31.67 釐米，〔註49〕一斤重約 0.633 千克。〔註50〕將各部位尺度換算為今日之數據，見於下表：

表格2 周虎鍾數據表

右 高	紐 高	紐 闊	舞 修	舞 廣	銑 間	鼓 間	重 量
352	95	101	193	142	288	206	15.2

單位：毫米 千克

這些數據與可知的幾件四虎鎛皆相近而不相合，即使忽略宋人的測量誤差，周虎鍾各部位數據的比例關係也不符合普遍的規律性，與現今的幾件四虎鎛不符。所以，這一件鎛可能已不見於當世，是 6 件四虎鎛以外的一件。（圖1-6《宣和博古圖》載周虎鍾）

〔註47〕除此六件之外，尚有幾件四虎鎛的信息有待確認。高至喜在《論商周銅鎛》中，圖一一所示上海博物館藏 B 形鎛為一件四虎鎛，但這一件與現今所知的上博藏四虎鎛差別很大，是因為藏有不同的兩件，還是因為圖片誤用，目前不能確知。此外，《海外吉金圖錄》（容庚，燕京大學考古學社，1935 年）所錄，圖四十為藏於日本住友氏的一件四虎鎛。這些資料透露出這樣一個信息：在商周之際，四虎鎛這一形制是一段時間內一個相對穩定的樣態。其數量應不止這六件，將來也許還會有更多的四虎鎛被發現。

〔註48〕王黼：《重修宣和博古圖》卷二十五，《文淵閣四庫全書（電子版）》，上海人民出版社、迪志文化出版有限公司，1999 年 11 月版。

〔註49〕郭正忠：《三到十四世紀中國的權衡度量》，北京，中國社會科學出版社，1993年版，第 298 頁。

〔註50〕丘光明：《中國歷代度量衡考》，北京，科學出版社，1992 年版，第 462 頁。

圖1-6　《宣和博古圖》載周虎鍾

二、故宮藏虎飾鎛與鎛之鳥飾

故宮博物院藏虎飾鎛，是迄今爲止早期鎛中製作最爲精緻的一件。鎛腔體爲合瓦形，銑棱斜直，略顯修長。腔體以雲雷紋爲地，上飾獸面紋，正中倒置一匍匐卷尾的圓雕立虎爲脊，獸面四周飾有九個圓目鉤鼻的鴟鴞首。舞上置長環紐，紐旁設高冠立鳥與紐相連。銑側起棱，棱上各殘剩一對勾狀棱脊。從殘斷處的痕迹來看，原勾狀棱飾應爲四枚，這也比較符合早期鎛的特點。斷損與遺留的棱飾一一間隔，且斷口較齊整，所以人爲損壞的可能性較大，其原因目前尚不能解。在鎛于口處，陰刻有篆書「阮元家祠」4字。據《西周虎鳥紋銅鍾》記載，鴟鴞口內當初皆銜有銅環，爲西周之器。〔註51〕王海文依據其形制與紋飾，推斷其年代爲周代。〔註52〕而高至喜認爲，「鳥紋和獸面紋尚無草率之感，鉦部正中的老虎，作立體圓雕，極爲雄健，鉦身四周又以九個鴞首爲飾，作風繁複莊重。是屬於商代晚期的風格，特別是環紐旁飾以立鳥的裝飾手法，在不少商代晚期青銅器中可以見到」。〔註53〕從這件鎛的紋飾來看，的確具有較多商代晚期的特點，特別是舞部的鳥飾與虎形中脊，其具體生動的風格與殷商晚期的青銅器別無二致。但是，從製造工藝的角度

〔註51〕石志廉：《西周虎鳥紋銅鍾》，《文物》，1960年第10期。
〔註52〕王海文：《樂鍾綜述》，《故宮博物院院刊》，1980年第4期。
〔註53〕高至喜：《論商周銅鎛》，《商周青銅器與楚文化研究》，長沙，嶽麓書社，1999年版，第40頁。

分析，腔面的鴞首顯然不是與腔體一次渾鑄而成，其鈎形的嘴喙尚銜有銅環，而且在鼓部的環狀突起中曾嵌有飾物，在早期青銅樂鍾裏這樣高超的工藝實爲罕見。（圖1-7虎飾鎛側視圖）從腔面鴞首的排列形式而言，與後世的乳釘較爲相似，極有可能爲乳釘之原形。

圖1-7　虎飾鎛側視圖

在虎飾鎛的舞部，兩隻高冠鳳鳥的裝飾手法在新干大洋洲鎛即可看到。但新干大洋洲鎛的鳥飾較爲寫實，樸實的樣態下似乎隱含某種確指。如前文所述，可能與其方國首領存在關聯。在其後的早期鎛舞部，將鳥形裝飾置於扉棱之首，已經成爲一種慣例。這些鳥飾從形態分析，可以分爲較寫實與較爲寫意兩類。雖然不能簡單的把具有寫實特徵的鳥飾鎛歸於早期，而較抽象的置於其後。但是從青銅器整體的發展規律來看，器表紋飾的發展歷程，基本上沿襲了由繁複向簡樸、由三層向單層、由精緻向潦草的轉變。在商末周初這一時期，同樣具有寫實而具象鳥飾的鎛還有：隨州毛家沖鎛、石首九佛崗鎛、Sackler博物館藏鎛、衡陽金蘭市鎛、瀏陽黃荆村鎛與鳥飾鎛等。

隨州毛家沖鎛，1995年發現於隨州市三里崗鎮毛家沖村。墓葬形制爲長方形土坑豎穴，隨葬品除鎛外，尚可見一件石磬。鎛爲青銅渾鑄而成，保存大致完整，通體覆以綠鏽。一面有較長裂紋，部分扉棱及紐端略殘。紐呈長環狀，合瓦形腔體，平舞平于，銑棱斜直。鎛腔兩面均飾以獸面紋，鼻部突出爲扉棱。獸面雙目較爲奇特，形態與乳釘較爲相似。獸面周緣塡飾雲紋，

舞部與紐均素面。鎛體兩側銑棱上飾有對稱扉棱,棱上端各置有一鳳鳥形飾。由於墓葬被嚴重盜擾,殘存的隨葬品僅剩鎛與石磬,考古工作者只有通過鎛的形紋特點,推斷其為西周時期墓葬〔註54〕(圖1-8 隨州毛家沖鎛)

　　石首九佛崗鎛,1998年10月出土於湖北省石首市桃花山鎮九佛崗村。鎛保存基本完好,腔體呈合瓦形,舞部與于口俱平齊,高環狀紐,兩側扉棱殘斷。腔體飾以獸面紋,獸面雙目圓大,正中飾以勾狀扉棱,角向內卷。獸面雙目下側飾有二個方形乳釘。在每面腔體飾有渦紋枚12個,枚上飾圓形乳突,枚間飾米字形紋。鼓部素面。(圖1-9 石首九佛崗鎛)石首市九佛崗地處湖北南部,在商周時期,石首一帶屬越族的活動範圍。簡報依據形制與紋飾,推斷其年代約在商代末期。〔註55〕僅僅依靠石首九佛崗鎛缺失扉棱的鎛體,不能將其與舞部置有鳥飾的鎛連繫起來。但是,將藏於美國Sackler博物館的一件鎛與其比較,可以看出二者之間的主體特徵極為相似。

圖1-8　隨州毛家沖鎛　　　　圖1-9　石首九佛崗鎛

　　Sackler博物館藏鎛(S1987.10),通高31釐米,保存完好,製作工藝精緻、體態勻稱。腔體呈合瓦形,銑棱斜直,舞部與于口俱平齊,紐呈高環狀。紐旁立圓雕鳥飾,其鳥冠較短小、不與紐部相連,形態生動且帶有昂揚之氣。腔體正面飾獸面紋,正中設有中脊,脊上部為一小鳥紋,獸面四周有乳釘各

〔註54〕隨州市博物館:《湖北隨州出土西周青銅鎛》,《文物》1998年第10期。
〔註55〕戴修政:《湖北石首出土商代青銅器》,《文物》2000年第11期。

十二枚，上飾渦紋與乳突，間有米字形紋飾。鎛體兩側扉棱作上下勾形，舞部與鼓部均光素無紋。（圖 1-10 Sackler 博物館藏鎛）〔註56〕高至喜認爲，這一件鎛與故宮博物院藏虎飾鎛的紋飾風格相近，「如環紐旁的立鳥，獸面紋等也具有商代末期作風，不同的是鉦部四周的鴞首被乳釘所代替，鑾側棱脊的勾形上和鼓部已沒有雲紋，但在乳釘之間有一種少見的米字形紋，並與岳陽縣鮎魚山出土的商代獸面紋尊上的米字形紋，如出一人之手，故也可早到商末，比虎飾鎛略晚」。〔註57〕

圖 1-10　Sackler 博物館藏鎛

石首九佛崗鎛與 Sackler 博物館所藏鎛的鎛體是如此相似，特別是乳釘間的米字形紋飾與雙目怒張的獸面，很明顯地與其他地域的早期鎛區別開來。所以，石首九佛崗鎛的完整形態應與 Sackler 博物館所藏鎛近似，可以納入早期鳥飾鎛的系列中進行討論。此外，隨州毛家沖鎛的形製紋飾也具有類似特點，其年代應不止於西周時期，而是處於商代末期。

目前在湖北境內出土的早期鎛，僅有隨州毛家沖鎛與石首九佛崗鎛兩件。

〔註56〕資料來源於 Smithsonian/Freer Gallery of Art and Arthur M. Sackler Gallery 博物館的網絡資源，其地址爲：http://www.asia.si.edu/collections/zoomObject.cfm?ObjectId=22557。

〔註57〕高至喜：《論商周銅鎛》，《商周青銅器與楚文化研究》，長沙，嶽麓書社，1999年版，第 40 頁。

這兩件鑄的出土地點分別位於江淮交界的鄂北與湘鄂門戶的鄂南，雖然出土地點不同，但二者的形制與紋飾卻較爲相似。隨州地處南方與中原文化的交彙地帶，當地出土的考古資料分別攜帶著中原文化、楚文化及地方特點這三種不同的文化因素。而商周時期的石首處於越族的活動範圍之中〔註58〕。看似分屬兩種不同的文化區域的器物卻體現出了相似的特徵，其中的原因可以解釋爲文明的交流與傳播。但深入分析其形制及組合特點，不由得對已有的某些觀點進行進一步的思考。

這兩件鑄的鳥飾與新干大洋洲鑄、故宮藏虎飾鑄的扉棱紋飾具有一脈相承的特點。在南方早期鑄的舞部，扉棱頂端兩隻鳥首外顧的鳥飾與鈎形的扉棱成爲這一時期、這一區域鑄的顯著特點之一。從現今的考古發現分析，除了四虎鑄這一系列的鑄以外，幾乎所有的南方早期鑄都具有這樣的特徵。其中的區別，僅僅在於紋飾的具象與抽象之差異。甚至在北方早期鑄的體上，依然可以看到這一特徵。眉縣楊家村編鑄的舞部同樣置有雙鳥，只是鳥形變得更爲抽象，鳥首內向與紐合爲一體，並逐漸向鳳紋演變。

青銅器上的鳥形紋飾，自殷代中期便已多見。其中，小鳥紋出現最早，在安陽殷墟婦好墓中出土的青銅容器上已有用小鳥紋爲裝飾紋樣的，但一般都只是作爲陪襯用的紋飾。〔註59〕商人尊鳥的傳統與傳說有關，《詩經·商頌·玄鳥》有「天命玄鳥，降而生商，宅殷土芒芒」，鄭箋曰「天使鳦下而生商者，謂鳦遺卵，娀氏之女簡狄吞之而生契，爲堯司徒，有功，封商」。〔註60〕顯然，商代青銅器上的鳥飾，與商族的原始信仰或圖騰崇拜存在著必然的聯繫。《左傳·昭公十七年》中昭公與郯子的一段對話同樣反映了鳥在商人觀念中的神化。

> 昭子問焉，曰：「少皞氏鳥名官，何故也？」郯子曰：「吾祖也，我知之。昔者黃帝氏以雲紀，故爲雲師而雲名。炎帝氏以火紀，故爲火師而火名。共工氏以水紀，故爲水師而水名。大皞氏以龍紀，故爲龍師而龍名。我高祖少皞摯之立也，鳳鳥適至，故紀於鳥，爲鳥師而鳥名。〔註61〕

〔註58〕何紀生、何介鈞：《古代越族的青銅文化》，《湖南考古輯刊》第3集，長沙，嶽麓書社，1986年版。

〔註59〕陳公柔、張長壽：《殷周青銅容器上鳥紋的斷代研究》，《考古學報》1984年第3期。

〔註60〕《毛詩正義》，《十三經注疏》，北京，中華書局，1980年版，第622頁。

〔註61〕《春秋左傳正義》，《十三經注疏》，北京，中華書局，1980年版，第2083頁。

商人對鳥的崇拜，與南方早期的鎛是否形成影響呢？

出土隨州毛家沖鎛與石首九佛崗鎛的湖北，地處中原商文化與南方湘贛流域青銅文化交彙之要衝。中原商族在越過長江向南擴張的過程中，首先會給這一地區形成巨大影響。從目前可知的考古發現分析，在商代，長江中游一帶青銅文明的興衰無不受到商文化的影響。新干青銅器群和寧鄉青銅器群分別代表了吳城文化與湘江流域的青銅文明。70 年代江西清江吳城文化的發現，喻示了商文化的勢力範圍已越過了長江。吳城文化的主要特徵就是硬陶、釉陶和原始瓷之發達以及青銅器的鑄造與使用，在這些陶器或鑄銅所用的石範上面常常刻有文字。一期的文字多不可識，而二、三期的文字逐漸接近甲骨文，可能與商文化的影響直接相關。〔註 62〕作爲吳城文化之高峰，新干大洋洲的青銅器，與中原殷墟的青銅器大多相同或相類，所以有觀點認爲「在大致相同的時間中不同空間內出現造型相同（或非常相近）的器物，並達到一定的數量和比例，就不能排除文化傳播的作用。……新干大墓大批『商式』青銅器的出土，說明中原的殷商文化的確曾越過長江，給予長江中游南側的土著文化以重大影響。」〔註 63〕在湖南寧鄉一帶，出土帶有商晚期特點的青銅器 300 多件。這些青銅器多數出自於窖藏之中，除大鐃外，器形與紋飾大多與安陽殷墟的出土物相同。所以，這一地區有可能爲商代某一方國的遺址。有更進一步觀點認爲，這些青銅器是商代奴隸主貴族從北方帶來而埋入地下的。〔註 64〕在長江中游地區，盤龍城、新干和寧鄉是商時期長江中游地區發現青銅器最多的三個地點。將三者進行比較，可以發現其青銅器類型之間的緊密聯繫。從三地的考古發現分析，從盤龍城到新干以至寧鄉，呈現著一種搬遷似的文化承遞關係。所以，有學者認爲，盤龍城的廢棄、新干青銅文化的衰退都是商王朝武力征服的結果，而寧鄉青銅文化的短暫與中原地區的商周交替有關。〔註 65〕

以上這些觀點，毫無二致地將長江中游湘、鄂、贛地區的青銅文化與中原商文化連繫起來。在與域外文化比較的過程中又都注意到，只有青銅樂器

〔註 62〕 張之恒、周裕興：《夏商周考古》，南京大學出版社，1995 年版，第 142～145 頁。

〔註 63〕 詹開遜：《從新干青銅器的造型看商代中原文化對南方的影響》，《中原文物》1994 年第 1 期。

〔註 64〕 張之恒、周裕興：《夏商周考古》，南京大學出版社，1995 年版，第 173 頁。

〔註 65〕 傅聚良：《盤龍城、新干和寧鄉——商代荊楚青銅文化的三個階段》，《中原文物》2004 年，第 1 期。

所蘊含的特點，才是本地域青銅文化最顯著的差異性所在。無論禮器、兵器、工具等與殷商青銅器如何相似，青銅樂器卻總是固守著其應有的地域特點。在出土石首九佛崗鎛的同一地點，曾有兩隻銅觚被發現。銅觚與殷墟小屯西區屬殷墟三期的父甲觚（GM1572：1）形制相同，具有中原商文化的典型風格。而鎛的形制、紋飾則是越族青銅文化的特點。〔註66〕隨州毛家沖鎛伴出的器物爲一塊石磬，這是南方地區所見石磬較早的一塊。磬最早見於龍山文化，作爲中原早期音樂文明的典型器物，在鄂北的出現，毫無疑問是由中原傳入。從目前荊楚地區僅見的兩件鎛發現來看，其隨葬器物所體現出的中原文化特徵與鎛所攜帶的地域特點形成明顯的對比。產生這一現象的原因只有一個，即在享用者眼中，鎛相較於其他禮樂器具有更加特殊意義。從這樣一個角度來看，南方早期鎛的鳥飾應與中原文化無涉，是本地區的文化需要。〔註67〕此外，另有學者依據鳥飾喙部與尾形的不同，將商周時期鳥飾分爲北方勾喙垂尾與南方尖喙翹尾兩種風格。兩種不同形制的鳥飾，反映了兩個地區不同的審美取向，並各自有所指代。〔註68〕

三、考古發現的最早標本：新干大洋洲鎛

上文已屢屢提及的新干大洋洲鎛，不僅是迄今發現的鎛的最早標本，還是人們所知早期青銅鎛中罕見的考古發掘出土實物，彌足珍貴。

新干大洋洲鎛1989年發現於江西新干縣大洋洲鄉一殷商大型墓葬，墓中共出土青銅器475件，其中樂器有鎛1件、鐃3件。該墓所出器物的文化因素較複雜〔註69〕，其年代的界定與墓葬性質也尚存爭議〔註70〕。儘管眾說紛

〔註66〕戴修政：《湖北石首出土商代青銅器》，《文物》2000年第11期。

〔註67〕在楚文化中，鳳鳥同樣受到特別的尊崇。《離騷》中描寫神遊天國時寫到：「吾令鳳鳥飛騰兮，繼之以日夜；飄風屯其相離兮，帥雲霓而來御。」從考古發現中鳳鳥的多見也可看一般，如1949年發現於長沙陳家大山的龍鳳帛畫、1963年和1971年兩次在湖北江陵發現的虎座鳥架鼓以及長沙馬王堆漢墓的非衣帛畫等。

〔註68〕袁艷玲：《楚公豪鐘與早期楚文化》，《文物》2007年第3期。

〔註69〕分別有中原商文化因素、中原先周文化因素、土著吳城文化因素、商代中期因素及西周初年的因素。（江西省博物館江西省文物考古研究所新干縣博物館：《新干商代大墓》，北京，文物出版社，1997年版。）

〔註70〕馬承源認爲，墓中青銅器多被人爲破損，且按中原禮制的標準分析完全不成系列，因其沒有先例可以對照，所以遺存的性質尚不能給予定論。（馬承源：《中國青銅器》，上海古籍出版社，2003年版，第396頁。）對於新干大洋洲墓葬的年代，主要觀點有：「二里崗上層說」（安金槐：《新干青銅的重大發

紜，大多數學者的觀點仍集中於殷商中晚這一時期。高至喜根據墓中同時出土的 3 件銅鐃的形制，推斷該大墓的年代在殷墟中晚期前後。新干大洋洲鎛的年代早於銅鐃，所以被定在殷墟中期後段。〔註71〕

　　新干大洋洲鎛製作工藝精良、紋飾精美，通體綠鏽均勻，色澤柔和。鎛體立面呈梯形，腔體截面呈橢圓形。平舞平于，舞部飾類蟬紋的陰線卷雲紋，中央有長方形孔與腔通，上立小方環紐。于口內側一周加厚，有帶狀內唇，向兩銑角漸淺平。兩條銑棱略外弧，各鑄羽勾狀扉棱 8 個，扉棱頂端置二立鳥（一佚），鳥冠殘缺，尖喙、凸目、長頸、斂翅、短尾。鎛身兩面飾相同的三疊花紋，以陰線雲雷紋襯地，上飾浮雕式牛角獸面紋，雙牛角各自向上內卷，圈內飾一周燕尾紋，中間飾一變體火紋。除牛角外，獸面面部類虎的正面圖案，寬鼻，斜尖耳，獸面肢體分解，上部兩肢橫置，兩側為豎置。牛首獸面之上，陰刻雲雷紋。鎛身環飾燕尾紋。出土時器表可見朱紅色塗痕。（圖1-11 新干大洋洲鎛）

圖1-11　新干大洋洲鎛

現，揭開江南商代考古新篇章》，《中國文物報》，1990 年 12 月 6 日。）；「商代後期早段說」（李學勤：《走出疑古時代》，瀋陽，遼寧大學出版社，1997 年版，第 240 頁。）；「殷墟一、二期說」（孫華：《關於新干大洋洲大墓的幾個問題》，《文物》，1993 年第 7 期。）；「殷墟早、中期說」（江西省博物館江西省文物考古研究所新干縣博物館：《新干商代大墓》，北京，文物出版社，1997 年版。）；「殷墟晚期說」（鄒衡：《有關新干出土青銅器的幾個問題》，《中國文物報》，1990 年 12 月 6 日。）；「西周中期說」（林巳奈夫（徐朝龍譯）：《新干大洋洲出土青銅器的年代芻議》，《南方文物》，1994 年第 1 期。）。

〔註71〕 高至喜：《商周青銅器與楚文化研究》，長沙，嶽麓書社，1999 年版，第 39～40 頁。

新干大洋洲鎛作爲現今出土鎛最早的一件，其特點非常突出。

第一，鎛身紋飾之具象爲後世鎛所罕見。鎛多具有繁複的紋飾，特別是早期鎛，大多裝飾有虎、鳥之類較爲具體的動物紋樣。而且，這些紋飾的繁複精緻與刻畫之具體遠較其他青銅樂鍾爲甚。在目前所見的青銅鎛裏，尚未發現有素面無紋之器。1985 年湖南邵東縣出土的邵東民安鎛，其腔面飾以由倒立夔龍組成的獸面紋。腔體橫斷面爲圓角長方形，兩側扉棱各由兩隻倒立的扁身老虎構成。正中扉棱上部飾一高冠鳳鳥，下有 4 個勾形裝飾。腔面主紋爲倒立的夔龍組成的獸面。在環紐、虎身和獸面上均布滿雲紋。（圖 1-12 邵東民安鎛）

故宮博物院藏虎飾鎛，腔體爲合瓦形，通飾雲紋。紐爲環形，紐旁設高冠立鳥與紐相連。銑側起棱，棱上各置一對勾狀棱脊。腔體正中飾獸面紋，獸面正中置倒懸立虎，獸面四周爲 9 枚鴟鴞首。（圖 1-13 虎飾鎛）這些早期鎛的紋飾與新干大洋洲鎛相比較，其共性在於，同樣具有具象生動的特點。但以虎、鳥爲主的動物紋或出現於銑棱與腔面中脊之上，或作爲輔助紋樣飾於腔體四周，而腔體正面的主紋多爲獸面，具有抽象化的特點。新干大洋洲鎛腔體的主體紋飾爲一浮雕式牛角獸面紋，這一紋飾出現於鎛，爲目前考古資料所僅見。青銅器表面的牛首紋，考古學界多將其歸爲獸面紋的一種。依據角形的不同，獸面紋可以分爲環柱角、牛角、外卷角、羊角、內卷角、曲折角、龍角、長頸鹿角、虎頭、熊頭和龍蛇集群型等多種類型。〔註72〕牛角獸面紋即牛首紋，在商周之際的青銅器上頗爲多見。如 1982 年鄭州回族食品廠出土青銅尊（H1：3，H1：4）肩部牛首紋〔註73〕、1933 年濬縣辛村衛國墓出土鈎戟（M42：162）飾牛首紋〔註74〕、1975 年北京琉璃河黃土坡第 251 號墓出土的伯矩鬲飾牛首紋〔註75〕等。自宋代起，包括牛首紋在內的獸面紋多被稱爲饕餮紋。而陳夢家認爲「自宋以來稱爲『饕餮紋』的，我們稱爲獸面紋的，實際上是牛頭紋。」〔註76〕新干大洋洲鎛所飾牛首紋，牛角各自向上內卷，在鎛腔體佔有突出而顯著的位置，其與類虎之獸面的大小比例接

〔註72〕馬承源：《中國青銅器》，上海古籍出版社，2003 年版，第 318～320 頁。

〔註73〕河南省文物研究所鄭州市博物館：《鄭州新發現商代窖藏青銅器》，《文物》，1983 年第 3 期。

〔註74〕郭寶鈞：《濬縣辛村》，北京，科學出版社，1964 年版。

〔註75〕文物出版社編：《中國古青銅器選》，北京，文物出版社，1976 年版。

〔註76〕陳夢家：《殷代銅器》，《考古學報》，1954 年第 7 冊。

近。這樣一種生動具象的動物紋在青銅鎛的鍾體表面，以主體紋飾出現是現今可見考古資料之特例。

图 1-12　邵東民安鎛　　　　　图 1-13　虎飾鎛

　　第二，新干大洋洲鎛的舞部飾以類蟬紋的陰線卷雲紋，這一特點在早期鎛中也較為少見。（图 1-14 新干大洋洲鎛舞部線圖）商末周初的鎛大多具有繁複精緻的紋飾，但其舞部卻多為素面。迄今為止，西周中期以前的早期鎛，除了出自北方的克鎛與眉縣楊家村鎛外，出於湘鄂贛等地區鎛的舞部多光素無紋。拋開地域性差別不談，僅僅從年代角度考慮，南方青銅鎛的出現顯然較北方鎛為早，其造型與紋飾特點更顯早期鎛的特點。如石首九佛崗鎛[註77]、藏於美國 Freer and Sackler Galleries 博物館的鳥飾鎛（S1987.10）[註78]、以及 6 件四虎鎛[註79]等，這些鎛光素的舞部與新干大洋洲鎛形成明顯的對比。與新干大洋洲鎛同出的 3 件大鐃，依據腔體形狀的不同，可以分為六邊形與合瓦形兩式。在鐃的舞部同樣飾有疏朗而對稱的陰刻卷雲紋，與鎛舞部紋飾的風格如出一轍。由此可見，在青銅鎛的早期階段，鎛的紋飾帶有強烈的地域性特點。此外，新干大洋洲鎛扉棱的鳥飾、鎛身所飾燕尾紋都是吳城文化的典型特徵。燕尾紋，有學者認為是魚紋的抽象[註80]，是新干大洋洲青

[註77] 戴修政：《湖北石首出土商代青銅器》，《文物》，2002 年第 11 期。
[註78] 容希白：《商周舞器通考》，臺灣大通書局，1973 年版，上冊第 496 頁，下冊第 495 頁。
[註79] 六件鎛分別藏於湖南省博物館（2 件）、上海博物館（2 件）、北京故宮博物院（1 件）及美國 Freer and Sackler Galleries 博物館（1 件）。
[註80] 王寧：《新干大洋洲青銅器「燕尾」紋探討》，《中原文物》，2003 年第 2 期。

銅器的特色紋飾。在錐足鼎（XDM：4）、扁圓虎足鼎（XDM：14）、鬲（XDM：37）、甗（XDM：38）、矛（XDM：97）、钁（XDM：377）和鉞（XDM：338）等器物之上都可見燕尾紋裝飾，「很可能是贛江中游的一種地方特色」〔註81〕，而不同的觀點認爲，新干銅器群的燕尾紋飾在盤龍城遺制已經出現。〔註82〕新干大洋洲出土的伏鳥雙尾虎（XDM：68）（圖 1-15 新干大洋洲伏鳥雙尾虎）造型奇特、工藝精湛，其虎背上的伏鳥與新干大洋洲鑄扉棱的鳥飾形制十分相像。詹開遜等學者認爲，以虎爲裝飾紋樣母題是新干青銅器的一個主要裝飾特點，並據此推斷虎爲吳城文化先民的主要圖騰。〔註83〕而另有觀點從虎與鳥的組合入手，認爲既非炊具，亦非容器的「伏鳥虎器」或爲標誌方國的「國器」。而鳥虎相融、渾然一體的奇特造型，很可能因該方國的統治者爲「亞雀」。所以偌大的老虎才如此馴服地伏臥於「雀」之下。〔註84〕無論虎與鳥的結合體寓意如何，鳥飾同時出現於不同的禮器與樂器之上，體現了這一紋飾的重要性。在其後可見的早期鑄身上，虎與鳥的組合甚至成爲一種常態，說明新干大洋洲鑄所體現出的吳城文化對後世之影響。至西周中期，北方中原地區的早期鑄依然可見虎鳥之遺存，但其紋飾已不具南方鑄具象生動的特點，這也從另一個角度印證了贛鄱地區爲鑄發源地之觀點。

圖 1-14　新干大洋洲鑄舞部線圖　　圖 1-15　新干大洋洲伏鳥雙尾虎

第三，新干大洋洲鑄的于口內側有一周加厚的帶狀內唇，並向兩銑角逐

〔註81〕蘇榮譽，彭適凡：《新干青銅器群技術文化屬性研究》，《南方文物》，1994 年第 2 期。

〔註82〕傅聚良：《盤龍城、新干和寧鄉——商代荊楚青銅文化的三個階段》，《中原文物》，2004 年第 1 期。

〔註83〕詹開遜，劉林：《初論新干青銅的地方特色》，《南方文物》，1994 年第 2 期。

〔註84〕李昆：《試論新干商墓的幾個問題》，《南方文物》，1994 年第 2 期。

漸淺平。（圖1-16新干大洋洲鎛于口）在鎛發展的早期階段，鍾壁內側自于口
至腔頂大多光平，不見內唇、音脊、調音銼磨痕等改善發聲性能的設置存在，
這一點在南方早期鎛的鍾體表現得更加明確。而現今可見的北方鎛最早一
件，眉縣楊家村編鎛，3件鎛的于口內俱設有內唇，且唇上對應於正、側鼓處
計有四個缺口，這與後世編鍾的調音方法基本相同。眉縣楊家村編鎛被斷爲
西周中期之器，較新干大洋洲鎛年代爲晚，但是其內唇所蘊含的聲學特性體
現了在鎛傳入中原之初，鎛的音樂性能就得到重視，被施以西周較爲典型的
聲學設計。新干大洋洲鎛的帶狀內唇能夠提高腔體鼓部的荷載、增加強度、
改善發音，甚至可以爲銼磨調音預留空間。內唇由正鼓部向兩銑角逐漸淺平，
這一設計無論是鑄造所致，還是銼磨使然，其特殊性在於，在迄今年代最早、
最爲可靠的鎛身上，竟然能夠看到一些中原西周時期較成熟的、能夠有效改
善發音的技術手段〔註85〕。作爲特例，其中的原因尚不得解。此外，與新干
大洋洲鎛同出的 3 件大鐃，其于口內同樣設有棱狀的加厚突起。由於大鐃在
演奏時口部朝上，于口內屬於可視部位，因而于口內的棱狀突起應兼顧了裝
飾與實用的功用〔註86〕。在大鐃與鎛的腔體內作相同的構設，這顯然不是新
干大洋洲青銅樂器製造者的偶然爲之，如果說大鐃的內唇還具有美觀作用的
話，那麼在鎛腔內則純粹是爲了滿足演奏的需要。

圖1-16　新干大洋洲鎛于口

〔註85〕王子初在《中國青銅樂鍾的音樂學斷代》一文中，對樂鍾的調音磨礪手法進
　　　　行了詳盡闡釋，其中，通過對河南新鄭中國銀行建築工出土的11套編鍾中的
　　　　第4號坑編紐鍾的分析，認爲「西周甬鍾的調音銼磨主要是在厚薄均勻的鍾
　　　　腔內壁開銼『隧』，一種在鍾腔內壁上的深而且長的凹槽，這種凹槽有時可從
　　　　于口一直延伸到近舞底處。而新鄭這些紐鍾調音手法，僅是銼磨于口內唇，
　　　　絕大多數情況下並不延及鍾壁，使鍾體不致過分受損。這可以看作是西周甬
　　　　鍾調音方法的發展和進步。」
〔註86〕同樣的設計在南方大鐃的腔體內多有出現，更有湖南寧鄉北峰灘出土大鐃的
　　　　于口內置有四支立虎，其用意應與新干大洋洲鐃近似。

第四，新干大洋洲鎛與 3 件大鐃同出的組合方式爲迄今爲止考古發現所僅見。大鐃本爲商代直至西周時期南方特有的青銅樂器，其與中原的北方編鐃的區別在於：形體高大厚重，往往單個出土，紋飾繁複，有特有的由粗線條組成的獸面紋，多雲紋，還有動物和乳釘等紋飾，甬部多有旋，植於座上仰擊，沒有銘文。〔註87〕這 3 件大鐃基本滿足了上述特點，最顯著的不同在於成編出土，這顯然是受到中原編鐃的影響。商代編鐃大多由 3 件構成，形制較爲簡樸，具有一定的音律關係。而新干大洋洲銅鐃的形制差別較大，並非同組之器，其音律關係也不成序列（測音數據詳見表 3〔註88〕）。由此可以看出，3 件銅鐃在鑄造或使用之初（或尚未使用）並沒有作爲編組樂器，而是在新干大洋洲墓主的手中被湊爲一組，這個過程隱含了商代末期這一地區對銅鐃使用及認識的轉變，也反映了中原文化對其的影響，將鎛與其同列也應是這一影響的產物。所以羅泰認爲：4 件來自不同地方的青銅樂器在大洋洲大墓墓主身邊出現。無論是作爲貢物抑或戰利品，還是通過交易所得。都顯示出墓主的影響範圍，象徵了他的權威。換言之，大洋洲四器的共出，其主要意義可能並不在於音樂方面。總得來講，南方的早期青銅樂器也許主要是作爲打擊樂器，它們的功能未必是演奏樂曲的旋律，而是在於發出信號和節拍，與中原地區的「編鍾」差別較大〔註89〕。此外，從這一地區陶鬲的考古發現來看，在一般越人文化中不見的中原陶鬲，在此地的楊越遺址中卻有相當數量出現，由此「也可透現出中原商周文化在鄂東南、鄱陽湖區和贛江中下游地區的社會文明化進程中的巨大作用」〔註90〕。在湘贛地區，早期的鎛多爲傳世或徵集所得，較可靠的考古資料僅有新干大洋洲鎛、邵東民安鎛、隨州毛家沖鎛數件，其中隨州毛家沖鎛伴出石磬一件。如新干大洋洲墓葬一般，4件樂器同出一室的現象僅此一見。至西周中期，眉縣楊家村編鎛是中原鎛的首次發現，值得注意的是，3 件鎛與 15 件甬鍾的組合反映了商代中原地區將青銅樂鍾編組成列觀念的強烈。這也反過來印證了，新干大洋洲鎛與鐃的組

〔註87〕高至喜：《中國南方出土商周銅鐃概論》，《商周青銅器與楚文化研究》，長沙，嶽麓書社，1999 年版，第 21 頁。

〔註88〕彭適凡，王子初：《中國音樂文物大系・江西卷》，鄭州，大象出版社，2009年 7 月版，第 16 頁。

〔註89〕羅泰〔德〕：《論江西新干大洋洲出土的青銅樂器》，《江西文物》，1991 年第 3期。

〔註90〕陳朝云：《商周中原文化對長江流域古代社會文明化進程的影響》，《學術月刊》2006 年第 7 期。

合是中原文化影響下的產物。

表格3　新干大洋洲大鐃測音數據

序　號	名　稱　（藏　號）	正　鼓　音		側　鼓　音	
1	新干大洋洲鐃（13921）	448.62	a^1+33	不明確	
2	新干大洋洲鐃（13922）	474.03	$^\#a^1$+28	504.69	b^1+37
3	新干大洋洲鐃（13923）	333.00	e^1+17	無（有鏽）	

單位：赫茲　音分　音叉校正：a^1+2　440.67

四、鎛的扉棱及其演變

　　發現於湘贛地區的青銅鎛呈現了其鮮明的地域特色。除了其接近於橢圓形或圓角方形的腔體之外，設計精緻、形象生動的鎛體兩側之扉棱尤其引人注目。其不僅僅是一種青銅工藝設計上獨具匠心的創作，更在很大程度上提供了今天探索3000多年前這些作品的主人或創造者及其所生活的時代的重要歷史信息。

　　在早期鎛的腔體兩側，以及腔體獸面的正中，大多設有繁複精緻的扉棱。這些扉棱形態各異、繁簡不一，但基本上都以虎紋或鳥紋為飾，或為這兩種紋飾的變體。就目前已知的材料來看，設有扉棱或中脊的鎛共計23套、33件。（測音與簡要形制數據見表4）

表格4　有扉棱與中脊鎛簡表

器　名	年代	地點	扉　棱	中　脊	測音	腔體
新干大洋洲鎛	商	江西	鳥飾	無	不佳	橢圓形
虎飾鎛（京藏）	商	湖南	鳥飾	立體虎	正 b^1-39 側 d^2-30	合瓦形
鳥飾鎛（Sackler藏 S1987.10）	商	不詳	鳥飾	鳥飾	不詳	合瓦形
虎飾鎛	商代末期	湖南	虎飾	殘	啞	合瓦形
邵東民安鎛	商代末期	湖南	虎飾	高冠鳳鳥	不佳	圓角長方形
四虎鎛（Sackler藏）	商周	不詳	虎飾	鳥紋	不詳	橢圓形
四虎鎛（京藏）	西周		虎飾	鏤空扁棱	正 $^\#a^2$-42 側 c^1+40	橢圓形
四虎鎛（滬藏）	西周		虎飾	鳥紋	$^\#g^1$+13	圓角方形

獸面紋鍾（滬藏）	西周		虎飾（殘）	不辨	正$^\#a^1$+27 側 d^2+44	橢圓形
衡陽金蘭市鎛	西周早期	湖南	鳥形	無	不佳	橢圓形
勾緣鎛（Sackler 藏 S1999.120.18）	西周	不詳	鳥飾	鉤形	不詳	不詳
瀏陽黃荊村鎛	西周中期	湖南	鳥飾	無	不佳	橢圓形
鳥飾鎛	西周中期	湖南	鳥飾（殘）	鳥形、T 形、勾形	不佳	橢圓形
隨州毛家沖鎛	西周中期	湖北	鳥飾	鳥飾、三塊 勾形	不詳	合瓦形
石首九佛崗鎛	西周中期	湖北	鳥飾（殘）	四個勾形	不詳	合瓦形
波浪紋鳥飾鎛	西周中期	湖南	鳥飾	L 形扉棱	不佳	橢圓形
鎛（藏於日本東京）	西周中期		勾形	不詳	不詳	不詳
眉縣楊家 村編鎛	1306 1307 1308	西周中期	陝西	虎飾	鳳鳥	a^1+36 c^2+34 $^\#d^2$+10	橢方形
克鎛	西周晚期	陝西	鏤空夔紋	鏤空夔紋		橢圓形
廣西賀縣鎛	西周中晚期	廣西	勾形	無	不詳	不詳
葉縣舊縣 村 4 號墓 有脊編鎛	M4：10 M4：11 M4：16 M4：17	春秋早中期	河南	蟠龍紋	透雕夔鳳 合體形	正 e^1+26 側 e^1+21 正 g^1+15 側不明確 正$^\#f$-44 側 g+13 正$^\#g$+25 側$^\#a$+28	橢圓體
秦公鎛	2754 2755 2756	春秋前期	陝西	9 條飛龍組 成	5 條飛龍和 1 鳳鳥構成	$^\#g^1$+25 b^1+50 $^\#c^2$+22	橢方形
茂縣牟托 鎛	M1：88 M1：133 M1：124 K1：2	戰國	四川	魚尾形	無	不詳	合瓦形

單位：音分

　　這 33 件鎛的時間跨度歷經商代、西周、春秋直至戰國。其中，20 件鎛處於商末至西周中期這一段時間，即本文所述的早期鎛。西周中期以後，設有

扉棱的鎛 13 件，約占全部的半數稍弱。從單件數量上看，與早期的鎛差別不是很大；但這 13 件已均爲編鎛，僅由 5 套構成，其數量的增加完全得益於編組規模的擴大。所以，相對於早期鎛的有序與集中，這 5 套鎛更多地體現出分佈的偶然性與散亂。自鎛在湘贛地區產生與初步興起之後，中原周王室吸收並引入了這一青銅樂器，並將其納入西周的禮樂制度之中。隨著禮樂制度的推行，鎛也逐漸向周邊地區發展。目前，除了湘贛與陝西，分別在廣西、河南、四川發現有設扉棱的鎛。這些鎛雖然分屬越、楚、巴蜀等不同的文化區，形制與紋飾也各有差異，但是都可以看到早期鎛特徵的遺留。

　　早期鎛的扉棱總體上可以分爲兩式，分別由鳥飾與虎飾構成。

　　鳥飾扉棱出現的較早，從目前科學考古發現年代最早、資料最可靠的鎛，新干大洋洲鎛的鎛體上，可以清晰地看到由頂端的鳥飾與銑側的羽尾所構成的扉棱。扉棱由舞部延至于口，由 7 支勾形飾組成。頂端的小鳥形態簡樸、神態安詳，體現了商代末期這一地區樸素的紋飾特點。其後，分別藏於故宮博物院的虎飾鎛與美國 Sackler 博物館的鳥飾鎛（S1987.10）同樣在舞部飾以鳥形，這兩件鎛的扉棱相較於新干大洋洲鎛變得誇張而繁複，鳥飾也透露出由小鳥紋向高冠鳳鳥紋轉化的趨勢。銑側的棱脊同爲羽勾狀，只是由 7 支變成後世較爲多見的 4 支。扉棱的下緣隨著獸面紋整體上移，下方一個獨立的鼓部逐漸形成。藏於故宮的這件虎飾鎛，其器名源自腔體中脊之立虎，這也是目前所知最早的設有中脊的鎛。在鎛扉棱與中脊上，這種虎與鳥的結合，成爲南方早期鎛的特點之一。進入西周時期，南方鎛的扉棱進一步簡化，舞部的鳥飾下移，且多爲扁身與扉棱同厚，鳥的形態愈加抽象，只有高冠的特點越來越突出。這些鎛做工大多粗糙簡略，紋飾也多顯草率，與商代鎛的細膩精緻無法相比。兩側的扉棱也同樣變得簡化潦草，羽勾紋逐漸演變爲「T」或「L」等幾何形狀。雖然形制與紋飾變得較早期鎛爲粗簡，但這些鎛大多依然堅守著在扉棱上的虎飾或鳥紋，或以更加抽象的形式給予表達。例如出土於廣西賀縣與藏於日本東京的兩件鎛，其扉棱頂部的鳥飾都已不具，原分別向上下勾回的羽尾紋，簡化成向上的勾形。（圖 1-17 廣西賀縣鎛線圖，圖 1-18 日本東京藏鎛）

　　進入東周以後，隨著鎛數量的增加，其扉棱卻快速消退。只有在某些遠離中原的地區，才會偶爾見到帶有扉棱鎛的出現。1992 年 3 月出土於阿壩羌

族自治州茂縣南新鄉牟托村的 4 件鎛〔註91〕，製造粗糙，紋飾簡略。與同出的 6 件甬鍾相比較，形制缺乏應有的規範性。簡報中依據紐形的不同，將其分為 4 式。（圖 1-19 茂縣牟托鎛 M1：133；M1：124；M1：88）

圖 1-17　廣西賀縣鎛線圖　　　　圖 1-18　日本東京藏鎛

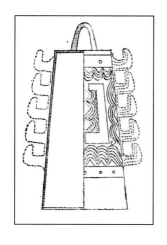 

圖 1-19　茂縣牟托鎛 M1：133；M1：124；M1：88

其中，除 K1：2 號外，其餘 3 件均有扉棱。M1：133 鎛是扉棱上鳥飾最為明顯的一件，在紐部的兩側，各有一支略具鳥形、羽冠與紐相連的飾物。

〔註91〕發掘簡報中將其稱為紐鍾。（茂縣羌族博物館、阿壩藏族羌族自治州文物管理所：《四川茂縣牟托一號石棺墓及陪葬坑清理簡報》，《文物》1994 年第 3 期。）

銑側的扉棱由 4 支羽勾紋構成，簡報中將這一紋飾稱魚尾紋。在鎛的紋飾裏，至今未見有魚類紋飾出現，此處扉棱紋飾的結構與早期鎛的羽勾紋相近，可以視爲後者的草率形式。在商周時期，南方地區的青銅器多見鳥形紋飾，其尾部多卷翹。至戰國，楚文化所涉地域範圍內，這一類鳥飾更是普遍。〔註92〕美國 Sackler 博物館藏有一件鳥形玉器（F1940.2），其尾部形式與鎛扉棱的羽勾紋如出一轍。（圖 1-20 Sackler 博物館藏鳥形玉器）所以，結合舞部的鳥形特點，將扉棱的勾形視爲鳥尾的羽勾更加合理。此外，在 M1：124 號鎛的背面，陰刻有夔龍紋。龍紋卷尾伏首，與早期鎛扉棱的虎紋十分相似，可以看作是扉棱上立體虎紋的平面化處理。在這座墓葬中，器物的情況比較複雜，青銅禮樂器的器形、紋飾具明顯的時代偏早的特徵。有的器物的器形和紋飾呈現中原不同時期的風格。如甬鍾（K2：5）鉦部所飾蟬紋在中原西周早期青銅器上流行，而篆部和隧部所飾竊曲紋又爲中原春秋時期的紋飾。〔註93〕4 件鎛依據是否具有扉棱可分兩式，分別帶有早期鎛與春秋戰國時期成熟鎛的形制特點。說明這組青銅器設計與製造的標準非常隨意，很可能是倉促而製或拼湊而成的明器。

　　從另一角度而言，有扉棱與無扉棱兩種形制的鎛，曾同時存在於蜀地，是南方早期鎛的遺脈與中原成熟鎛形制交彙的結果。

　　扉棱的虎形紋飾，主要見於南方湘贛地區的早期鎛，目前可見的共有 7 件，其中 6 件屬於四虎鎛這一類型。前文關於湘鄂地區早期鎛的論述，曾涉及四虎鎛中的邵東民安鎛與獸面紋鎛，以及周虎鍾。在對形製紋飾分析之餘，並未論及扉棱之虎飾。在《宣和博古圖》中，關於鎛之虎飾論曰：

　　　虎爲西方之獸，在髒則爲肺，而主乎憂夫。樂者樂也，樂極而憂必
　　　生。聖人常戒懼其所未至，則鍾之所以有虎焉。敢爲伏虎用示其止
　　　樂之節意，亦如是耳。〔註94〕

　　依據王黼的觀點，樂器上飾以虎紋，其作用在於節樂而防憂生，這顯然是儒家思想之產物。早在商代，金石樂器就可以見到虎形紋飾。1978 年出土於寧鄉縣老糧倉北峰灘的四虎大鐃（39201），時代約在商晚期。大鐃甬呈管狀，甬

〔註92〕袁艷玲：《楚公豪鍾與早期楚文化》，《文物》2007 年第 3 期。
〔註93〕茂縣羌族博物館、阿壩藏族羌族自治州文物管理所：《四川茂縣牟托一號石棺墓及陪葬坑清理簡報》，《文物》1994 年第 3 期。
〔註94〕王黼：《重修宣和博古圖》卷二十五，《文淵閣四庫全書（電子版）》，上海人民出版社、迪志文化出版有限公司，1999 年 11 月版。

上有旋，平舞直銑，闊腔，于口弧曲稍小。腔體主紋爲用粗線條組成的獸面紋，周邊、鼓部、甬部均飾雲紋。旋上有簡單的獸面。內腔近於兩側各有 1 隻臥虎，共 4 隻。虎頭朝上，虎長 9.3～9.5 釐米。〔註95〕（圖 1-21 寧鄉北峰灘四虎大鐃于口內側虎紋）這件大鐃的虎飾置於于口內側，且爲圓雕立體伏虎，其用意尚不明確。徵集於湖南的小型虎紋鐃（22226），同屬商晚期之器。鐃體較寧鄉北峰灘四虎大鐃爲小，腔體呈合瓦形，平舞直銑，器身扁闊。甬粗短中空，並與內腔相通，甬上有突起的帶狀旋。于口弧曲極微近平，有內唇。正鼓部擊奏處有凸起臺面。腔體主紋爲用粗線條組成的獸面紋，腔面四周有一圈雲紋，鼓部、甬部飾雲紋。側鼓飾兩隻張口卷尾、方向相反的虎紋。〔註96〕（圖 1-22 小型虎紋鐃側鼓虎紋）這兩件大鐃所飾虎紋與四虎鎛扉棱的虎飾形態較爲相似，可以看作是同一類型的應用。從這些商代湘水流域的青銅器來看，無法找到虎形紋飾與防止「樂極而憂生」存有關聯。在北方地區，商代的青銅樂器主要爲編鐃，其紋飾相對較簡，未見有虎紋。但是，發現於河南安陽武官村殷墟大墓（WKGM）的虎紋石磬，其紋飾與四虎鎛、四虎大鐃的虎紋表現出驚人的相似性。〔註97〕（圖 1-23 河南安陽虎紋石磬）顯然，巧合是不能作爲這一現象的合理解釋，二者究竟孰爲本、孰爲末，目前的材料尚不能解。

圖 1-20　Sackler 博物館藏鳥形　　圖 1-21　寧鄉北峰灘四虎大鐃于
　　　　　玉器　　　　　　　　　　　　　　口內側虎紋

〔註95〕高至喜，熊傳薪：《中國音樂文物大系·湖南卷》，鄭州，大象出版社，2006年版，第 14 頁。

〔註96〕高至喜，熊傳薪：《中國音樂文物大系·湖南卷》，鄭州，大象出版社，2006年版，第 29 頁。

〔註97〕袁荃猷：《中國音樂文物大系·北京卷》，鄭州，大象出版社，1996年版，第 19 頁。

圖1-22　小型虎紋鐃側鼓虎紋　　圖1-23　河南安陽虎紋石磬

 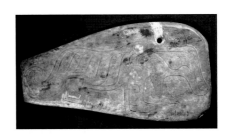

《左傳》宣公三年，有楚莊王問鼎於王孫滿的一段記載：

> 楚子伐陸渾之戎，遂至於洛，觀兵於周疆。定王使王孫滿勞楚子。
> 楚子問鼎之大小輕重焉。對曰：「在德不在鼎。昔夏之方有德也，遠
> 方圖物，貢金九牧，鑄鼎象物，百物而爲之備，使民知神奸。故民
> 入川澤山林，不逢不若。螭魅罔兩，莫能逢之，用能協於上下，以
> 承天休。桀有昏德，鼎遷於商，載祀六百。商紂暴虐，鼎遷於周。
> 德之休明，雖小，重也。其姦回昏亂，雖大，輕也。天祚明德，有
> 所底止。成王定鼎於郟鄏，卜世三十，卜年七百，天所命也。周德
> 雖衰，天命未改，鼎之輕重，未可問也。」〔註98〕

這一段對話，記述了王孫滿作爲周王之使，駁斥了楚莊王問鼎野心之史實。
文中關於「鑄鼎象物」的敘述，多數學者認爲與青銅器所鑄紋飾有關。張光
直的解釋更爲直接：「古代彝器上全是『動物』而沒有『物品』，因此鑄鼎所
象之『物』除了動物以外，沒有別的意義可解……象物之目的是『用能協
於上下，以承天休』的，這個目的與鑄鼎的目的是一致的。青銅彝器是巫
覡溝通天地所用配備的一部分，而其上所象的動物紋樣也有助於這個目
的。」〔註99〕青銅器上的動物紋飾，無疑與原始信仰和崇拜有關，將這些
或寫實、或神化的動物形象鑄於器表，是人類內心的恐懼敬畏在現實世界的
物化形式與精神寄託。

　　青銅器上的虎紋，一般是指虎身側面或立體的形象。《中國美術史・夏
商周卷》則將虎紋分爲三類：一是以虎頭爲飾，一般歸入饕餮，以頭上的一
對圓形大耳爲特點。二爲虎的側面全身形象，或單獨、或與其它動物組合裝

〔註98〕《春秋左傳正義》，《十三經注疏》，北京，中華書局，1980年版，第1868頁。
〔註99〕張光直：《商周青銅器上的動物紋樣》，《中國青銅時代》，北京，三聯書店，
　　　　1983年版，第322～323頁。

飾於造型華美的方彝、兕觥一類器物上。其三是虎噬人的形象，這種紋飾的沿用時間很長，在商代中期的陶片就曾出現。〔註100〕馬承源認為，各類動物的正面形象都已歸入獸面紋，動物紋應是除此之外的側面與全部身軀形象。〔註101〕在鎛腔體的兩側，扉棱所飾虎紋即是此類紋飾之典型。

　　扉棱飾以虎紋的南方鎛目前共有 5 件四虎鎛，如果將前文所述藏於上海的獸面紋鍾計入，這 6 件鎛形成了一個與眾不同的系列。高至喜將其歸為一式，定於商末周初。〔註102〕但是，深入分析這幾件四虎鎛，它們之間的形製紋飾並不完全相同，差異之處所體現出的問題，隱含了在一段時間內鎛的發展歷程。

表格5　四虎鎛形制數據簡表

器　　名	通　高	中　長	銑　間	鼓　間	測　音	枚　形	腔體形制
湖南藏虎飾鎛	436	348	284	205	啞	乳釘飾渦紋	合瓦形
上海藏四虎鎛	438	345	266	215	正$^{\#}g^1$+13	菱形	圓角方形
故宮藏四虎鎛	445	339	274	205	正$^{\#}a^2$-42 側 c^1+40	釘帽飾渦紋	橢圓形
湖南邵東民安鎛	428	329	265	198	不測	乳釘	圓角長方形
上海藏獸面紋鍾	428	334	270	198	正$^{\#}a^1$+27 側 d^2+44	釘帽狀	橢圓形
Sackler 藏四虎鎛	385	不詳	不詳	不詳	不詳	乳釘	合瓦形

單位：毫米 音分

　　這 6 件四虎鎛，形制相似，大小相近，除 Sackler 博物館藏四虎鎛數據不確外，其餘 5 件的形制數據幾近相同，如中長於 329～348，銑間於 266～284，鼓間於 198～215 毫米之間。如果將測量誤差與銹蝕磨損的因素考慮在內的話，五器形體之間的差別微乎其微。從這個角度而言，這幾件四虎鎛的大小與各部位比例是有規律的，在鑄造過程中是比較嚴格的遵守著關於形制的規定。從測音數據分析，也反映出這一特點。目前確知能夠測音的四虎鎛共有 3件，分別藏於上海博物館與故宮博物院。其中，藏於故宮的四虎鎛其測音數

〔註100〕李松：《中國美術史·夏商周卷》，濟南，齊魯書社，明天出版社，2000 年版，第 133 頁。
〔註101〕馬承源：《中國青銅器》，上海古籍出版社，2003 年版，第 325 頁。
〔註102〕高至喜：《論商周銅鎛》，《湖南考古輯刊》，長沙，嶽麓書社，1986 年，第 39頁。

據較為特殊，據《中國音樂文物大系·北京卷》〔註103〕載，其正鼓音為：$^{\#}a^2$-42，側鼓音為：c^1+40。正鼓音較側鼓音高近一個增六度，這一數據顯然有誤。根據邊緣被鉗定圓形板的頻率計算公式：

$$f＝0.2tv/D^2$$

　　D＝板直徑，t＝厚度，v＝聲速。〔註104〕

可以看出，在相同的環境下，振動頻率的高低與振動體的厚度成正比，與振動板徑的平方成反比，即振動體越厚發音越高，振動體面積越大發音越低。顯然，鎛側鼓部的有效振動面積遠較正鼓部為小，在厚度相近的情況下，其發音頻率也應較正鼓部為高。從目前所知的鎛、以及各類青銅樂鍾的測音數據來看，幾乎無一例外的符合這一結果。所以，這一件鎛的正鼓音與側鼓音兩個數據中有一個是錯誤的。將其與上海博物館藏獸面紋鍾作比較，兩件鎛的側鼓音相差約 200 音分，在形體大小、腔體厚度基本相同的情況下，這一差距處於正常範圍之內。也就是說，故宮藏四虎鎛正鼓音數據錯誤的可能性遠遠大於側鼓音。將 3 件四虎鎛的數據進行比較，其正鼓音為$^{\#}a^1$-42 的可能性較大，也比較符合青銅樂鍾正、側鼓音相差二度、三度這一規律。如果這一推測正確的話，3 件鎛的正鼓音分別為$^{\#}g^1$+13、$^{\#}a^1$-42、$^{\#}a^1$+27，處於一個大二度的範圍之內。目前，尚無法斷定這 3 件鎛音高的相近是有意為之，還是源於鍾體形制的相似。無論原因如何，有一點是可以肯定的，即如此相近的形制與發音是刻意追求的結果。

　　但是，從紋飾與腔體形式的角度分析，6 件四虎鎛之間的差異又是顯而易見的。從外觀來看，這 6 件鎛的紋飾幾無兩件相同。只有的藏於上海的獸面紋鍾（27769）與藏於湖南的虎飾鎛（39211）之腔體紋飾十分相似，但遺憾的是獸面紋鍾的扉棱全部殘斷，僅僅能夠依靠腔體紋飾與銑側扉棱的殘餘痕迹推斷其為一件四虎鎛。與其他幾件比較，鎛紋飾的細微差別眾多，如獸面形象不一、枚數與枚形各異，甚至四虎鎛最顯著的特徵——扁身虎紋，其尾部的樣式也差異明顯。（圖 1-24 5 件四虎鎛之虎飾）如果在大約相同的區域內，形制大小都基本遵守同一規範的情況下，紋飾的細微差異卻表現出對規範性的違背，其背後的原因只能是歷史演變造成的，是設計製造與享用者自身的

〔註103〕袁荃猷：《中國音樂文物大系·北京卷》，鄭州，大象出版社，1996 年版，第45 頁。
〔註104〕韓寶強：《音的歷程》，北京，中國文聯出版社，2003 年版，第 202 頁。

審美觀念發生轉變的結果。製造鎛所需的各部位形制數據信息，可以通過較簡單的書面方式進行傳遞或傳承，只要有一件鑄造得較爲成功，其後的每一件都可以以此爲模，製範澆鑄。而關於紋飾信息的準確表達，相較於形制數據而言就複雜得多，僅僅依靠語言、文字或圖形的傳遞方式，極易造成紋飾的細微差別。如果說紋飾的差異性與形制的統一性之間的矛盾，還不夠有力地證明這一差異源自歷史演變的話，那麼鎛腔體形制的區別就更直觀支持了這一觀點。

圖 1-24　5 件四虎鎛之虎飾

6 件四虎鎛的腔體基本上可以分爲三類，即橢圓形、圓角方形及合瓦形。從新干大洋洲鎛開始，早期鎛的腔體多見呈橢圓形與圓角方形或介於二者之間的形制。而合瓦形腔體的鎛，從紋飾的序列分析，略晚於橢圓形與圓角方形鎛。就目前可知的材料來看，鎛腔體的形制在形成相對穩定形態之前，曾歷經由橢圓形與圓角方形向合瓦形的轉變，並最終定型於合瓦形的腔體。這一個過程，並非受制於人爲的、外在的強制性約束，而是出於鎛自身的發展需要，是鎛的角色逐步改變的結果。

《周禮注疏》卷二十四載：

> 鍾師掌金奏。鄭注曰：金奏，擊金以爲奏樂之節。金謂鍾及鎛。
>
> 賈公彥疏曰：此即鍾師自擊不編之鍾。凡作樂，先擊鍾。故鄭云「金奏，擊金以爲奏樂之節」。是以下云「以鍾鼓奏九夏」，亦先云鍾也。鄭云「金謂鍾及鎛者」，以是二者皆不編，獨縣〔懸〕而已。〔註 105〕

《周禮》這一段文獻所言，原本旨在區分磬師、鍾師、笙師與鎛師等所

〔註105〕《周禮注疏》，《十三經注疏》，北京，中華書局，1980 年版，第 800 頁。

司職責之不同，但經漢代古文學家所注，演奏鎛的是鍾師，而非鎛師，鎛的作用主要是「奏樂之節」。賈公彥進一步闡釋「凡作樂，先擊鍾」，鍾與鎛都是不成編列的特懸樂器。鄭玄與賈公彥的觀點雖然比較晚近，但與早期鎛的狀況較爲符合。早期鎛的形制不穩定，發音的聲學性能不佳，且大多爲單件出土，伴出樂器較少。這些特徵基本上透露出了一個信息，即這一時期的鎛，其社會地位更側重於儀式中「禮」的需要，或僅僅作爲信號性的打擊樂器使用。尚沒有表現出西周晚期以後，成熟的鎛所具有的音樂性能。

從商周時期青銅鎛的發展過程來看，隨著編組的擴大與旋律性能的增強，呈橢圓形與圓角方形的鎛逐漸消亡，合瓦形作爲更加符合聲學需要的腔體形制被固定下來，成爲唯一的形式。這一現象說明，鎛腔體由橢圓形、圓角方形向合瓦形的轉變絕非成於一朝一夕之間，是伴隨著古人對鎛音樂表現能力逐漸增強的一個長期的過程。這 6 件四虎鎛在基本形制與紋飾相同的情況下，腔體的形狀表現出的差異是與這一過程相合的。換言之，這 6 件四虎鎛應同屬湘水地區的不同時代的產物。

在早期鎛的腔體上，除了銑側的扉棱，多數鎛的腔體正面還設有中脊，這一特徵在南方早期鎛表現的更加明顯。南方早期鎛的中脊與其扉棱的基本特徵相似，總體上可以分爲虎飾與鳥飾兩種類型。商末與周初的鎛，其扉棱與中脊的裝飾更加具體，虎飾與鳥飾表現得更爲直觀，而進入西周以後則變得逐步抽象與簡化。這一特徵同樣可見於中原地區的北方鎛，只是過程變得更加簡短。四虎鎛的扉棱爲虎形，中脊多爲鳥飾，或鳥飾的變體。（圖 1-25 邵東民安鎛中脊鳥飾）而扉棱頂端飾以鳥紋的鎛，其中脊卻存在虎飾與鳥飾羽勾形變體兩種類型。故宮藏虎飾鎛被學者看作緊隨新干大洋洲鎛之後的早期鎛〔註106〕，其具象繁複的紋飾也基本符合這一特點。在腔體獸面的正中，中脊的虎飾與四虎鎛扉棱之扁身老虎如出一轍，只是扉棱與中脊發生了 90°的偏移。虎與鳥分別居於扉棱與中脊是否各有確指，二者之間的關係是否與崇拜與象徵有關，或是兩種力量此消彼漲的結果，目前尚不能考。但可以看出的是，虎居扉棱、鳥居中脊的這一式鎛形制基本保持了穩定，並對北方鎛的形制形成了巨大的影響。而鳥居扉棱、虎居中脊的鎛則在南方地區繼續發展，中脊的虎飾逐漸勢微，被簡化成勾形的鳥羽所替代。

〔註106〕高至喜：《論商周銅鎛》，《湖南考古輯刊》，長沙，嶽麓書社，1986 年，第39頁。

圖 1-25　邵東民安鎛中脊鳥飾

五、湘贛鎛的形制規範

　　湘贛地區發現的早期鎛在整個鎛的發展歷程中，處於一個較為特殊的時期。這一時期的鎛從形制而言，特點非常突出，且缺乏較為統一、規範化的形制，與西周中期以後相對穩定的鎛在外觀上形成非常明顯的對比。其形制上的特點可以歸結為：紋飾具象、扉棱繁複、鼓部不確、銑棱斜直及腔體橫剖面多見橢圓形和圓角方形。

　　從新干大洋洲鎛開始，早期鎛的紋飾就體現出具象生動的特點。這一時期的鎛，大多裝飾有虎、鳥之類較為具體的動物紋樣。而且，這些紋飾的繁複精緻與刻畫之具體遠較其他青銅樂鍾為甚。在目前所見的青銅鎛裏，尚未發現有素面無紋之器。從目前的資料來看，早期鎛的紋飾基本上體現出由具象的寫實性動物紋向幻想性動物紋、由三層花紋向單層花紋、由繁複精緻向簡化草率的演變，這與同時期青銅器紋飾發展的總體規律是基本一致的。在二十餘件早期鎛裏，除了波浪紋鳥飾鎛、Sackler 博物館藏鳥飾鎛（Ritual bell with hooked flanges，S1999.120.18）、廣西賀縣鎛等寥寥數件外，近九成的鎛在腔體飾以獸面紋，這在後期的鎛裏是絕無僅有的。

　　獸面紋舊稱饕餮紋，這一稱呼最早見於《呂氏春秋・先識覽》：

　　　周鼎著饕餮，有首無身，食人未咽，害及其身，以言報更也。[註107]

────────────

〔註107〕張雙棣：《呂氏春秋譯注疏》，長春，吉林文史出版社，1987 年版，第 492 頁。

《春秋左氏傳》中也有關於饕餮紋的記載：

> 縉雲氏有不才子，貪於飲食，冒於貨賄，天下之民謂之饕餮。古者
> 鑄鼎象物，以知神奸。鼎有此象，蓋示飲食之戒。〔註108〕

自宋代金石學興起之後，饕餮紋成爲青銅器獸面紋或以獸面爲主紋飾的專有稱謂。呂大臨《考古圖》卷一釋五癸鼎曰：

> 鼎文作龍虎，中有獸而，蓋饕餮之象。〔註109〕

同於宋代的《宣和博古圖》，其卷一考商象形饕餮鼎曰：

> 此鼎款識純古，彷彿饕餮之形，後人觀象立名，故取爲號。至周監
> 二代，文物大備，凡爲鼎者悉以此爲飾，遂使呂氏春秋獨謂，周鼎
> 著饕餮，而不知其原，實啓於古也。〔註110〕

後世關於青銅器之獸面多稱以此，將明顯具有動物頭部正面特徵的紋飾稱爲饕餮紋。至近代，隨著現代考古學的興起，關於青銅器饕餮紋之稱謂漸被學者所反思。李濟在《殷墟出土青銅斝形器之研究》中將饕餮紋分爲兩類，有首無身者稱爲動物面，而有首有身的則稱之爲肥遺〔註111〕。馬承源則主推獸面紋這一稱謂，認爲「獸面紋這個名詞遠較饕餮紋爲勝，因爲它指出了這種紋飾的構圖形式，而饕餮紋一詞卻只限於『有首無身』這樣的定義，絕大多數紋飾並非如此。」〔註112〕陳夢家在1954年就曾提出，舊稱饕餮紋的獸面紋，實爲牛首紋。〔註113〕從早期鑄的紋飾來看，其腔體的主紋多爲「有首無身」的動物紋，且從紋飾的早期特性分析，具象的牛首紋或爲這一紋飾之本源。所以，把鑄腔體的這一類紋飾稱爲獸面紋更爲合理。新干大洋洲鑄的獸面紋最顯著的特徵是其碩大的牛角，其後的鑄將牛角逐漸變形抽象，並將牛首的鼻翼逐步分離突出，最終與牛角形成兩個獨立的「U」形弧曲。從下圖5件鑄獸面紋的演變，可以清晰地看出這一過程。（圖1-26 5件鑄的獸面紋）

〔註108〕《十三經注疏》，北京，中華書局，1980年版，第1863頁。

〔註109〕呂大臨：《考古圖》，《宋人著錄金文叢刊》，北京，中華書局，2005年版，第13頁。

〔註110〕王黼：《重修宣和博古圖》卷一，《文淵閣四庫全書（電子版）》，上海人民出版社、迪志文化出版有限公司，1999年11月版。

〔註111〕李濟：《殷墟出土青銅斝形器之研究》，《中國考古報告集新編》，臺北，中央研究院歷史語言研究所，1968年，第69～70頁。

〔註112〕馬承源：《中國青銅器》，上海古籍出版社，2003年版，第316頁。

〔註113〕陳夢家：《殷代銅器》，《考古學報》，1954年第7冊。

圖 1-26　5 件鎛的獸面紋

| 新干大洋洲鎛獸面紋 | 故宮藏虎飾鎛獸面紋 | Sackler藏鳥飾鎛獸面紋 | 邵東民安鎛獸面紋 | 湖南藏鳥飾鎛獸面紋 |

當獸面紋發展至湖南藏鳥飾鎛這一階段，從直觀上將其與新干大洋洲鎛所飾牛首紋聯繫起來已經比較困難了。但可以看出的是，內卷角與口鼻形成的兩條弧線依然保留有牛首紋的局部特徵。而鎛發展至此，也步入了向成熟規範形制轉變的關鍵時期。鳥飾鎛、衡陽金蘭市鎛與瀏陽黃荊村鎛是這一時期的典型器物。

藏於湖南省博物館的鳥飾鎛（25094），器身修長，腔體呈橢圓形，舞部與于口平齊，舞上置環形紐。銑側扉棱為簡化的羽勾紋，呈「T」形和勾形，銑棱頂部的鳥飾已缺失，餘部較完整。腔體正面設有中脊，置鳥形、「T」形和勾形飾。腔面上下分別飾有乳釘 4 枚和 6 枚，乳釘之間用雙線連接，並向上下伸出幾根短線，與隨州毛家沖鎛、石首九佛崗鎛枚間的米字紋相類似。腔體所飾獸面紋簡化草率，僅剩目、口、角可辨，且略成兩條「U」形帶狀飾，地紋也顯粗簡。〔註 114〕（圖 1-27 鳥飾鎛）

衡陽金蘭市鎛（1：2001），1976 年揀選而得，經調查，係衡陽縣金蘭市出土。鎛基本保存完整，器表呈綠色。體態修長，鎛體呈橢圓形。銑棱兩側各飾 4 個高冠鳥形扉棱，其中一處鳥飾脫落，鳥形扉棱上飾雲紋、圈點紋和「V」字紋。腔面以三道小乳釘為界，分別隔成上下兩組相同的紋飾，每組中間飾鼻形紋，左右各飾乳釘紋。鎛舞部與于口平齊，舞上置梯形環紐。〔註 115〕（圖 1-28 衡陽金蘭市鎛）該鎛的造型與紋飾較為少見，簡報將其年代斷為春秋戰國之際〔註 116〕，高至喜則認為，衡陽金蘭市鎛鳥形扉棱上飾有規整的雲紋，雖然鳥的形象與腔體的獸面紋有所簡化，但仍較形象，且鎛所飾乳釘和

〔註 114〕高至喜，熊傳薪：《中國音樂文物大系·湖南卷》，鄭州，大象出版社，2006年版，第 59 頁。

〔註 115〕高至喜，熊傳薪：《中國音樂文物大系·湖南卷》，鄭州，大象出版社，2006年版，第 55 頁。

〔註 116〕馮玉輝：《衡陽博物館收藏的三件周代青銅器》，《文物》，1980 年第 11 期。

圓圈紋是南方西周銅器上常見的紋飾，而無任何春秋紋飾出現，所以推定為
西周早期之物。〔註 117〕從腔體獸面紋的形態分析，將衡陽金蘭市鎛定於西周
早中期應比較穩妥。這一件鎛是目前所知，腔體飾以兩組獸面紋鎛裏最早的
一例。兩組獸面的形成應與獸面紋的簡化有關，鳥飾鎛腔體的兩條「U」形紋
帶可以看作是獸面紋一分為二的早期形態。當獸面紋進一步簡化，不足以飾
滿腔體的時候，一個獸面紋逐漸向兩個轉變。衡陽金蘭市鎛的獸面紋，簡化
至只剩雙目與獸鼻，已初具後世鎛紋飾線條化與幾何圖案化的特點。這兩組
獸面分別以乳釘為界，隔為二區，每區紋飾基本相同。在獸目的中間，飾以
寬扁、上下緣一分為二作勾回狀的長方形紋飾〔註 118〕，以為獸面之鼻。這些
特點，透露出後期鎛所具有的，穩定的鉦、篆、枚的早期形式。這在其後的
瀏陽黃荊村鎛體表現的更為明顯。

圖 1-27　鳥飾鎛

圖 1-28　衡陽金蘭市鎛

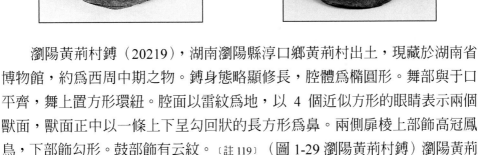

　　瀏陽黃荊村鎛（20219），湖南瀏陽縣淳口鄉黃荊村出土，現藏於湖南省
博物館，約為西周中期之物。鎛身態略顯修長，腔體為橢圓形。舞部與于口
平齊，舞上置方形環紐。腔面以雷紋為地，以 4 個近似方形的眼睛表示兩個
獸面，獸面正中以一條上下呈勾回狀的長方形為鼻。兩側扉棱上部飾高冠鳳
鳥，下部飾勾形。鼓部飾有云紋。〔註 119〕（圖 1-29 瀏陽黃荊村鎛）瀏陽黃荊

〔註 117〕高至喜：《論商周銅鎛》，《商周青銅器與楚文化研究》，長沙，嶽麓書社，1999
　　　　年版，第 40 頁。
〔註 118〕從所處獸面紋的部位及形態分析，這上下兩組勾回應分別為獸面的口與角。
〔註 119〕高至喜，熊傳薪：《中國音樂文物大系·湖南卷》，鄭州，大象出版社，2006

村鎛的獸面紋飾已經嚴重簡化，只有依靠某些獸面特徵的遺留才能夠辨認。在獸面紋簡化的同時，鎛的紋飾已經基本具備成熟鎛的特徵，獨立的枚、篆、鉦已經全部具備。當鎛發展至瀏陽黃荊村鎛這一階段，由獸面紋向抽象幾何紋飾的轉化已經基本完成，鎛由此步入成熟形制的發展階段。

圖 1-29　瀏陽黃荊村鎛

　　除了紋飾的繁複具象，早期鎛的另外一個特徵在於其扉棱的設置。關於鎛的扉棱，由前文的論述可知，其形制主要分為虎形和鳥形兩類。從發展與演變的角度分析，鎛的扉棱同樣也體現出由複雜到簡單、由寫實到寫意、由具象到抽象的過程。與這一過程相伴的，早期鎛的腔體也發生了一系列變化。成熟形制的鎛，在枚、篆、鉦區實的下方，鼓部多光素無紋，或線刻有龍、鳳紋。與其相比，早期鎛的腔體多布滿紋飾，在獸面紋向枚、篆、鉦轉化之前，專供敲擊的、獨立的鼓部尚未形成。從新干大洋洲鎛開始，鎛的扉棱由舞部延至銑角，與銑棱同長。其腔體紋飾遍佈，除了口沿處的陰刻燕尾紋稍平整外，幾無可擊奏之處。腔面上凸凹不平的浮雕紋飾對演奏造成了較大的影響，無法形成一個相對穩定有效的激勵點，而且長時間的敲擊或多或少會對紋飾的完整美觀造成損害。鎛作為樂器，從早期開始，腔面紋飾的繁複就制約了其音樂表現的能力，紋飾與其為樂器的屬性形成不可調和的矛盾。所以，鎛紋飾的逐步簡化不僅僅與青銅器紋飾的衰退同步，順應時代的特點。更重要的是，隨著鎛逐步的從一般禮器中分化、樂器性能的增強，紋飾的衰退是其音樂表現需要作用的結果。從故宮藏虎飾鎛、隨州毛家沖鎛、Sackler

年版，第 57 頁。

藏鳥飾鎛 3 件鎛的身上，已經可以清晰地看到這一過程。虎飾鎛與新干大洋洲鎛相似，腔體紋飾遍佈，但其發展之處在於扉棱的變化。故宮藏虎飾鎛的扉棱，已經不在與銑棱等長，其下緣從銑角上移至主體紋飾的下沿，獨立鼓部的形態已經初具雛形。Sackler 藏鳥飾鎛與虎飾鎛的形製紋飾相似，略晚於後者，虎飾鎛的鴞首轉化成鳥飾鎛的乳釘，紋飾也稍有簡化疏朗。鳥飾鎛鼓部不再飾有紋樣，光素的鼓面對敲擊提供了便利。與此同時，鎛的扉棱上移至紋飾的下緣，鼓部扉棱不再，這標誌著一個專為演奏需要而設的獨立區域的形成，這是鎛發展歷程的一個重要節點。早期鎛的另一系列──四虎鎛，始終保持著扉棱與腔體紋飾的下緣平齊、鼓部光素無紋的特點。當兩式鎛逐步融合、相互影響之後，鎛腔體的主要特徵已經基本確立。發展至西周中期，在北方的周王室對南方鎛的吸收之初，具有這些特徵的鎛形制就基本固定下來。從眉縣楊家村鎛與克鎛的形制，可見南方鎛鼓部與扉棱的特徵對北方的影響。（圖 1-30 4 件鎛鼓部及扉棱下緣）

圖 1-30　　4 件鎛鼓部及扉棱下緣

　　早期鎛的腔體橫剖面多見橢圓形或圓角方形，這是除扉棱外的又一顯著特徵。從表 4 的統計結果分析，在早期 21 件鎛中，明確爲橢圓形或圓角方形〔註120〕的鎛就有 12 件。而這一腔體形制的鎛在西周中期以後極爲罕見，偶有出土者，其早於墓葬時間的可能性較大。由橢圓形或圓角方形向合瓦形的轉變，同樣是鎛自身音樂性能發展的結果。從筆者親歷的測音工作來看，橢圓體鎛常有兩個以上的基頻，而合瓦形鎛的基頻則較爲突出，且雙音性能良好。以河南葉縣舊縣四號墓出土鎛爲例，8 件鎛可以分爲四扉棱編鎛與螺旋枚編鎛兩式，其腔體一爲橢圓形，一爲合瓦形。（圖 1-31 葉縣鎛線圖）橢圓形腔體鎛的發音遠較合瓦形鎛嘈雜混亂，在振動波形上存在多個振動峰，只有依據耳測來尋找最接近的頻率作爲基頻。〔註121〕橢圓體鎛的振動模式較爲混亂，究其原因，在於腔體爲一連續的環狀結構。任何一個部位的振動，都會引起整體的激蕩，多次振動波的疊加與衰減會引起非周期振動的大幅增加，必然會產生聲音嘈雜的現象。而合瓦形鎛可以看作是兩個獨立的板狀結構，兩塊形制完全相同、緊密結合的金屬結構既阻斷了共振波的形成，又給對方施加以均衡的張力。所以，其振動的節線較爲清晰，振動模式較爲簡單，基頻也就較爲突出。

　　此外，腔體正視呈梯形也是早期鎛的特徵之一。早期鎛的銑棱大多由舞部向銑角逐漸傾外斜擴，銑間遠較舞修爲大。在 21 件早期鎛裏，約 95% 的鎛修長與銑間的比值位於 0.55～0.7 之間。而西周中期以後的鎛，銑棱逐漸變得豎直，舞修與銑間的數據基本相同，鎛的腔體正視也略成長方形。這一形制的區別，也是有助於辨別早期鎛的重要標準。

　　總之，通過對湘贛地區早期鎛的總體特徵及其演變的歸納梳理，可以看出這一時期鎛形制發展之總體規範，即：扉棱逐步縮簡、鼓部從無到有、銑棱由奢漸斂、合瓦形逐漸形成。這些變化的背後，無不隱含著鎛自身功能的演變，是對鎛音樂性能的需要推動了這些變化的產生。

〔註120〕表 4 中將圓角方形簡稱爲橢方形。
〔註121〕平頂山市文物管理局、葉縣文化局：《河南葉縣舊縣四號春秋墓發掘簡報》，《文物》，2007 年第 9 期。（線圖出處相同）

圖 1-31 葉縣鎛線圖

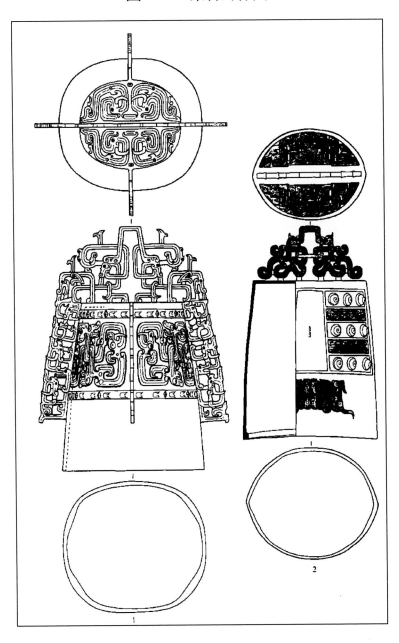

第二章　禮樂制度下的廣泛傳播

　　新干大洋洲墓出土的大量銅器，是贛江流域青銅文化高度發展的標誌。自新干大洋洲墓銅器以後，無論是鑄還是其他青銅器，在同一地區均少有出土，僅見少量大鐃出現。在吳城二期之後，也僅有少量窖藏發現。說明在這一地區，青銅文明在短暫輝煌之後就已經快速消退。其後，湘鄂地區青銅文明的興起，才眞正對鑄的發展與興盛起到關鍵作用。傅聚良在《盤龍城、新干和寧鄉──商代荊楚青銅文化的三個階段》一文中認爲，高度發展的贛江流域青銅文化的突然中止，並非受自然災害因素的影響，而是受制於商代武丁時期的軍事行動。以寧鄉爲中心的青銅文明，是贛江流域青銅文明遷徙所致。〔註1〕湘鄂地區青銅文明的興起，應與贛江流域青銅文化一脈相承。這種相承關係不僅體現在地域和族屬上，也清晰地體現在整個湘贛鄱陽湖地區大量出土的青銅樂器上。認眞考察今江西、湖南一帶出土的上百件青銅大鐃，它們不僅時代相近，均爲殷商時期的產物；即便在造型特色、紋飾風格，以及從其結構設計所反映出來的演奏方式、音樂性能諸方面，不難看出這類青銅樂器的同源關係。故筆者在上文所述湘贛早期鑄，是指整個湘贛鄱陽湖地區發現的這種器物而言，其時段上主要限於殷商的中晚期。

　　西周以往，周初的統治者在總結殷商各種典章制度的基礎上，制訂了一套十分嚴密的封諸侯、建國家的等級制度──禮樂制度，這就是史傳周公「制禮作樂」的史迹。西周的禮樂制度中，其根本基礎是社會的等級制度。但西周的統治者找到了一個十分重要的、可以有效地體現這種等級制度手段──

〔註1〕　傅聚良：《盤龍城、新干和寧鄉──商代荊楚青銅文化的三個階段》，《中原文物》，2004 年第 1 期。

樂懸。樂懸制度的推行，導致整個兩周社會呈現出對鍾磬樂懸的極度推崇和追求，使得鍾磬之器得到了急劇的發展乃至泛濫。顯然，兩周社會鍾磬樂懸的泛濫，其與西周初年統治者推行禮樂制度的政治運動密切相關。周人建立的這種禮樂觀念，甚至深刻地影響了這個民族其後的 2000 餘年。應該說周人的禮樂制度一度是有效的，是十分成功的。這一制度表明，周人對音樂的社會功能已有了充分的認識，因而他們把「樂」看得與「禮」同等重要，用「樂懸」制度來嚴格規範各級貴族禮儀用樂的形式和規模。樂懸，其本意是指必須懸掛起來才能進行演奏的編鍾、編磬等大型編懸樂器。《周禮》中有「王宮懸，諸侯軒懸，卿大夫判懸，士特懸」的記載。所謂「宮懸」，是指王應該享用的編懸樂器，可以像宮室一樣擺列四面；諸侯則要去其一面，享用擺列三面的「軒懸」之制；卿大夫再去其一面，享用擺列兩面的「判懸」之制；士應再去一面，只能享用擺列一面的「特懸」之制。不難看出，樂懸制度是周代禮樂制度的核心內容。鍾磬類大型編懸樂器中，又因爲鍾爲青銅鑄製，銅在當時稱爲「金」，十分昂貴。造一件大鍾，動輒需要花費數十斤、甚至數百斤金。從工藝上來說，青銅的冶鑄需要很高的技術，涉及到採礦、冶煉、合金比例、翻模技術等多個環節。相比之下，石磬的製作工藝又要簡單得多。不言而喻，鍾磬樂懸中，青銅樂鍾完全佔據著核心地位〔註2〕。

第一節　中原對鎛的引入

西周時鎛的北上中原，推測其根本原因當與上述禮樂制度的實施有關。

在西周樂懸制度所用的鍾磬之器中，佔據著核心地位的青銅樂鍾，最初是以甬鍾的形式出現的。從器物類型學角度分析，甬鍾的主體形制很可能是來源於湘贛地區的大鐃。即甬鍾的產生，當爲西周統治者吸收南方湘贛流域揚越人的大鐃所創制的一種禮儀樂器。目前考古所見的早期編鍾樂懸的例證，可推晉侯蘇編鍾和強國墓編鍾。

晉侯蘇編鍾中的 14 件，於 1992 年 8 月 31 日被盜掘出土於山西曲沃縣曲村鎮北趙村西南天馬——曲村遺址 8 號墓。後 1992 年北京大學考古系及山西省考古研究所聯合對天馬——曲村遺址進行了搶救性發掘，出土編鍾 2

〔註2〕　王子初：《禮樂重器鎛的發掘與研究》，《中國音樂考古學》，福州，福建教育出版社，2003 年版，第 563～575 頁。

件，爲這套編鍾的最後二鍾。晉侯穌編鍾全套應爲 16 件。晉侯穌編鍾是近年中國考古學上的重大發現。16 件晉侯穌編鍾與音樂演奏方式有關的形制結構、調音銼磨手法和其留存至今的音響所體現出來的音列音階清楚地表明，並非同一個時期的產品，它們很可能是在自西周初期至恭王世前後的二三百年間逐步發展增擴形成的。晉侯穌鍾產生的時代，正是西周甬鍾重要的變革時代。它們的形制特徵，生動地展示了一條西周甬鍾演變成形的典型軌迹。〔註3〕

西周早期的弶伯䵼墓鍾 3 件，於 1974 年 12 月寶雞市南郊茹家莊西出土。據此墓伴出禮器分析，墓葬時代可以定在昭、穆之世，編鍾的時代亦應與此相當。〔註4〕同爲西周早期弶國編鍾的弶伯各墓鍾 3 件，1980 年 5 月寶雞市南郊竹園溝西出土。從墓主弶伯各所作禮器和同出的豐公鼎、目父癸鼎等器看，其時代約當西周康、昭之世。編鍾的時代應與此相當，是目前出土年代最早的一組西周編鍾。〔註5〕

在晉侯穌編鍾和弶國墓編鍾出現的時代，目前尚未發現中原地區有鎛的蹤迹。此時湘贛地區的鎛可能尚未爲中原地區所吸收，抑或已有吸收而尚未進入樂懸。憑現有的資料分析，僅可以得出這樣的認識。

西周甬鍾的產生，當爲中原統治者吸收南方湘贛流域揚越人的大鐃所創制的一種禮儀樂器。上世紀 80 年代，高至喜在《中國南方出土商周銅鐃概論》一文中指出：「從目前出土資料看，陝西出土的西周早期末段的甬鍾在本地區找不到它的淵源。殷人的小型銅鐃，似乎沒有被周人繼承下來而基本上絕迹了……北方所出早期甬鍾卻與南方的同期的甬鍾的形制、花紋完全一致，說明了它們之間必有的密切關係。而南方的甬鍾是從南方的大鐃直接發展演變而來，序列清楚，沒有缺環。」〔註6〕首先提出了甬鍾的「南來說」。此後他的《論中國南方商周時期銅鐃的型式、演變與年代》又對《概論》文的資料進行了補充，對相關問題進行了更爲深入的探討，並再一次反駁了甬鍾北來說的觀點，認爲甬鍾起源於南方大鐃的「論據更堅實」了，此外還推測了南方甬鍾傳至周人地區的兩條路線，即有可能是由江漢地區的楊越人那裏直接

〔註3〕　王子初：《晉侯穌編鍾的音樂學研究》，《文物》1998 年第 5 期。
〔註4〕　盧連成等：《寶雞弶國墓地》，北京，文物出版社，1988 年版，第 409 頁。
〔註5〕　盧連成等：《寶雞弶國墓地》，北京，文物出版社，1988 年版，第 264 頁。
〔註6〕　高至喜：《中國南方出土商周銅鐃概論》，《商周青銅器與楚文化研究》，長沙，嶽麓書社，1999 年版，第 23 頁。

傳入周人地區，或者先傳入楚地，再由楚傳入周人地區，從而得出了「甬鍾起源於南方越族人的大鐃」的最後結論。〔註7〕南來說的觀點得到了較多學者的支持。當然高至喜「南來說」的合理之處，主要局限於類型學的分析。但是，無論大鐃還是甬鍾，它們不僅是一種具有等級意義的禮器，更是一種具有實用性能的樂器。如果進一步探究甬鍾的樂器性質和其具有固定音高及旋律性能的話，恐怕已不是南方大鐃可以完全概括得了的了。

十分有趣的是，中原地區鎛的出現，很可能是西周統治者同樣採用了南方湘贛流域楊越人的鎛而使用的一種禮儀樂器。甬鍾與鎛，可謂是「同途同歸」。克鎛與眉縣楊家村鎛的出現，具有這種樂器發展史上的重要意義；它標誌著，鎛這種首創於越人的、具有禮器性質的樂器，同為中原統治者所注意和欣賞，並將其接納為中原宮廷的禮儀用器。其時間已在西周中期。而在此時，鎛在湘贛地區的一脈香火不絕，繼續有所沿用。故目前所見出土文物之中，這一時期的鎛，除了出現出現在陝西周室故地的鎛與眉縣楊家村鎛之外，仍可見到出土於湘贛之地、或特徵與湘贛地區的文化類型密切相關的同類器物。由此也可以從一個側面反映出，湘贛地區原為鎛之故土，中原地區的鎛應是周王室對其吸收的結果。

迄今為止，所見最早的中原鎛，為陝西眉縣馬家鎮楊家村窖藏的虎脊鎛。

一、中原鎛之發端

眉縣位於關中平原西部，西周時期位於宗室王畿附近。因《詩經・大雅・崧高》中，有「申伯信邁，王餞於眉」〔註8〕一句，所以有學者認為眉縣在西周屬申國故地。〔註9〕眉縣楊家村鎛 1985 年出土於西周時期的一個青銅器窖藏，共有甬鍾 15 件、鎛 3 件〔註10〕，這一組樂器的年代原被定為西周中期〔註11〕，但是隨著在這一地區的另外一次考古發現，有學者對這一組樂

〔註7〕 高至喜：《論中國南方商周時期銅鐃的型式、演變與年代》，《商周青銅器與楚文化研究》，長沙，嶽麓書社，1999 年版，第 33 頁。

〔註8〕 《十三經注疏》，北京，中華書局，1980 年版，第 567 頁。

〔註9〕 高次若、劉明科《關於汗渭之會都邑及相關問題》，《周秦文化研究》，西安，陝西人民出版社，1998 年版。

〔註10〕 劉懷君：《眉縣出土一批西周窖藏青銅樂器》，《文博》1987 年第 2 期。

〔註11〕 方建軍：《中國音樂文物大系・陝西卷》，鄭州，大象出版社，1996 年版，第 60、63、65、100 頁。

器提出了新的觀點。2003 年在眉縣楊家村鑄出土地附近，一個西周晚期的窖藏內發現了 27 件青銅器，這批青銅器數量眾多、紋飾精美、形體較大、保存完好，在中國考古史上是極為罕見的。更加引人注目的是，這 27 件青銅器每一件都有銘文，總數達 4048 個字，完整記錄了西周王朝從文王到厲王以及宣王的名稱與位次，對西周青銅器與周王世系的研究具有重要意義。〔註 12〕李學勤在《眉縣楊家村新出青銅器說明了什麼》一文中，將窖藏所出之盤與史牆盤互證，認為這批窖藏青銅器可以作為西周晚期後段的標準器。〔註 13〕劉懷君通過對這批青銅器的研究，以出土的逨鍾為標準，推斷眉縣楊家村編鍾與編鑄同為西周晚期之器。〔註 14〕從這一處窖藏的特徵分析，逨是依據青銅器的不同器種分類埋於地下，先前出土的鍾鑄與 2003 年發現的青銅器應同歸單氏家族所有。如果將這一窖藏的下限定於西周的宣王時期，那麼眉縣楊家村所出鑄是否也是這一時期的產物呢？

　　眉縣楊家村鑄共計 3 件，同時出土的還有甬鍾 15 件。3 件鑄的形製紋飾基本相同，大小相次。3 件鑄均保存較好，僅 1307 和 1308 號的棱脊略殘缺。鑄舞部與于口平齊，腔體為略帶長方的橢圓形。于口內可見內唇，唇上對應正、側鼓處有 4 個缺口。舞飾卷雲紋，舞頂中央有一小圓孔，舞上設以對鳥相接而成的環紐。腔體飾獸面紋，鼓部素面。鉦中有鳥形脊，兩側各以兩個精美的鏤空虎形飾為扉棱。此鑄的形制與紋飾基本上沿襲了南方鑄的特點，四扉棱、腔體橢圓、虎紋與鳥紋具備，只是虎紋變得線條化與抽象化，其形態已稍具爬行龍紋的特點。南方鑄扉棱頂部的鳥形紋上移至舞部，與環紐融為一體。鳥紋的形態已不如南方鑄的紋飾具象而古樸，鳥喙也由外向轉而朝內，顯露出早期鳳紋的樣態。〔註 15〕（圖 2-1 眉縣楊家村鑄 1308 號）

　　將眉縣楊家村鑄的形制特點與南方早期鑄進行一個簡單的比較，就可以看出二者之間的關係所在。

〔註 12〕陝西省文物局中華世紀壇藝術館：《盛世吉金——陝西寶雞眉縣青銅器窖藏》，北京出版社，2003 年 3 月版。

〔註 13〕李學勤：《眉縣楊家村新出青銅器說明了什麼》，《中國古代文明十講》，復旦大學出版社，2003 年 8 月版，第 264 頁。

〔註 14〕劉懷君：《眉縣楊家村西周窖藏青銅器的初步認識》，《考古與文物》2003 年第 3 期，第 35～38 頁。

〔註 15〕方建軍：《中國音樂文物大系・陝西卷》，鄭州，大象出版社，1996 年版，第 100 頁。

圖 2-1　眉縣楊家村鎛 1308 號

表格 6　眉縣楊家村鎛與上海藏四虎鎛比較簡表

器　名	扉棱形制	中脊形制	紐的形制	枚形	腔體形制
眉縣楊家村鎛	虎形	鳥形	雙鳥	無	略帶長方的橢圓形
上海藏四虎鎛	虎形	鳥形	單環紐	菱形	圓角方形

　　眉縣楊家村鎛的形制主要來自於四虎鎛這一式的影響，在吸收四虎鎛主要特點的同時，又將鳥飾鑄在舞部飾以鳥形紋樣的特點進行吸納改造，最終形成了早期中原鎛的特點。在眉縣楊家村鎛扉棱虎飾的背部，各設有一個呈上下勾回的羽尾狀紋飾，顯然，這是南方鳥飾鎛一類鑄扉棱的遺存。南方鎛的具象的虎紋，在進入中原後被賦予虎紋之外的含義，向幻想類動物紋漸行漸遠，這也許是當初為虎背附上羽尾紋的設計者所沒有想到的。龍紋與鳳紋在殷商至西周穆王、恭王時期較為興盛，四羊方尊上就同時飾有這兩種紋樣，有學者據此將西周早期稱作鳳紋時代。〔註16〕龍與鳳作為中原文化的象徵，從鎛傳入中原之初即已有所體現。其後，中原所出鎛，已經不在具有這樣寫實的紋飾特點。出土於陝西省扶風縣法門寺的克鎛與寶雞縣楊家溝太公廟窖藏出土的 3 件秦公鎛，腔體同為橢方形，其扉棱與紐部已變為多條盤曲的龍紋，只是龍口的形狀還能看到虎脊鎛的遺態。從眉縣楊家村鎛形制與紋飾的特點可以看出，中原地區在引入南方鎛之初，其理念不是簡單的照搬模仿，

〔註16〕馬承源：《中國青銅器》，上海古籍出版社，2003 年版，第 323 頁。

而是通過分解與融合將各種不同的結構因素組合在一起，體現出中原地區包容並蓄的文化特點。從另一個角度而言，也體現出中原文化相對於周邊地區所具有的、不願簡單模仿複製的強勢心理。

眉縣楊家村出土的 3 件鎛形制相同，大小各異，是鎛首次以編列樂器的形式出現。3 件成編的組合方式，同樣是中原文化的作用結果。在商代的青銅樂器中，南方與北方的銅鐃即已體現出單件與編列的區別。南方銅鐃體形巨大，紋飾繁複，多為單件出土、單獨使用，間或有多件共出者，也為簡單的拼湊，從音樂角度不成序列。而北方的銅鐃體形稍小，紋飾簡單，多 3 件成編。伴隨著鎛從南方向北方中原地區傳入的過程，單件的特鎛同時向 3 件成編的編鎛轉變。從特鎛到編鎛的轉變，是鎛的發展史上的一個極其重要的轉折點。即其從殷商時期流行於南方湘贛地區的一種非定音、非旋律青銅樂器，已發展成為一種具有固定音高的、自成編列的旋律樂器。這是鎛這種樂器在由南向北遷移過程中發生的質的演變。如前所述，是西周統治者採用了南方湘贛流域楊越人大鐃的甬鍾，在其北上中原的過程中，神奇地完成了其具有固定音高的、自成編列的旋律樂器編（甬）鍾的嬗變；十分有趣的是，中原地區編鎛的出現，是西周統治者同樣採用了南方湘贛流域楊越人的鎛而改良的一種禮儀樂器。編甬鍾與編鎛，可謂是「同途同歸」。在它們的發展演變史上有著異曲同工之妙。

二、眉縣楊家村鎛的突破

它們不僅同是一種具有等級意義的禮器，更是一種具有實用性能的樂器。眉縣楊家村的甬鍾和鎛同出一窖，有無可能已是組合編鍾實例？要確定這一點，有必要分析一下眉縣楊家村鎛和甬鍾的形制與測音數據，也許可以找出一些蛛絲馬迹。以下楊家村鎛的簡表中可以看出，各件鎛的形制經過精心的設計，與之相伴的是發音的有序性。

表格 7　眉縣楊家村鎛形制與測音數據簡表

標本號	通高	紐高	舞修	舞廣	鼓間	銑間	壁厚	唇厚	重量	正鼓音
1306	635	190	252	226	310	340	10	11	32.5	a^1+36
1307	585	170	240	215	300	320	8	6.5	22.5	c^2+34
1308	515	150	225	210	290	310	10	7	21.0	$^{\#}d^2+10$

單位：毫米　千克　音分

　　3 件鎛的正鼓音呈小三度疊置，與傳統五聲調式的音程關係不符。王清雷認爲，這 3 件鎛的正鼓音可以構成 A 羽調三音列：羽－宮－角。〔註17〕如果將 1307 與 1308 兩鎛正鼓音的音程關係視作宮－角，則略顯狹窄或誤差較大。所以，僅僅從鎛分析其調式關係是較困難的，應結合出於同一窖藏的甬鍾進行研究。

　　眉縣楊家村出土的 15 件甬鍾，除 5 件丟失外，其餘 10 件依據鼓部紋飾的不同被分爲甲、乙、丙三組。（圖 2-2 眉縣楊家村甬鍾線圖）

<h3 style="text-align:center">圖 2-2　眉縣楊家村甬鍾線圖</h3>

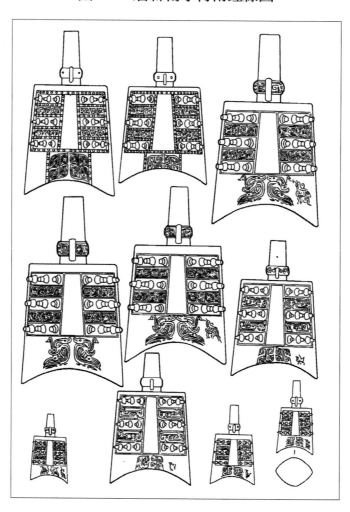

〔註17〕王清雷：《西周樂懸制度的音樂考古學研究》，北京，文物出版社，2007 年 5 月版，第 153 頁。

　　甲組甬鍾共有兩件，器形完整，形制基本相同。甬部中空與體相通，甬端封衡，內壁有調音銼磨痕 8 條，分別位於兩正鼓、四側鼓及兩銑角內。舞部素面，腔體設二階柱形枚 36 個，枚、鉦、篆區以陽線夾聯珠紋爲界，篆、鼓部皆飾細陽線雲紋。甲組兩件甬鍾的測音數據如下表：〔註18〕

表格 8　眉縣楊家村甲組甬鍾測音數據表

標　本　號	正　鼓　音	側　鼓　音
甲組 I 號	$^{\#}a+56$	模糊
甲組 II 號	$^{\#}c^1+58$	f^1+40

單位：音分

　　乙組甬鍾爲 4 件，I 號鍾：保存完整。甬部中空與腔體相通，甬內有泥芯，爲白色砂土。內壁有調音銼磨痕 7 處，分別位於兩正鼓、兩銑角及側鼓三處。旋與篆間飾雲紋，舞部陰刻雲紋，鼓飾顧夔紋，右側鼓飾小鳥紋。右側鼓、左側鼓和鉦間鑄銘文 117 字，重文 11 字。II 號、III 號、IV 號鍾的形製紋飾基本與 I 號鍾相同，只是在側鼓部的小鳥紋、內壁的調音痕迹等稍有相異之處。乙組甬鍾的測音數據可見下表：〔註19〕

表格 9　眉縣楊家村乙組甬鍾測音數據表

標　本　號	正　鼓　音		側　鼓　音	
	音　高	階　名	音　高	階　名
乙組 II 號	$^{\#}a+34$	宮	d^1-14	角
乙組 I 號	d^1-3	角	f^1+37	徵
乙組 III 號	g^1-13	羽	$^{\#}a^1+35$	宮
乙組 IV 號	$^{\#}g^3-4$	羽↑	b^3+33	宮↑

單位：音分

　　顯然，從這 4 件甬鍾的發音來看，音列的構成尚不完整，現存 4 件甬鍾應爲成套編鍾的一部分，根據西周編鍾八件組合的音階結構分析，現存的 4

〔註18〕方建軍：《中國音樂文物大系・陝西卷》，鄭州，大象出版社，1996 年版，第 60 頁。

〔註19〕方建軍：《中國音樂文物大系・陝西卷》，鄭州，大象出版社，1996 年版，第 63 頁。

件應爲編組中的第二、三、四和第八鍾，缺少的是第一、五、六和第七鍾。〔註20〕如果是這樣，乙組甬鍾的音列結構爲：G 羽四聲音階。

丙組甬鍾共計 4 件，I 號鍾：保存完整。甬中空與腔體相通，內壁有調音銼磨痕 4 處，分別位於兩正鼓、背面側鼓及右銑角內。舞部素面，旋飾乳釘，略呈二階錐形枚，鉦、篆、枚皆以陰線弦紋爲界，篆、鼓部皆飾雲紋，右側鼓飾小鳥紋。II 號鍾、III 號鍾、IV 號鍾的形製紋飾與 I 號鍾基本相同，只是甬內皆有泥芯，且隨著音區的增高，3 件甬鍾的調音痕迹也隨之增加，分別爲 2、5、8 條。丙組甬鍾的測音數據見於下表：〔註21〕

表格 10　眉縣楊家村丙組甬鍾測音數據表

標　本　號	正　鼓　音	側　鼓　音
丙組 I 號	f^1-20	$^b a^1$+53
丙組 II 號	$^b b^1$+50	$^b d^2$+45
丙組 III 號	f^3+30	$^b a^3$+62
丙組 IV 號	b^3+8	d^4-22

單位：音分

目前，音樂考古界多將甲組與丙組歸爲一肆，甲組兩件甬鍾音區較低，應屬 8 件一肆中的前兩件。〔註22〕雖然這兩件的紋飾與丙組甬鍾存在區別，但符合八件組合編鍾前兩件的特點。〔註23〕從目前掌握的考古資料來看，西周編甬鍾的前兩件不設小鳥紋作側鼓音標誌者居多，從測音數據分析，其側鼓的音準與音響也較中高音區甬鍾的發音爲劣。李純一認爲，「依照發展期編甬鍾的通例，只發單音（即正側鼓同音）的首、次二鍾側鼓沒有小鳥紋之類的第二基音標誌；由此標誌的是從發雙音的第三鍾開始。」〔註24〕據此，甲組與丙組 6 件甬鍾所構成的應爲升 A 羽四聲音列。

〔註20〕方建軍：《陝西出土西周和春秋時期雨鍾的初步考察》，《地下音樂文本的讀解》，上海音樂學院出版社，2006 年，第 85 頁。

〔註21〕方建軍：《中國音樂文物大系·陝西卷》，鄭州，大象出版社，1996 年版，第 65 頁。

〔註22〕王清雷：《西周樂懸制度的音樂考古學研究》，北京，文物出版社，2007 年 5 月版，第 153 頁。

〔註23〕方建軍：《美國收藏的逑鍾及相關問題》，《天津音樂學院學報（天籟）》2007 年第 2 期。

〔註24〕李純一：《中國上古出土樂器綜論》，北京，文物出版社，1996 年版，第 188 頁。

表格 11　眉縣楊家村甲、丙組甬鍾測音數據表

標本號	甲組 I 號		甲組 II 號		丙組 I 號	
	正鼓	側鼓	正鼓	側鼓	正鼓	側鼓
音　高	$^{\#}a+56$	模糊	$^{\#}c^1+58$	f^1+40	f^1-20	$^{b}a^1+53$
階　名	羽	不確	宮	角	角	徵
標本號	丙組 II 號		丙組 III 號		丙組 IV 號	
	正鼓	側鼓	正鼓	側鼓	正鼓	側鼓
音　高	$^{b}b^1+50$	$^{b}d^2+45$	f^3+30	$^{b}a^3+62$	b^3+8	d^4-22
階　名	羽	宮	角	徵	羽	宮

單位：音分

　　如果將將兩組甬鍾的音列作五聲音階看待，三件鎛的發音與各組甬鍾皆不相和，與相鄰甬鍾多構成小二度半音關係。這相差的一律，如果用《儀禮》載「奏樂以鼓鎛爲節」爲據，以鎛在演奏中僅起以加強節拍作用的說法來解釋，是可以進一步探討的。〔註 25〕三件鎛所構成的音列，雖然與五聲音階的音程關係存在偏誤，但是鎛正鼓音三度疊置的結構也體現出一定的規律性，是設計、鑄造時有意之所爲。從三件鎛于口內唇所現的調音銼磨痕迹，也可以證明音高問題是爲鎛的設計者與使用者所重視的，而不是將其僅作節奏樂器考慮。所以，關於鎛與甬鍾發音的不諧和性，合理的解釋可能有二：

　　一、二者本不是同期之物，是拼湊組合的結果。這與前文所推斷，眉縣
　　　　楊家村鎛鑄於西周中期，較同出的其他青銅器爲早的結論相符合。

　　二、眉縣楊家村鎛是甬鍾音列中的一個部分。

　　眉縣楊家村甲、丙組甬鍾的音列大約可以排列爲：$^{\#}a$ 羽－$^{\#}c$ 宮－f 角－$^{\#}g$ 徵，是比較典型的西周時期甬鍾所用四聲音列。其中丙組 I 號的正鼓音偏低 70 餘音分外，各鍾的正、側鼓音基本上對應這一音列結構中的音高。如果將眉縣楊家村編鎛的三音置入這一音列，其階名應爲：a 清徵－c 變宮－$^{\#}d$ 商。顯然，1306 號鎛的清徵音不入音調，按三分損益之法，清徵在宮音上下相生八次之後才能出現，在包括$^{\#}c$ 宮的七聲音階裏，當然沒有 a 清徵作爲第九音存在的可能性。但是，當與眉縣楊家村乙組甬鍾相比較的時候，其結果令人難

〔註25〕方建軍：《美國收藏的逨鍾及相關問題》，《天津音樂學院學報（天籟）》2007
　　　　年第 2 期。

以置信。

眉縣楊家村乙組甬鍾的音列可以簡化爲：$^#$a 宮－d 角－f 徵－g 羽。其中乙組IV號的正、側鼓音稍高，約爲清羽與清宮，考慮到乙組IV號與III號相距兩個八度，相當於現今小字三組與小字四組之際，鑒於人耳對這一音區所奏高頻的不敏感性，將其視作羽、宮還是可以接受的。如果將眉縣楊家村編鎛的三音置入乙組甬鍾的音列之中，其階名爲：a 變宮－c 商－$^#$d 清角。三件鎛中的兩件同樣成爲甬鍾音列的變宮與商音。

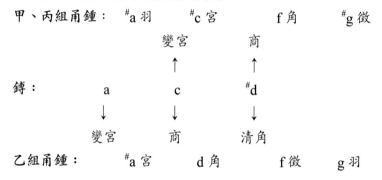

呈小三度疊置的鎛的音列，因爲無法與中國音樂的五聲調式體系對應，而曾被視爲音樂性能較差。但是通過上表可以看出，分別由兩件鎛塡補甬鍾變宮與商的缺失，應不屬於偶然現象。

1978 年 1 月出土於寶雞縣楊家溝太公廟的秦公鎛，屬春秋早期遺物，由 3 件構成一組編鎛，同時出土的還有秦公鍾 5 件。3 件秦公鎛的測音結果分別爲：$^#$g^1+25、b^1+50、$^#$c^2+22。5 件秦公鍾〔註26〕的音準較好，呈升 F 羽四聲音列排列〔註27〕，其音階結構簡化排列爲：$^#$f 羽－a 宮－$^#$c 角－e 徵。將秦公鎛對應於其中，分別爲：$^#$g 變宮、b 商、$^#$c 角。三件鎛中再次出現了變宮與商音。

從眉縣楊家村鎛的下限宣王十六年到秦公鎛的器主秦武公時期，大約相距 100 年的時間。在這樣的一個時間跨度裏，兩套三組鎛與甬鍾的組合在音列構成方面體現出了高度的一致，這決不可能是巧合所能解釋的。眉縣楊家村編鎛與秦公鎛的音高都處於中音區，屬於人耳對音高頻率最敏感的區域。而且每組編鎛大小相次，在于口內唇皆有調音缺口，說明這兩件鎛的設計製造都經過精心的考慮。所以，基本上可以排除音列構成的偶然性因素。

〔註26〕根據銘文與測音結果來看，秦公鍾應有六件，現缺少第 6 鍾。（方建軍：《中國音樂文物大系・陝西卷》，鄭州，大象出版社，1996 年版，第 92 頁。）

〔註27〕詳細的測音數據詳見第二章表 12。

　　如果是刻意爲之，那爲什麼不用甬鍾演奏而代之以鎛呢？在目前所知的考古資料中，西周時期的編鍾大多不見商音，其正鼓音與側鼓音構成的音列，基本由羽、宮、角、徵四聲組成。至漢代開始，關於文獻的記述多被作爲解釋這一現象的依據。《周禮》中有關於天、地、人鬼三大祭的記載：

> 凡樂，圜鍾爲宮，黃鍾爲角，大簇爲徵，姑洗爲羽，雷鼓雷鼗，孤竹之管，雲和之琴瑟，《雲門》之舞，冬日至，於地上之圜丘奏之，若樂六變，則天神皆降，可得而禮矣。

> 凡樂，函鍾爲宮，大簇爲角，姑洗爲徵，南呂爲羽，靈鼓靈鼗，孫竹之管，空桑之琴瑟，《咸池》之舞，夏日至，於澤中之方丘奏之，若樂八變，則地示皆出，可得而禮矣。

> 凡樂，黃鍾爲宮，大呂爲角，大簇爲徵，應鍾爲羽，路鼓路鼗，陰竹之管，龍門之琴瑟，《九德》之歌，《九韶》之舞，冬日之，於宗廟之中奏之，若樂九變，則人鬼可得而禮矣〔註28〕。

文中陳述某律對應某聲的關係之時，唯獨不見商聲。鄭玄注曰：「凡五聲，宮之所生，濁者爲角，清者爲徵羽。此樂無商者，祭尚柔，商堅剛也。」〔註29〕其本意應是指，從宮音出發作三分損益生律，角音是五正聲中上下相生最後得出的一音，所以與宮音的關係較遠。而商音的風格與祭祀不相和諧，故不用。關於西周不用商音還是商調，後世的學者多有討論。但是眉縣楊家村編鎛與秦公鎛所表現出的特點，顯然是對「周不用商」的違背。作爲禮樂重器，編鍾在西周堅守著不用商音的原則，但是在實際演奏過程中，沒有商音又是不可想像的。如何在不違禁令的情況下完成正常的演奏，可能是樂師與樂工困擾不已的問題。此時，南方鎛漸入其視野，在保證編鍾羽、宮、角、徵四聲的前提下，以編鎛來演奏商及偏音成爲解決這一問題最巧妙的辦法。這樣一來，既能通過「太師」所審〔註30〕，又不會因爲不能完整奏樂而受責。正是由於這一原因，南方特鎛在進入中原之始就演化成編鎛，與甬鍾編爲一簴，其目的就在於化解演奏需要與制度規範之矛盾。

　　先秦文獻在論及鎛時，多與鍾、磬相並列，未將鎛納入編鍾的範疇，如

〔註28〕《十三經注疏》，北京，中華書社，1980年版，第789～790頁。

〔註29〕《十三經注疏》，北京，中華書社，1980年版，第789～790頁。

〔註30〕陳暘《樂書》卷四載：「荀卿以審詩商，爲太師之職。然則詩爲樂章，商爲樂聲，樂章之有商聲，太師必審之者，爲避所克而已。」（《文淵閣四庫全書（電子版）》，上海人民出版社、迪志文化出版有限公司，1999年11月版。）

《左傳‧襄公十一年》記載：「鄭人賂晉侯以師悝、師觸、師蠲，廣車、軘車淳十五乘，甲兵備，凡兵車百乘；歌鍾二肆，及其鎛、磬，女樂二八。」〔註31〕說明在時人的觀念裏，鎛與鍾是兩類器物，不曾想二者早已緊密結合，以滿足演奏的需要。但是在《周禮》中明確記載：鍾及鎛都由鍾師來演奏〔註32〕，這也印證了本文的觀點。

從另外一個角度分析，西周不用商音確曾推行實施，但在很短的時間裏就被樂工輕鬆化解，以不易被覺察的二度、三度疊置的三件編鎛間雜其中，奏以變聲與商音。但無論如何，在商調上演奏是自曝其短，享樂者就算不懂音樂也會覺察到鎛成爲反覆敲擊的主音，這是堅決不能觸及的。所以，嚴格的說西周時期不用商音或許只是短暫現象，而不奏商調確爲史實。

作爲現今可見，中原及北方地區最早的一組鎛，眉縣楊家村鎛的地位與其所蘊含的特點是相符的。由南方早期鎛在向後期廣泛流行於中原及周邊地區成熟形制鎛的發展過程中，眉縣楊家村鎛恰當地體現出過渡時期的橋梁作用。由形制的多變到單一穩定，由紋飾的具象、繁複、寫實到抽象、簡化、幻想，由特鎛到編鎛，這個發展過程實爲北方周文化對南方長江流域文明的吸收過程於鎛之顯現。與此同時，眉縣楊家村鎛又保留了南方早期鎛橢方形腔體與虎形扉棱、鳥形中脊的形制特徵。眉縣楊家村鎛對這些特點的揚棄與取捨，正是兩種文化作用的結果。此外，從眉縣楊家村鎛的過渡性特點也可以印證，北方的鎛的確是由南方湘贛地區傳入，而眉縣楊家村鎛是北方鎛發端時期之產物。

三、克 鎛

克鎛（75.3.523），現藏於天津市藝術博物館，1890 年出土於陝西省扶風縣法門寺任村。同時出土的還有鼎、簋、甬鍾等青銅器一百二十餘件，但多數已散失。據《貞松堂集古遺文》卷三記載，王國維據王文燾所言克鼎、克鎛等出自寶雞縣南之渭水南岸，繼而又言趙信臣嘗爲潘文勤（祖蔭）親赴陝西省扶風縣法門寺任村購買諸器。當時有克鍾、克鼎、中義父鼎等出於一窖，時光緒十六年（1890）。羅振玉認爲，克鎛等出於寶雞乃傳聞之誤，克之故都在渭水之北而未及渭南，故扶風縣法門寺任村之說可信也，〔註33〕後世觀

〔註31〕《十三經注疏》，北京，中華書局，1980 年版，第 1951 頁。
〔註32〕《十三經注疏》，北京，中華書社，1980 年版，第 800 頁。
〔註33〕羅振玉：《貞松堂集古遺文》，北京圖書館出版社，2002 年 9 月版，第 262～

點也多從此說。關於克鎛的年代，研究者大多從銘文的角度給予考證。郭沫若依據已出土的克的全部鑄器銘文中年月日的記載及西周時期各王在位的年限，認爲克鐘的作年是十六年九月初吉庚寅，指出它與屬王諸器的日辰不能符合。因之，不是夷王便是宣王，推定即克鐘、克鎛是周夷王時期的器物。〔註34〕而唐蘭參照對銘文中「剌宮」的考證，認爲是周宣王十六年，克鎛、克鐘爲周宣王時期的器物。〔註35〕在其後的《關於大克鐘》中，唐蘭進一步闡釋，「屬、宜時期，儘管有許多重器，但製作遠不如前期的精緻了。大克鐘固然很大，並且有新的風格，但只見粗放，工並不精。小克鐘的銘文書法是開朗的，有宣王時期的特點。」〔註36〕

　　克鎛保存基本完好，扉棱略有殘損，通體覆淡綠色薄鏽。舞部與于口平齊，腔體呈橢圓形，腔內無調音銼磨痕迹。舞部飾竊曲紋，中央有一小圓孔。舞上置繁紐，與銑側的扉棱連爲一體。扉棱作鏤空蟠龍紋，與中脊紋飾相同。鎛體的兩面各飾有兩個相對的獸面紋，上下均有絆帶，絆帶上飾雲紋及 16 個菱形枚。鼓右側鑄銘 16 行 81 字，記載了克接受周王的賞賜及命令，沿涇水東巡視，圓滿完成任務後，作鎛追念先祖，祈求幸福的內容。〔註37〕（圖 2-3 克鎛）

圖 2-3　克　鎛

263 頁。

〔註34〕郭沫若：《兩周金文辭大系圖錄考釋》（七），112 頁，北京，科學出版社，1957年 12 月版。

〔註35〕唐蘭：《西周銅器斷代中的「康宮」問題》，《考古學報》1962 年第 1 期。

〔註36〕唐蘭：《關於大克鐘》，《出土文獻研究》文物出版社，1985 年 6 月。第 121 頁。

〔註37〕黃崇文：《中國音樂文物大系·天津卷》，鄭州，大象出版社，1996 年版，第205 頁。

表格 12　克鎛形制數據表

通 高	舞 修	舞 廣	鼓 間	銑 間	中 長	鼓 厚
635	256	191	256	345	442	4

單位：毫米 千克

　　從克鎛的形制分析，鎛依舊保持了南方早期鎛兩扉棱、兩中脊的特點，但是扉棱的紋飾已經完全脫離了早期鎛具象寫實的風格，演變爲由蟠龍紋構成的幻想性紋飾。將克鎛與眉縣楊家村鎛作一比較，可以看出，克鎛各部位的形制基本上延續了眉縣楊家村鎛的特點。如：紐的形狀、腔面的紋飾、橢圓形腔體等，可以看作是眉縣楊家村鎛之延續。雖然克鎛的某些特徵更多的反映出南方早期鎛的遺留，如菱形枚與獸面紋上的陰刻線紋與上海藏四虎鎛較爲相似，但是其從紋飾與扉棱的樣態分析，克鎛已經更多的具有中原文化的特徵。克鎛扉棱由 16 條蜷曲的蟠龍紋構成，這是龍形紋樣首次在鎛出現。

　　龍紋，舊稱夔紋，源自史籍中關於「夔一足」的記載，《山海經·大荒東經》卷十四載：「有獸狀如牛，蒼身而無角，一足，出入水則必風雨。其光如日月，其聲如雷，其名日夔。黃帝得之，以其皮爲鼓，橛以雷獸之骨，聲聞五百里，以威天下」〔註38〕。後人，特別是宋代金石學研究多以此爲據，稱青銅器帶有一足特徵的紋飾爲夔紋。其實，從孔子與魯哀公的對話中就可以看到夔爲何物。《呂氏春秋·察傳》卷二十二：

> 　　魯哀公問於子曰：「樂正夔一足，信乎？」孔子曰：「昔者舜欲以樂傳教於天下，乃令重黎舉夔於草莽之中而進之，舜以爲樂正。於是正六律，和五聲，以通八風，而天下大服。重黎又欲益求人，舜曰：『夫樂，天地之精也，得失之節也。故唯聖人爲能和，樂之本也。夔能和之，以平天下，若夔者，一而足矣。』故曰夔一足，非一足也。」〔註39〕

馬承源認爲，實際上一足的動物是雙足動物的側面象形，從未有過一足的立體龍出現，所以將其稱爲龍紋更加合理。〔註40〕青銅器所飾龍紋自商代二里岡期即已出現，其後多見於商周時期的青銅器表。這一現象反映了時人對青銅禮器與龍共同的崇拜心理，或爲青銅禮器賦予更多的象徵意義，是與商周

〔註38〕袁珂：《山海經校注》，成都，巴蜀書社，1993 年版。
〔註39〕張雙棣：《呂氏春秋譯注疏》，長春，吉林文史出版社，1987 年版，第 492 頁。
〔註40〕馬承源：《中國青銅器》，上海古籍出版社，2003 年版，第 320 頁。

時期的原始信仰與神話傳說密切相關的。《周禮注疏》卷二十二載：

> 象物，有象在天，所謂四靈者。天地之神，四靈之知，非德至和則
> 不至。《禮運》曰：「何謂四靈？麟鳳龜龍謂之四靈。龍以爲畜，故
> 魚鮪不淰；鳳以爲畜，故鳥不矞；麟以爲畜，故獸不狘；龜以爲畜，
> 故人情不失。」〔註41〕

作爲天地四靈之一，龍在青銅樂器的出現無疑是具有強烈的象徵意義。至春
秋後，龍紋更多見於青銅鎛之紐部，似與「龍生九子」之平生好鳴的「蒲牢」
有關。從商周時期青銅器的龍紋來看，龍紋表現出較豐富的多樣性特點，不
能夠簡單地將龍紋歸於一類。克鎛扉棱的龍紋，其頭部、口部的特徵與南方
四虎鎛扉棱的虎飾極爲相似，所以僅從鎛扉棱的變化關係而言，鎛所飾龍紋
極有可能是由南方鎛的虎紋變化而來，是中原地區對南方鎛的文化改造。

圖2-4　夔　紋

　　與克鎛同時出土的器物，除了鼎、簋以外，尚可見克鍾 5 件。在《貞松
堂集古遺文》中，記載有兩件各鑄一半銘文的克鍾〔註42〕。藏於天津市藝術
博物館的克鍾（59.3.151）即是 5 件之一。這件克鍾保存較爲完好，僅甬部稍
有殘缺。甬部的橫截面略呈方形，不封衡，甬腔與鍾腔不相通，旋和斡上分
別飾以變形獸紋及重環紋。鍾腔較長，正背面共有 36 個二層臺式枚，舞及篆
飾竊曲紋，鼓部飾一對花冠龍紋，右側飾一鳳紋。鍾腔內有 7 條調音銼磨痕，
可見克鍾原爲實用器。其正鼓音爲：g^1+24；側鼓音爲：b^1-16（音分）。傳世
現存的 5 件克鍾，原應是 8 件或 8 件以上成編。〔註43〕

〔註41〕《十三經注疏》，北京，中華書局，1980 年版，第 789 頁。

〔註42〕羅振玉：《貞松堂集古遺文》，北京圖書館出版社，2002 年 9 月版，第 10～12
　　　　頁。

〔註43〕黃崇文：《中國音樂文物大系·天津卷》，鄭州，大象出版社，1996 年版，第
　　　　203 頁。

圖2-5　克　鍾

　　從目前可知的材料來看，西周時期北方中原地區的鎛僅有眉縣楊家村編鎛與克鎛兩組，但是僅此兩組鎛卻都具有鮮明的特點。從鎛的發展歷程角度分析，眉縣楊家村編鎛與克鎛處於南方之勃興向北方之繁盛轉化的瓶頸期，這一個轉化是通過這兩組鎛、或其爲代表的西周早中期鎛來完成的。在這樣一個重要的節點位置，眉縣楊家村編鎛表現出的是，對南方青銅文化形式的吸收與內涵的升級，在基本保持南方鎛形制特點的基礎上，首次以 3 件鎛與15 件甬鍾的組合形式突破了南方鎛之傳統。在提高鎛音樂性能的同時，賦予了鎛嶄新的生命力，拓展了其生存與發展的空間。與之相比較，克鎛則體現出更多的文化自信。中原的王公對鎛的使用不再拘於南方之形制，在享用編鍾宏大激蕩聲響的同時，一改南方鎛充滿現實感之獰厲，將鎛變得充滿神秘與威嚴。

　　總之，南方湘贛地區的早期鎛，一度流行於湘水及長江中游一帶。其在一個相對狹小的地域空間和相對穩定的文化系統內，鎛基本上保持了其文化特徵的一致性和發展演變的連續性。其形制、紋飾、組合等方面的特徵，無一不是清晰地反映出早期湘贛一帶的文化內涵。相對於西周中期以後的鎛，早期鎛雖然數量較少，相關考古信息缺乏，但是其發展的脈絡依然清晰可見。通過對早期 20 餘件鎛的梳理，基本上可以看到鎛從起源到繁衍以及走上穩定發展道路的歷程。

第二節　地域的廣布

　　至西周中期以後，鎛被北方中原地區所吸收引入，鎛開始進入其全新的時期。從南方鎛傳入中原之始，鎛就被納入中原青銅文化的體系之中，與編鍾、編磬共同構成禮樂制度的有聲部分。隨著周代禮樂制度的推行，鎛隨之廣播於天下。所以，在地域分佈、器物數量、音樂表現能力等方面，鎛在一個相對不長的時間裏快速發展至興盛階段。通過周文化的改造，鎛的形制、紋飾、組合等方面可視的、以「禮」爲核心的外在特徵，都逐步隨著其以「樂」爲內涵的音樂表現能力的提高而變化。春秋以往，金石之樂逐步走上了向大型組合化的歷史發展過程，鎛在其中扮演了不可忽略的重要角色。

　　西周中期出現於中原周王室故地的鎛，在其後的發展中，其分佈已再僅僅限於湘贛原地和王畿一帶，而是隨著西周以來禮樂制度的實行，逐漸被廣泛使用在晉、鄭、齊、魯、吳、越、燕、趙各地。至春秋早期以後，鎛在齊魯國故地與鄭衛一帶，尤其興盛一時。這一時期的鎛，已經形成較爲穩定與成熟的形制。扉棱基本已全部退去，繁紐簡化爲對峙的雙龍或雙虎爲飾，鎛體基本統一爲合瓦形，枚、篆、鉦、鼓部俱已穩定成形。實用器的腔體內部多可見調音槽或音梁。

　　進入在西周中晚期以後，周王室的地位日漸衰落。許倬雲認爲，周代的衰落實自夷王之世即已開始。[註44] 從屬王流彘到幽王烽火直至平王東遷，周王室對諸侯國的控制力也逐漸削弱。在這樣的背景下，鎛卻顯現出異常的興盛態勢。李學勤在《東周與秦代文明》中，將東周與秦代的文明區域分爲七個文化圈，分別爲：中原文化圈、北方文化圈、齊魯文化圈、楚文化圈、吳越文化圈、巴蜀滇文化圈與秦文化圈。[註45] 從鎛的考古發現來看，也基本上符合這一區分。但是，從細節上分析，這一劃分的主旨在於全面理清東周與秦代的區域文化特徵，與本文的側重有所不同。例如，秦文化圈的劃分主要是側重於西周以後直至秦代的文化發展，其中部分已不屬本文所涉範疇。從考古文化類型分析，起源於周室故地的秦國與周室之文化根基基本相同，只是同一起源下的不同分支，而這一特點在兩周之際表現得並不明顯，可以歸入一類看待。從鎛的類型分析，兩周之際的秦國鎛與以周王畿地區的鎛並無明顯差異，所以，可以歸入中原文化圈的範圍之內進行考量。另外，

[註44] 許倬雲：《西周史》，北京，三聯書店 1994 年版，第 287 頁。
[註45] 李學勤：《東周與秦代文明》，北京，文物出版社，1984 年版，第 11 頁。

巴蜀滇文化圈的鎛在這一時期未有發現，其風貌不得而知，此處不作探討。所以，本文對西周晚期至春秋階段鎛的分析，在李學勤所提出七個文化圈的基礎上，結合鎛自身所具有的地域與時代特點，將鎛劃分爲中原文化區、齊魯文化區、楚文化區、吳越文化區四個不同的區域給予討論。

一、中原文化區

中原地區，歷來是華夏政治權力的中心。中原文化區，在《東周與秦代文明》中將其界定爲：「以周爲中心，北到晉國南部，南到鄭衛，也就是戰國時周和三晉一代，因地處黃河中游，可稱爲中原文化圈。」〔註46〕在這一區域裏，以周王室爲核心，晉、鄭等國與其地緣接近，文化相似，對周表現出較強的歸屬感。這一時期的鎛，在中原文化區多出自於鄭、晉一帶，在周朝的豐鎬與洛邑地區反不多見。其原因應包括以下幾點：

首先，周王室的王陵尚未發現。周族原居住於陝西中部與甘肅東部一帶，臣居於夏、商時期。武王克商之後，定都於豐鎬。《毛詩》鄭箋曰：「豐邑在豐水之西；鎬京在豐水之東」〔註47〕，即現今西安西南的灃河兩岸。目前這一地區的重要考古發現多爲小型的遺址與窖藏，尚未有王陵與宮殿揭露。隨著周平王東遷，春秋戰國時期的周王朝營居於洛邑，雖然上世紀50年代以來，在洛陽中州路、北窯龐家溝、老城東關等地區陸續有一些關於東周王城的遺址被發現，但這一時期的王陵仍在探尋之中。從這些考古發現中也未見銅鎛出土。

其次，在周王室一帶僭越現象被有效控制。目前在宗周與洛邑以外的地區，特別是國力曾經強盛一時的諸侯國，如齊、鄭、楚、越等地區，西周春秋之際的銅鎛大量出土。從數量與規模來看，這些鎛大多存在僭越的現象。從墓葬規模與隨葬器物分析，也體現了對西周以來以禮樂制度爲核心的等級觀念的突破。而在周王室影響力較大的地區，在中央強權勢力尚存的時期，這一帶的禮樂制度被執行得較爲嚴格。從考古材料分析，也基本符合這一特點。如：眉縣楊家村編鎛、秦公鎛等。在《周禮·春官·小胥》中有關於天子、諸侯、卿大夫及士用樂等級的記載，賈公彥疏曰：「天子、諸侯懸皆有鎛，今以諸侯之卿大夫、士半天子之卿大夫、士，言之則卿大夫、士直有鍾磬無

〔註46〕李學勤：《東周與秦代文明》，北京，文物出版社，1984年版，第11頁。
〔註47〕《十三經注疏》，北京，中華書局，1980年版，第502頁。

鎛也。」〔註48〕顯然，按漢儒的說法，在王畿地區，可以享用鎛的人只有王、公等寥寥數人；若非僭越現象的發生，銅鎛必難得一見。

　　第三、鎛特殊的地位使然。同樣是《周禮》中的這一段文獻，其原意是記錄各級用樂的標準，強調的是等級觀念。但從文中也可以看出，鎛只用於天子與諸侯階層，與鍾磬的地位完全不同。從考古發現來看，出土的鎛遠較甬鍾與紐鍾爲少，在由鎛與甬鍾、紐鍾構成的同一組組合編鍾裏，鎛的數量也少於其他兩類。其原因不僅僅是因爲鎛的體形大於甬鍾與紐鍾，聲學性能稍遜一籌，更深層的內涵在於，組合編鍾中使用鎛，就是因爲其特殊的象徵意義。同樣是一組編鍾，有鎛與否帶來的是地位與身份的差別，而追求這種差別正是編鍾盛行一時的根本原因。所以，在禮崩樂壞之初，當對鎛的限制有所鬆懈的時候，鎛的數量呈急劇擴大之勢，與編磬、甬鍾、紐鍾組成了多種多樣的組合形式，步入各類不同階層的樂懸之中。此外，在曾侯乙墓出土的編鍾組合裏，伴有一件楚王所贈之鎛，並在下葬時被懸於鍾簨正中，可見鎛在戰國時仍然具有特殊地位。由於曾侯生前酷愛鍾磬之樂卻不願用鎛，顯然，這種樂器因其音樂性能上的弱點，已從組合編鍾的序列中被淘汰出局。然宗主國的楚王在其死後「授於」銅鎛，恐怕更多的僅是政治上的象徵意味。

　　中原地區的鎛在兩周之際較爲少見，目前所見春秋時期較早的標本爲秦公鎛。

1、秦公鎛

　　秦公鎛，1978 年 1 月出土於寶雞縣楊家溝太公廟，爲由 3 件構成一組的編鎛。從埋藏情況來看，秦公鍾、鎛在坑內排列整齊，並有炭灰及少量獸骨，顯然不是匆忙所爲，因此極可能是平陽封宮或宗廟的遺物。〔註49〕同時出土的還有秦公鍾 5 件。3 件秦公鎛器形保存完整，其形制、紋飾和銘文基本一致，惟銘文行款有異。每件鎛的鼓部鑄有銘文，每器銘文自成一篇，內容與秦公鍾相同。鎛的體制爲圓角方形，腔體中部略鼓凸，于口內有唇，唇上有寬 4.5 釐米的缺口 4 個（寶 2755 爲 2 個）。鎛自紐至側脊由九條飛龍組成，中脊由五條飛龍和一鳳鳥組成。舞和鎛體均飾龍鳳紋，舞頂中央有一小圓孔。紐上有環，一號鎛環缺失。體上下各有兩道弦紋夾變形蟬紋、竊曲紋和菱形枚組

〔註48〕《十三經注疏》，北京，中華書局，1980 年版，第 795 頁。

〔註49〕張懋鎔：《殷周青銅器埋藏意義考述》，《古文字與青銅器論集》，北京，科學出版社，2002 年版，第 139 頁。方建軍：《中國音樂文物大系・陝西卷》，鄭州，大象出版社，1996 年版，第 104 頁。

成的圍帶。條帶紋中間紋飾分爲四個區段，每一區段有六條飛龍勾連，龍身線條流暢，布局疏密得當。鼓部素面，舞部紋飾可分四區，每區內有兩龍相繞，旁有一小鳳鳥。根據銘文推斷，器主爲春秋前期的秦武公。〔註50〕（圖2-6 秦公鎛）

圖 2-6　秦公鎛

從形制與紋飾分析，秦公鎛與早期鎛的關係十分緊密。

首先，秦公鎛的中脊與扉棱是由南方早期鎛演變而來。

從新干大洋洲鎛開始，南方早期鎛的銑側多具扉棱。其後商周之際的鎛又多在腔體正面設有中脊，並將這一特點保持至西周中期。通過前文的梳理可知，早期鎛的扉棱與中脊是由虎紋與鳥紋及其變體組成。至西周早期，眉縣楊家村鎛的出土，可以看作是北方地區吸收引入南方鎛的標誌。在眉縣楊家村鎛的棱脊之上，還可以清晰地看出虎紋與鳥紋的組合。但是，在西周中期的克鎛棱脊之上，虎鳥之形已基本不具，代之以蟠曲的龍紋。從形制而言，秦公鎛可以看作是克鎛的遺續，也是設有中脊和扉棱鎛最晚出的一器。雖然，秦公鎛棱脊的紋飾已基本演化成具有北方中原文化色彩的龍形，但是，其中脊上的鳳鳥紋依然清晰可辨。這一特點顯然來自於南方早期鎛的中脊紋飾，在表明自身發展來源的同時，秦公鎛的扉棱、中脊及其所飾鳥紋再一次有力地證明了，北方鎛的出現是由南方傳播而來這一觀點。

〔註50〕盧連成、楊滿倉：《陝西寶雞縣太公廟村發現秦公鐘、秦公鎛》，《文物》1978年第 11 期。

其次，秦公鎛的圓角方形腔體是南方早期鎛腔體形制的遺存。

秦公鎛的腔體呈圓角方形，這在周代以來的北方鎛中較爲罕見，而橢圓形或圓角方形的腔體，在南方已屢見不鮮。據統計，具有橢圓形或圓角方形腔體的鎛占南方早期鎛的九成以上，這些鎛紋飾不同、形態各異，但其腔體卻基本沿襲了這一特點。與合瓦形腔體相比較，橢圓形或圓角方形的腔體不能對側鼓部的敲擊振動進行有效控制，其雙音性能較差。從目前的資料來看，南方鎛多爲單出，其在演奏中作非定音之信號樂器的可能性較大。在《儀禮‧大射儀》中，鄭玄注鎛曰：「鎛如鍾而大，奏樂以鼓鎛爲節。」〔註51〕綜合考古資料與文獻分析，明確有序的音高應不爲南方早期鎛所擁有，對其音樂表現能力形成限制的橢圓形或圓角方形的腔體也在較長的時間內保持著穩定。在進入中原以後，鎛被納入青銅樂懸之中，並被當作有固定音高的旋律樂器使用，這點在眉縣楊家村鎛體現得已是十分清晰。當鎛的橢圓形或圓角方形腔體對其音樂能力形成阻礙之時，這一形制必將得到改變。到春秋早期以後，非合瓦形腔體的鎛已難得一見，秦公鎛是目前所知較晚的一例。（圖 2-7 秦公鎛舞部線圖）

圖 2-7　秦公鎛舞部線圖

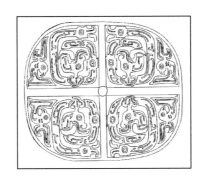

此外，從秦公鎛的紋飾特徵也可以看到南方早期鎛的影響。

從紋飾角度分析，秦公鎛與克鎛的關係十分緊密。結合前文對克鎛與眉縣楊家村鎛在紋飾方面的詳細分析，可以看出，從眉縣楊家村鎛到克鎛及秦公鎛的發展脈絡。秦公鎛腔體的主紋由勾連龍紋組成，上下各有兩道弦紋夾變形蟬紋、竊曲紋和菱形枚組成的圍帶。從這些紋飾來看，其與南方早期鎛的距離已經較遠，只有某些細微之處還可見南方鎛的痕迹。從下圖分析，（圖

〔註51〕《十三經注疏》，北京，中華書局，1980 年版，第 1028 頁。

2-8 上海藏四虎鎛、眉縣楊家村鎛、克鎛、秦公鎛局部紋飾圖）上海藏四虎鎛、
眉縣楊家村鎛與克鎛三器之間的發展線索較爲清晰。三件鎛主紋的獸面形態
基本相同，只有眉縣楊家村鎛不設枚飾，結合三器扉棱有具象到抽象的特點，
可以看出三者之間的發展關係。秦公鎛在此基礎上發展得更具中原文化的特
點，用龍紋替代了獸面紋，扉棱則承襲了克鎛的基本形態，只是變得更爲抽
象化與線條化。值得注意的是，秦公鎛的菱形枚與上海藏四虎鎛、克鎛的枚
形十分相似，顯然是受其影響而來。後世鎛體上成熟的枚區與篆帶，是在秦
公鎛主紋收窄、枚區擴大的基礎上形成的可能性極大。

圖 2-8　上海藏四虎鎛、眉縣楊家村鎛、克鎛、秦公鎛局部紋飾圖

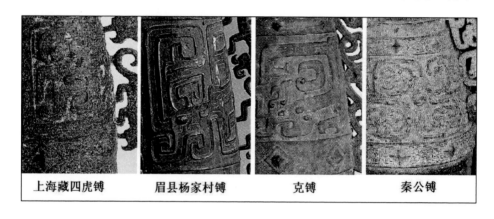

| 上海藏四虎鎛 | 眉县杨家村鎛 | 克鎛 | 秦公鎛 |

可以看出，以秦公鎛爲代表的北方春秋早期鎛基本上沿襲了南方鎛的形
制特點，並在此基礎上融合了更多的中原文化因素，從而形成了獨特的風格。
在秦公鎛以後，設有扉棱的鎛在北方及中原的周邊地區難得一見，鎛從此走
上形製紋飾簡化、音樂表現能力增長的道路。

從音階構成的角度，三件秦公鎛的發音分別呈小三度與大二度排列。將
其與西周中期的眉縣楊家村鎛相比較，二者之間表現出驚人的相似性。

表格 13　眉縣楊家村鎛與秦公鎛測音數據表

眉縣楊家村鎛	1306	1307	1308
	a^1+36	c^2+34	$^\#d^2-10$
秦 公 鎛	寶 2754	寶 2755	寶 2756
	$^\#g^1+25$	b^1+50	$^\#c^2+22$

單位：音分

從測音數據分析，三件秦公鎛各器的發音均比眉縣楊家村鎛低約一律，只有1308號眉縣楊家村鎛的頻率略高。將秦公鎛測音數據與同出的五件秦公鍾〔註52〕相較，可以看出兩者在樂學層面的關係。

表格14　秦公鍾測音數據表〔註53〕

標本號	IA5：6	IA5：7	IA5：8	IA5：9	IA5：10
正鼓音	$^{\#}f^1$+21	a^1+31	$^{\#}c^2$+18	$^{\#}f^2$+44	$^{\#}c^3$+65
側鼓音	$^{\#}a^1$-12	$^{\#}c^2$+49	e^2+17	$^{\#}a^2$-10	f^3+12

單位：音分

從測音數據來看，秦公鍾的音準較好，呈升F羽四聲音列：$^{\#}$f羽－a宮－$^{\#}$c角－e徵。將秦公鎛對應於其中，分別爲：$^{\#}$g變宮、b商、$^{\#}$c角。三件鎛在音階中的位置爲變宮、商與角音。如前文所述，變宮與商音是設計者有意鑄就，可能是通過鎛解決演奏編鍾只具四聲問題的辦法。在春秋早期，北方地區的周王室附近仍然沿用這種方法演奏商音，可能當時的禮樂制度在一定程度上依然被遵守著。

2、秦子鎛

秦子鎛2006年出土於甘肅禮縣大堡子山的秦公陵園祭祀坑，同出的還有甬鍾8件，編磬10件，銅虎3件（附於鎛），以及鍾、鎛鈎和鍾、磬架殘迹。關於器主的界定目前分歧較大，但總體不出春秋早期，李學勤甚至認爲，秦公與秦子同爲護送平王東遷的襄公，只是因被封於諸侯而稱謂改變。

樂器坑的樂器，按其出土位置可以分爲南北兩排，南排爲秦子鎛和編鍾，鎛和鍾自西向東依次排列，鎛口朝下豎置，鍾橫置。

秦子鎛爲橢方體，銑棱中部外鼓。舞中央有一圓孔，體兩側和中部有四個對稱的棱脊，由連體而透空的蟠龍組成。鼓部素面。最大的一件，鼓部鑄有銘文26字，大意爲：秦子造了一套寶貴的和鍾及3件鎛，其音優美動聽，秦子受命在位，長壽萬年無疆。銘文表明鍾與鎛同爲一組的關係。

《中國音樂學》2010年第4期的發表了方建軍的文章《秦子鎛及同出鍾

〔註52〕根據銘文與測音結果來看，秦公鍾應有六件，現缺少第6鍾。（方建軍：《中國音樂文物大系‧陝西卷》，鄭州，大象出版社，1996年版，第92頁。）

〔註53〕方建軍：《中國音樂文物大系‧陝西卷》，鄭州，大象出版社，1996年版，第92頁。

磬研究》，文中公佈了編鍾與編磬的測音數據。

秦子鎛

表格 15　秦子博測音數據表

出 土 編 次	標 本 號	音分（cent）	頻 率 （Hz）
1	K5：1	G4-44	382.22
2	K5：5	C5+22	530.03
3	K5：3	D5+11	591.40

單位：音分

同出一室的甬鍾，其正側鼓音可以構成 C 為宮的四聲羽調模式，即 a 羽四聲音列：

羽—宮—角—徵—羽—宮—角—徵—羽—宮—角—徵—徵（羽）—變宮（宮）

將甬鍾與編鎛結合在一起，又出現了令人困擾的商音。這樣一種由鎛在組合編鍾中演奏商音的現象一再出現，不由得讓我們對鎛的歷史地位，以及周代對於商音的使用引發思考，下文將對這一問題作專門陳述。

此外，文中認為 10 件編磬可分為兩組，在不同的調高上與甬鍾的正側鼓音音列分別對應，但無論是作幾組看待，其中的 K5：22 都毫無疑問是商音。

3、鄭衛鎛

地處中原的鄭國，介於周王室與南方諸國的緩衝地帶，是春秋戰國時期

重要的諸侯國。鄭立國 432 年，歷 20 君。在齊、楚、晉等諸侯崛起之前，鄭
國曾一度稱霸中原。隨著晉、楚兩國的強盛，夾居其中的鄭國腹背受敵，陷
於長期的戰亂之中。戰亂破壞了鄭國的經濟與政治穩定，但卻在一定程度上
促進了與周邊地區的文化交流。起源於贛鄱流域的鎛，在向北方地區流傳的
過程中，必然先經過中原鄭國一帶。《左傳・襄公十一年》記載：「鄭人賂晉
侯以師悝、師觸、師蠲，廣車、軘車淳十五乘，甲兵備，凡兵車百乘；歌鍾
二肆，及其鎛、磬，女樂二八。」〔註 54〕這段文獻原本是爲了說明晉侯九合
於天下，以鄭人之所饋賜予魏絳之事。鄭人的禮物包括「軍」與「樂」，表示
從政治與文化兩個方面對晉的臣服。按照常理，禮物爲己之所有贈人之所無，
或具有明確的象徵性。無論目鄭人賂晉侯的何在，這個過程促進了音樂文化
的交流，推動了鎛的流傳。從目前的考古發現來看，鄭國所出鎛的年代確較
晉國爲早，在春秋中期至戰國早期，鄭韓衛一帶的鎛曾興盛一時，形成了鎛
進入中原以來的第一個發展高峰，目前這一地區共發現鎛 24 組 127 件，這幾
乎相當於同時期其他地區出土鎛的總和。

　　新鄭是鄭國東遷之後的都城所在地，1923 年在此首次發現了新鄭李家樓
大墓。關於此墓的年代眾說紛紜，王國維〔註 55〕、郭沫若〔註 56〕、唐蘭〔註 57〕、
郭寶鈞〔註 58〕都曾提出不同的見解，李學勤先生認爲，墓主可能是卒於公元
前 571 年的鄭成公或卒於公元前 566 年的鄭僖公。〔註 59〕墓中出土青銅器百
餘件，其中特鎛 4 件，甬鍾 19 件。〔註 60〕4 件鎛分別藏於北京故宮博物院（2
件）、臺灣國立歷史博物館（1 件）以及河南省博物館藏（1 件）。鎛體呈合瓦
形，紐由 5 條夔龍組成。腔面設螺旋狀枚 36。兩銑微弧，中部外凸，舞部、
篆帶及正鼓部均飾蟠螭紋。〔註 61〕（圖 2-9 新鄭李家樓編鍾全景線圖）

〔註 54〕《十三經注疏》，北京，中華書局，1980 年版，第 1951 頁。

〔註 55〕王國維：《王子嬰次盧跋》，《觀堂集林》，石家莊，河北教育出版社，2001 年
　　　　版，第 557 頁。

〔註 56〕郭沫若：《新鄭古器之一二考覈》，《金文叢考》，北京，科學出版社，1954 年
　　　　版。

〔註 57〕唐蘭：《郟縣出土的銅器群》，《文物》1954 年第 5 期。

〔註 58〕郭寶鈞：《商周銅器群綜合研究》，北京，文物出版社，1981 年版。

〔註 59〕李學勤：《東周與秦代文明》，北京，文物出版社，1984 年版。

〔註 60〕許敬參：《編鍾編磬說》，河南省博物館館刊第九集，中華民國二十六年。

〔註 61〕趙世綱：《中國音樂文物大系・河南卷》，鄭州，大象出版社，1996 年版，第
　　　　99 頁。

圖 2-9　新鄭李家樓編鍾全景線圖

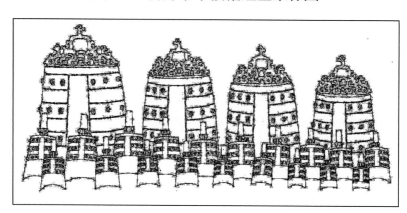

從目前的材料分析，可知藏於河南省博物院的新鄭李家樓鎛正鼓音爲
F+31、側鼓音爲 b-31 音分。同藏於河南的 6 件新鄭李家樓編鍾發音良好，據
測音分析，其音列爲#a 宮五聲音階。鎛在這一音階中位於徵、變商兩音，與
甬鍾的關係不明。但是從組合的角度分析，四件鎛與甬鍾構成的組合形式卻
成爲顯著的特點。在周代的鄭韓故地，四件鎛與編鍾組合的形式十分多見。

表格 16　鄭韓地區編鎛、編磬、甬鍾、紐鍾組合表

器　　　名	編鎛	編磬	甬鍾	紐鍾
新鄭李家樓特鎛	4		19	
新鄭城市信用社編鎛	4			20
新鄭金城路編鎛	4			20
新鄭中行工地 T566K17 編鎛	4			20
新鄭中行工地 T594K5 編鎛	4			20
新鄭中行工地 T594K7 編鎛	4			20
新鄭中行工地 T595K1 編鎛	4			20
新鄭中行工地 T605K9 編鎛	4			20
新鄭中行工地 T606K4 編鎛	4			20
新鄭中行工地 T613K14 編鎛	4			20
新鄭中行工地 T615K16 編鎛	4			20
新鄭中行工地 T615K8 編鎛	4			20
葉縣舊縣 4 號墓編鎛	8	15	20	9
淅川徐家嶺 10 號墓編鎛	8			

淅川徐家嶺 3 號墓編鎛	8			
琉璃閣甲墓特鎛	4			
琉璃閣甲墓編鎛	9	11	8	9
新鄭有枚鎛	1			
新鄭無枚編鎛	4			
洛陽解放路編鎛	4	23		18
後川 2040 墓編鎛	9	10	20	

單位：件

　　從上表可以看出，4 件成編的鎛在這一時期是一個通行的編制，與之相配合的甬鍾與紐鍾多爲 9、10 或其倍數。這在春秋時期形成了一種規律性存在。

　　1996～1997 年，在河南新鄭的中國銀行新鄭支行的建築工地，先後出土了 9 套、206 件編紐鍾，其中，編鎛共計 36 件。這是目前爲止在同一地區出土編鍾以及編鎛最多的一次。這些編鎛形制規範、大小有序，是研究春秋時期鄭國一帶音樂、禮制、歷史的重要資料。〔註 62〕編鎛 T595K1：1～4 造型規範，形製紋飾基本一致。腔體呈合瓦形，紐略呈方形，由雙首連體龍形構成。腔面飾 36 螺旋形枚，舞部、正鼓部及篆間飾夔龍紋。于口內可見三角形內唇，K1：2 四側鼓設有音梁。4 件鎛均可見調音銼磨痕。（圖 2-10 新鄭祭祀遺址編鎛 K1：1～4）T606K4：1～4 編鎛的形製紋飾與 K1 編鎛基本相同，只是各器俱有音梁結構。

圖 2-10　新鄭祭祀遺址編鎛 K1：1～4

〔註 62〕王子初：《鄭國祭祀遺址出土編鍾的考察和研究》，《新鄭鄭國祭祀遺址》，鄭
　　　　州，大象出版社，2006 年版，第 941 頁。下文中相關資料的引用非特別注明
　　　　者，皆出自於此。

表格 17　新鄭祭祀遺址 T595K1、K4 測音數據表

編　號	K1：1	K1：2	K1：3	K1：4
側鼓音	A4-28	E5-20	含混	$^{\#}$G5+24
正鼓音	E4+6	G4+34	C5-26	$^{\#}$D5-41
編　號	K4：1	K4：2	K4：3	K4：4
側鼓音	$^{\#}$C4+11	D5-45	E5-36	F5-12
正鼓音	E4-15	G4+26	B4-12	D5+7

單位：音分

　　從測音數據分析，T595K1 編鎛的正鼓音基本呈羽－宮－角－徵排列，而側鼓音則顯得較為無序。T606K4 編鎛的音準明顯好於 T595K1 編鎛，從音梁結構及調音痕迹來看也基本相符，其音列同為羽－宮－角－徵結構，但從各鎛所需校正誤差分析，K4 編鎛的音階較為準確。其餘 7 組編鎛的基本特徵同 K1、K4 相似，只是由於鑄造、調製的過程精疏不一，各組編鎛在音準方面表現的略有參差。其中，T613K14 編鍾音色較好、音高準確，可作進一步分析。

　　T613K14：1～4 編鎛的于口內均有音梁，並有精細的調音銼磨痕迹。（圖 2-11 新鄭祭祀遺址編鎛 K14：1～4）從測音數據來看，正、側鼓音基本呈羽－宮－商－角－徵－變宮排列，可以看作是包含變宮的 G 宮音列，這與其他 8 組編鎛的音位排列基本相同。同出的編紐鍾兩組共 20 件，其音位排列可以簡化為：角－徵－羽－宮－商－角－羽－宮－角－羽，將編鎛與編紐鍾相較，可以看出編鎛不過是編紐鍾在下方音區的延續。受其結構限制，編鎛的音樂性能遜於編紐鍾，而且從鎛壁的厚度分析，編鎛的地位並沒有得到足夠的重視。

圖 2-11　新鄭祭祀遺址編鎛 K14：1～4

表格 18　新鄭祭祀遺址 T613K14 編鎛測音數據表

編　號	K14：1		K14：2		K14：3		K14：4	
側鼓音	g^1+28	宮	a^1+21	商	d^2+14	徵	$^\#f^2$+9	變宮
正鼓音	e^1-17	羽	g^1+6	宮	b^1+11	角	d^2+12	徵

單位：音分

　　新鄭出土的這 9 組編鎛數量龐大、規律性強，在早期特鎛向後期編鎛大型化的發展歷史中具有關鍵地位。雖然這批編鎛的形製紋飾簡樸、音準誤差較大、音列結構單一，且在整體音列中處於低音補充位置，但是從鎛的演變歷史來看，新鄭祭祀遺址的編鎛與編鍾的組合關係對後世造成深遠的影響。有關內容，本文將在後文作專門敘述。

　　除了上述重要發現以外，琉璃閣甲墓編鎛也是春秋時期鄭衛一帶的重要資料。

　　輝縣琉璃閣甲乙二墓，1935 年發現於河南輝縣，墓中出土青銅器一千餘件。甲墓中有大量兵器以及 9 件青銅鼎，樂器有編鎛兩組 13 件、編磬 11 件、甬鍾 8 件、紐鍾 9 件。〔註63〕由於歷史的原因，琉璃閣甲乙二墓的田野考古資料的散佚不存，缺乏墓別的詳細記錄，所以為墓葬確定年代與國別的難度很大。目前關於輝縣琉璃閣墓地的性質，主要的觀點有戰國魏墓〔註64〕、春秋中晚期到戰國衛墓〔註65〕以及春秋戰國之際范氏墓〔註66〕三種，目前衛國墓地之說漸為學界所認可。

　　河南輝縣琉璃閣甲墓編鎛依據形制與紋飾的不同可以分為兩組。

　　一組 4 件（Z 甲-23：1～4），分別藏於故宮博物院 3 件、河南省博物館 1 件。編鎛保存完好，各器形制與紋飾完全相同，大小相次，鎛體斷面作橢圓形或合瓦形，兩面共有螺形枚 36。枚均由螭盤曲而成，製作精細。紐部由兩條回首卷尾的螭龍相對組成，二螭上部由一身二首螭彎曲成紐。鼓、舞、篆部均飾蟠螭紋。〔註67〕

〔註63〕河南博物館，臺北國立歷史博物館：《輝縣琉璃閣甲乙二墓》，鄭州，大象出版社，2003 年版，第 20 頁。
〔註64〕郭寶鈞：《山彪鎮與琉璃閣》，北京，科學出版社，1959 年版，第 73 頁。
〔註65〕李學勤：《東周與秦代文明》，北京，文物出版社，1984 年版，第 69 頁。
〔註66〕俞偉超：《周代用鼎制度研究》，《先秦兩漢考古學論集》，北京，文物出版社，1985 年版，第 94 頁。
〔註67〕趙世綱：《中國音樂文物大系·河南卷》，鄭州，大象出版社，1996 年 12 月版，

二組 9 件（Z 甲-24：1～9），分別藏於河南省博物館 8 件，臺北國立歷史博物館 1 件。編鎛造型紋飾相同，大小相次。體皆作合瓦形。紐呈方環狀，36 螺旋狀枚。鎛口內唇突起，唇部兩銑夾角及正鼓部均有銼磨痕迹，有的形成凹槽。除第 3 件鎛殘破嚴重不能測音外，餘均音質良好。〔註68〕

表格 19　輝縣琉璃閣甲墓編鎛 Z 甲-23 形制測音數據簡表

序　號	通　高	銑　長	鼓　厚	重　量	正鼓音
1	620	450	9	340	F+21
2	586	432	7	310	#G-42
3	561	402	9	266	C-17
4	530	370	12	259	#d+32

單位：音分　毫米　千克

　　4 件鎛的發音基本呈大二度、純四度、小三度排列，在五聲音階中應爲 #d 宮之商、角、羽、宮，這樣的排列方式較爲少見，也許其音位排列不僅僅限於五聲音階。

表格 20　輝縣琉璃閣甲墓編鎛 Z 甲-24 測音數據表〔註69〕

序　號	1	2	4	5	7	8	9
正鼓音	f+7	破裂	d^1	f^1-6	#a^1+18	c^2+19	#d^2+28
側鼓音	#a+4	f^1-1	g^1-39	a^1+26	d^2-10	e^2-38	g^2-35

單位：音分

　　從可測的 6 件編鎛來看，其音階排列應爲：f 徵－g 羽－#a 宮－c 商－d 角。將兩組編鎛進行音列的比較，可以看出兩組編鎛都以 F（f）爲最低一音，如果假定甲-23：1 鎛 f 爲徵，那麼接下來的三件分別爲：#g 閏－c 商－#d 清角。以眉縣楊家村鎛、秦公鎛爲代表的，西周中後期以編鎛演奏商及變聲的手法再次出現。在春秋戰國之際，禮崩樂壞已經成爲一種常態，編鍾出現商聲已

第 107 頁。袁荃猷：《中國音樂文物大系·北京卷》，鄭州，大象出版社，1996年 11 月版，第 51 頁。

〔註68〕趙世綱：《中國音樂文物大系·河南卷》，鄭州，大象出版社，1996 年 12 月版，第 108 頁。

〔註69〕趙世綱：《中國音樂文物大系·河南卷》，鄭州，大象出版社，1996 年 12 月版，第 108 頁。

屢見不鮮，甲-24：8 鎛的正鼓音即是，而衛國的樂師依然堅持著用低音編鎛演奏商與變的傳統，其中原因或許是樂師只知其然、不知其所以然造成的。從兩組編鎛的音區來看，Z 甲-23 編鎛的高音區與 Z 甲-24 編鎛的低音區緊密銜接，在現代音樂觀念的小字組形成略小於大二度的音程關係。而且，Z 甲-23：4 與 Z 甲-24：4 在一個八度內形成不諧和的七度關係，顯然這兩組編鎛所構成的音階已經突破了五聲音階的範疇。在兩者音色接近、音區銜接的情況下，不能再將 Z 甲-23 編鎛視作低音節奏性樂器，二者的音律關係定爲設計使然。將兩組編鎛的音高組合在一起，作重新排列如下：

$$f \text{ 徵} - g \text{ 羽} - {}^{\#}g \text{ 閏} - {}^{\#}a \text{ 宮} - c \text{ 商} - d \text{ 角} - {}^{\#}d \text{ 清角}$$

可以看出，編鎛構成了標準的的清商音階，是典型的華夏正聲。這一發現，將清商音階，即黃翔鵬先生所言「九代之遺聲」的清商樂所用音階又提前了一代。〔註70〕

在春秋戰國時期，鄭衛之地的音樂遭受了強烈抨擊，論及「鄭聲」對雅樂之亂，對周代以雅樂核心地位的侵擾，儒家思想持有堅決的否定態度。《樂記》中談到鄭衛之音，曰「鄭衛之音，亂世之音也，比於慢矣。」賈疏：「雖亂而未滅亡，故云比於慢。」〔註71〕《史記》中載有子夏對魏文侯的一段話：「鄭音好濫淫志，宋音燕女溺志，衛音趣數煩志，齊音驚辟驕志，四者皆淫於色而害於德，是以祭祀不用也。」〔註72〕這些觀點一方面強調了鄭衛之音的「危害」，另一方面卻反映出當時鄭衛音樂的影響力之強大。在面對晉、楚南北兩大強敵之時，鄭衛音樂常被作爲禮物，示好於人。在《左傳》中記有：「鄭尉氏司氏之亂，其餘盜在宋。鄭人以子西、伯有、子產之故納賂於宋。故以馬四十乘，與師筏、師慧」。〔註73〕其中，師筏與師慧都是有名的樂師。在襄公十一年，鄭人賂晉侯時也包括樂師、女樂以及歌鍾、鎛、磬〔註74〕。從考古發現來看，鄭衛音樂確有獨到之處。僅以鎛而言，目前尚未有一個地區或諸侯國出土的鎛從數量上能與鄭衛相比，其統一的形制、規範的配置，及其所具有的音樂性能反映了高度發達的鄭衛音樂文化。

〔註70〕黃翔鵬：《中國古代音樂史的分期研究及有關新材料、新問題》，《樂問》，北京，中央音樂學院學報社，2000 年版，第 174 頁。
〔註71〕《禮記正義》，《十三經注疏》，北京，中華書局，1980 年版，第 1528 頁。
〔註72〕司馬遷〔漢〕：《史記》，北京，中華書局，1959 年版，第 1224 頁。
〔註73〕《春秋左傳正義》，《十三經注疏》，北京，中華書局，1980 年版，第 1959 頁。
〔註74〕《春秋左傳正義》，《十三經注疏》，北京，中華書局，1980 年版，第 1951 頁。

4、晉　鎛

　　周人原隅居於西北的涇渭地區，舜始封周爲別姓姬氏，封地於邰。至武王時期，周克商於牧野，建都鎬京。新建立的西周王朝爲了牢固的控制周邊地區，採用分封諸侯的制度鞏固其統治。《春秋左傳正義》卷十五記載：「昔周公弔二叔之不咸，故封建親戚以蕃屛周。」〔註75〕西周在建國之初就分封了齊、魯、燕、晉、衛等同姓和異姓諸侯國。武王之子周成王即位後，封其弟叔虞於唐，叔虞死，其子燮父將國號改唐爲晉。〔註76〕

　　晉的建立，標誌著該地區從西周早期開始已眞正歸入了周的版圖，晉文化也成了西周文化不可分割的有機組成部分。在西周時期，晉國是一個非常重要的諸侯國。周幽王十一年（公元前771年），周室衰危，翌年晉、鄭、秦護太子宜臼（周平王）東遷洛陽，開創東周政權。在《左傳》中關於晉國的材料最爲豐富，這與晉國的地位直接相關。平王東遷之後，晉、鄭兩國日益強大，晉國一度成爲春秋之霸主。從考古資料來看，晉國的青銅文化也體現出這一特點，通過山西募城縣和曲沃縣天馬曲村等遺址的發掘，可以看出早期晉文化與周文化基本一致。

　　在晉國故地出土的鎛，目前可知的共有5組46件。除了1870年出土的輪鎛資料不詳外，其餘俱爲考古發掘而得。這5組編鎛形制基本相同，除侯馬上馬5218號13件編鎛中的9件外，大多具有中期鎛成熟穩定的形制，只是在紋飾上略有不同。從組合形式的角度分析，這一時期晉國銅鎛已經完全成爲禮樂制度中，金石之樂不可或缺的一個部分。從晉國編鎛的考古資料可以看出，在西周末年至春秋時期鎛之興盛。

　　侯馬上馬1004號墓編鎛，1959年4月發現於山西侯馬市上馬墓群。墓葬位於侯馬市區西北部，應爲春秋晚期晉景公從故絳（翼城）所遷的新出（新絳）都城遺址，年代在公元前585年～前416年。從1963年至1987年，山西省考古研究所14次對這一墓群進行了發掘，墓地出土的編鍾、編鎛、編磬，均屬晉國新田時期，分出於M13；M1004和M5218中，鍾磬共計61件。其中鎛22件，紐鍾9件，編磬30件。其中M1004出土編鎛一套9件，置於棺槨的南部。從測驗資料分析，編鎛爲實用器，其年代大體相當於春秋中期偏

〔註75〕《十三經注疏》，北京，中華書局，1980年版，第1817頁。

〔註76〕《春秋左傳正義》卷第三，《十三經注疏》，北京，中華書局，1980年版，第1727頁。

晚。〔註77〕（圖2-12 侯馬上馬1004號墓編鎛）

圖2-12　侯馬上馬1004號墓編鎛

表格21　侯馬上馬1004號墓編鎛測音及形制數據表

編號	正鼓音	側鼓音	通高	紐高	舞修	舞廣	鼓間	銑間	鼓厚
1	不測	不測	317	64	192	142	152	230	2.2
2	不測	不測	295	62	188	136	168	213	2.2
3	$^{\#}d^1$+23	$^{\#}f^1$+39	279	61	176	125	145	207	3.2
4	不測	不測	264	58	166	119	128	208	3.3
5	$^{\#}g^1$-6	b^1-9	248	59	154	109	123	176	4.3
6	d^2+3	e^2+21	238	56	139	100	118	161	4.3
7	e^2+50	$^{\#}g^2$+10	209	42	134	96	110	155	4.3
8	g^2-33	a^2+41	197	40	126	86	103	140	4.3
9	a^2+2	b^2-18	167	46	97	71	82	107	4.3

單位：毫米 音分

　　從侯馬上馬1004號墓的9件編鎛來看，這一時期的鎛已經具備了成熟穩定的鎛形制，其扉棱已全部退去，舞部的鳥飾轉化爲對峙的龍紋，鎛腔體具有了清晰的枚、篆、鉦、鼓區域。鎛體呈合瓦形，雙音性能良好。侯馬上馬1004號墓編鎛的正側鼓音基本呈二度、三度排列，與春秋編鍾成熟的雙音特性基本相符。但是從9件編鍾的音位排列來看，可以測音的6件編鍾難以歸爲一組，6至9號鎛的正側鼓音基本呈D羽五聲音階，而3號、5號鎛與後4件多見一律的差異，不能從音高關係上協和統一。所以，這9件鎛分

〔註77〕項陽、陶正剛：《中國音樂文物大系・山西卷》，鄭州，大象出版社，2000年版，第58頁。

別爲兩組的可能性較大。與鎛同時出土的還有編磬 10 件，這 10 件編磬出土時分爲兩組疊置，每組由大到小依次排列。〔註78〕雖然不能將兩組編磬與鎛簡單的對應，但是，編磬一套分爲兩組的信息應該與編鎛測音數據不合一律存有關聯。

在同一地區的侯馬上馬 5218 號墓，出土有編鎛 13 件、編磬 10 件。5218 號墓的年代大約在春秋戰國之際，鎛依據紐形的不同可以分爲兩組，4 件爲單環紐、9 件爲雙龍對峙形紐。鎛爲明器，且破損較爲嚴重，所以不測音律。〔註79〕但是，從編鎛與編磬的組合形式分析，在這一時期的晉國，10 件編磬與編鎛的組合具有一定的規律性。（圖 2-13 侯馬上馬 5218 號墓編鎛之一）

太原趙卿墓編鎛，1988 年 5 月出土於山西太原市南郊金勝村。依據墓中所出青銅戈上的銘文──「趙孟之御戈」，推斷墓主爲晉國之正卿趙簡子趙鞅。〔註80〕趙卿墓係一座大型土壙木槨墓，是迄今爲止所發現的隨葬品最豐富、青銅禮器規格最高的晉國高級貴族墓葬。隨葬遺物共達 3421 件，其中樂器有編鎛 19 件，石磬 13 件。19 件編鎛可分爲二式：I 式夔龍夔鳳紋鎛 5 件，鼓部飾。其形製紋飾基本相同，大小相次。鎛體成合瓦形，銑棱中凸略呈弧形。紐作相對峙的虎形，雙虎張口昂首、弓身卷尾，身飾鱗紋、雲雷紋和重環紋。舞部有四組「S」形蟠龍紋帶，篆飾「S」形夔鳳紋，共有 36 個團龍狀枚。鼓部飾夔龍夔鳳紋，以鱗紋、瓦紋、三角回紋作填紋。鎛腔體內唇較厚，內設四個橢圓形音脊。調音銼磨主要位於兩銑角處，在內唇和音脊上也可見銼削痕迹。II 式散虺紋鎛 14 件，形製紋飾基本相同，大小相次成列。鎛體呈合瓦形，銑棱中部略凸，除體形較小外，形制與 I 式近似。鎛體舞部、篆區、鼓面皆飾精緻的蟠虺紋。調音痕迹可見於內唇及四個橢圓形音脊之上。〔註81〕（圖 2-14 太原趙卿墓編鎛之一）

〔註78〕山西省考古研究所：《上馬墓地》，北京，文物出版社，1994 年版，第 165 頁。

〔註79〕項陽、陶正剛：《中國音樂文物大系‧山西卷》，鄭州，大象出版社，2000 年版，第 59 頁。

〔註80〕太原市文物考古研究所：《晉國趙卿墓》，北京，文物出版社，2004 年版，概述。

〔註81〕項陽、陶正剛：《中國音樂文物大系‧山西卷》，鄭州，大象出版社，2000 年版，第 61 頁。

圖 2-13　侯馬上馬 5218 號墓編鎛之一　圖 2-14　太原趙卿墓編鎛之一

表格 22　太原趙卿墓編鎛測音及形制數據表

序號	正鼓音	側鼓音	通高	紐高	舞修	舞廣	鼓間	銑間	鼓厚
1	啞	啞	343	115	275	225	255	328	11
2	啞	啞	314	100	245	203	245	295	10
3	c^1+8	e^1-27	301	100	224	190	230	265	9
4	d^1-30	f^1-4	274	84	206	172	212	246	8
5	啞	啞	253	78	198	161	191	231	10
6	啞	啞	223	76	171	135	160	208	9
7	a^1-32	c^2-6	213	73	162	130	159	190	9
8	c^2-46	e^2-38	211	68	155	121	150	184	10
9	d^2-12	f^2+11	190	66	148	114	142	170	9
10	啞	啞	181	60	137	106	131	161	9
11	啞	啞	171	55	131	103	121	150	11
12	啞	啞	157	53	120	92	118	140	10
13	啞	啞	153	50	110	90	111	131	10

14	d^3-12	f^3+40	140	44	110	80	110	120	9
15	e^3-11	g^3+18	127	47	91	73	93	110	8
16	$^\#g^3$+8	$^bb^3$-27	117	40	85	67	85	110	9
17	$^\#c^4$-22	e^4-6	105	38	75	60	78	90	9
18	a^4+46	$^bb^4$+21	96	30	68	55	70	80	12
19	$^\#c^5$+3	$^\#c^5$+55	83	29	60	49	60	71	10

單位：毫米 音分

　　從上表可以看出，趙卿墓編鎛的腔體漸有渾圓之勢，與早期銅鎛相比較，舞修與舞廣的數據差別變小，銑間與鼓間也反映出這樣的特點。渾圓的腔體可以使鎛的視覺效果更加豐滿、美觀，但這樣的腔體形狀必然會對其聲學性能帶來影響。作爲中國青銅樂鍾最重要的特點，合瓦形腔體爲其帶來了良好的發聲性能。由於這一形狀，合瓦形編鍾具有了原形腔體鍾所不具備的雙音特性和基頻突出的特點。但是，從測音結果分析，趙卿墓編鎛表現出了良好地雙音性能。下圖是趙卿墓 8 號鎛正鼓音與側鼓音的頻譜圖，從頻譜圖分析，鎛的正、側鼓音具有較強的獨立性，發音明確。（圖 2-15、圖 2-16 趙卿墓 8 號鎛正、側鼓音頻譜圖）

圖 2-15　趙卿墓 8 號鎛正鼓音頻譜圖

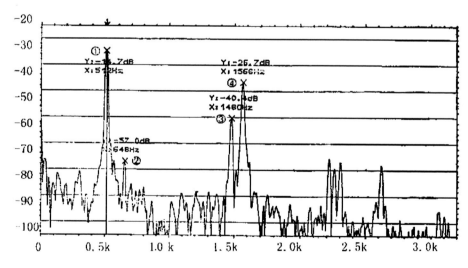

圖 2-16　趙卿墓 8 號鎛側鼓音頻譜圖

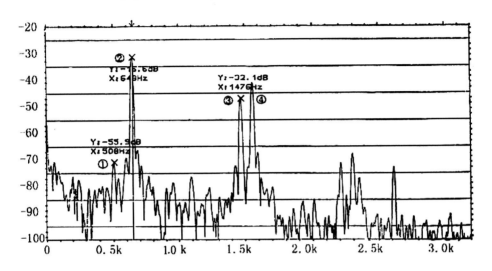

　　兩圖中標明的波峰爲正鼓音，而波峰爲側鼓音，如圖中所示，通過敲擊不同的部位，正、側鼓所發兩音振峰明顯、基頻明確，隔離度較好。王子初通過與山西聞喜上郭村的編鍾相比較，認爲造成二者聲學性能之差異源自鍾體內結構的不同。趙卿墓編鎛的腔體內部設四個橢圓形音脊，從腔體中部延至于口，而聞喜上郭村編鍾內壁平整，不設音脊。所以，音脊在增加腔體荷載、預留銼磨調音空間的同時，能夠加強兩個基頻的音量，同時改善編鍾的音質。〔註 82〕

　　關於趙卿墓編鎛的音列，王子初在《太原晉國趙卿墓銅編鎛和石編磬研究》一文中已有詳盡而周密的分析，其研究方法的價值主要體現在「標準音」的選取，通過在中音區出現頻率最高、誤差最小的原則，以第 4、9、14 號正鼓音 D-19 音分爲商，校正各音的誤差，確立其爲包括清角和變宮的新音階。陳荃有對於這一觀點持有疑義，認爲不確之處有二：首先，如視其爲「新音階」，則爲先秦考古發現之特例；其次，16、18 兩鍾的側鼓音的「閏」音與新音階相斥。下表爲趙卿墓編鎛音位排列比較表，王子初與陳荃有的觀點分別簡稱爲〔註 83〕排列一與排列二。

〔註 82〕 王子初：《太原晉國趙卿墓銅編鎛和石編磬研究》，《中國音樂考古學》，福州，福建教育出版社，2003 年版，第 322 頁。

〔註 83〕 陳荃有：《中國青銅樂鍾研究》，上海音樂出版社，2005 年 5 月版，第 87頁。

表格 23　太原趙卿墓編鎛音位排列比較表

序　號	3		4		7		8		9	
排列一	宮	角	商	清角	羽	宮↑	宮	角	商	清角
排列二	徵	變宮	羽	宮	角	徵	徵	變宮	羽	宮

14		15		16		17		18		19	
商	清角↑	角	徵	羽	閏	宮	角	羽	閏	宮	不測
羽	宮	變宮	商	角		徵	變宮	角		徵	

　　關於閏的兩次出現，其實雙方的觀點都已注意到，閏位於 16、18 兩件較高音區鎛的側鼓音，而且這兩件鎛的于口內未見調音痕迹，其側鼓音的實用性究竟如何尚無法斷定。所以，關於閏與新音階之矛盾，不應成爲焦點。陳荃有認爲：「這套編鎛所尊崇的編列原則仍與春秋時期九件套樂鍾的編列原則相同」〔註 84〕，這樣的看法存在其合理性。但是通過目前的資料分析，在鎛所構成的音列中，出現閏已不屬罕見，輝縣琉璃閣甲墓編鎛已明確地將閏應用其中。

　　趙卿墓的 19 件編鎛與 13 枚編磬所組成的金石樂隊，如王子初所考，構成軒懸之制〔註 85〕，這同樣反映了春秋時期晉國之強盛，以及在這種強盛背後禮樂制度對其約束的羸弱。

　　除趙卿墓編鎛以外，金勝村 251 號墓出土有編磬 13 枚。從底邊得弧曲、磬體厚度以及鼓、股上、下角等方面分析，其形制規範性較差，似未經過周密的設計。這 13 件編磬與編鎛構成的樂懸形式，是晉國春秋時期考古發現的最高規格。從槨室結構與棺制以及墓中的其他隨葬物來看，也體現出這一特點。墓內隨葬的青銅禮器約 110 餘件，其中包括一件迄今發現的春秋時代最大鑊鼎以及分爲 7 件、6 件、5 件的 3 套升鼎〔註 86〕，同出於山西的晉侯墓地基本上是 5 鼎 4 簋的配置，依據俞偉超之標準〔註 87〕，趙卿墓顯然已經僭越了卿大夫 5 鼎 4 簋之制。《史記》記載：「趙名晉卿，實專晉權，奉邑侔於諸侯」

〔註 84〕陳荃有：《中國青銅樂鍾研究》，上海音樂出版社，2005 年 5 月版，第 88 頁。

〔註 85〕王子初：《太原晉國趙卿墓銅編鎛和石編磬研究》，《中國音樂考古學》，福州，福建教育出版社，2003 年版，第 350 頁。

〔註 86〕太原市文物考古研究所：《晉國趙卿墓》，北京，文物出版社，2004 年版，概述。

〔註 87〕天子用 9 鼎，諸侯用 7 鼎，卿大夫用 5 鼎，士用 3 鼎。（俞偉超等：《周代用鼎制度研究》（中），《北京大學學報》1978 年第 2 期。

〔註88〕，其實力已遠遠超過一般諸侯國。

二、齊魯文化區

西周建國初年，政權並未十分穩固，四方俱有患亂不平。在周室東部，分處泰山南北蒲姑〔註89〕與商奄〔註90〕兩地的殷人殘餘勢力時常給周以侵擾。在平息兩地紛亂之後，周在蒲姑封齊，在商奄封魯，將齊魯地區納入周的勢力範圍之中。《史記》記載：「武王追思先聖王，乃褒封神農之後於焦，黃帝之後於祝，帝堯之後於陳，大禹之後於杞。於是封功臣謀士，而師尚父為首封。封師尚父於營丘曰齊，封弟周公旦於曲阜曰魯，封召公奭於燕，封弟叔鮮于管，弟叔度於蔡，餘各以次受封」。〔註91〕被封於齊之呂尚與封於魯的周公，都曾追隨武王與成王，為建立周政權、統一疆土做過極大貢獻。周室將其分封於齊、魯，其目的主要在於抑制三夷之地再次發生禍亂。這樣特殊地位的公、侯會為齊魯地區的發展帶來巨大的影響，特別是以「制禮作樂」而聞名的周公旦，必然會將這一地區的禮樂文明發展至可與周室相媲的高度。齊魯文化是中國地域文化的重要組成部分，在春秋戰國時期，魯、齊兩國先後成為華夏文化的中心，思想學說大批湧現，文化高度發展的結果使其成為中國文化的重要源頭之一。作為西周分級建制的禮樂制度，在東周時期面臨「禮失求諸野」之窘境，「周禮盡在魯」與「周禮在齊」的觀點〔註92〕，反映了齊魯地區對禮樂制度之尊崇，這一特點在考古發現上必然會有所反映。

從目前的考古發現來看，齊魯故地鎛的資料十分豐富，共有 17 組 56 件，年代主要在春秋戰國時期。

春秋時期的齊魯地區鎛大多形制穩定、紋飾簡樸、銑棱斜直，腔體呈合瓦形，舞上置單環紐。枚、篆、鉦區清晰成熟。舞部、篆間、鼓部多飾有蟠螭紋。春秋晚期以後，這一地區的鎛形制逐漸多樣，紐部變得繁複。在保持合瓦形不變的情況下，腔體也漸有渾圓之勢，銑棱微凸，中部略鼓，體現出與中原地區鎛相類似的形制特點。在組合方面，這一時期考古發現的齊魯鎛

〔註88〕司馬遷〔漢〕：《史記》卷四三，北京，中華書局，1959 年 9 月版，第 1792 頁。
〔註89〕相當於今之博興、臨淄一帶。
〔註90〕位於曲阜一帶。
〔註91〕司馬遷〔漢〕：《史記》卷四，北京，中華書局，1959 年 9 月版，第 127 頁。
〔註92〕楊向奎：《周禮在齊論》，《管子學刊》1988 年第 3 期，第 27 頁。

大多爲成組出現，較少單出。較重要的發現有臨沂鳳凰嶺編鎛、滕州莊里西村編鎛、沂水劉家店子編鎛等。

臨沂鳳凰嶺編鎛，1982 年出土於臨沂市相公鄉王家黑墩鳳凰嶺春秋墓，坑內出土青銅樂器 19 件，其中編鍾一組 9 件、編鎛 2 組 9 件、鐸 1 件。編鎛置於坑西南角，較小者套於大者之內。依據枚形的不同，編鎛分爲兩組，第一組的 4 件形制相同，大小相次。腔體呈稍扁的橢圓形，扁環形橋紐，腔面飾螺旋狀泡形枚，鉦間、篆帶，鼓部及舞部飾蟠螭紋，紐飾穀粒狀點紋。腔內無調音銼磨痕迹。另一組編鎛 5 件。形製紋飾基本與前組基本相同，僅枚爲柱狀，紐部素面。〔註93〕（圖 2-17 臨沂鳳凰嶺編鎛之 30～34 號）

圖 2-17 臨沂鳳凰嶺編鎛之 30～34 號

從組合的角度分析，編鎛、編鍾與鐸的編組形式在周代十分罕見。從目前的材料來看，青銅鍾類樂器，特別是青銅組合鍾類樂器較少與鉦、鐸、錞于等青銅類非定音樂器同時出土。因爲這些非定音樂器與青銅樂鍾的音色比較接近，如果同時演奏，會對整個青銅樂器音高的準確性產生影響。從編鎛所具音樂性能的角度分析，臨沂鳳凰嶺編鎛的腔體內不見調音銼磨痕迹，且腔體爲略扁的橢圓形，這必然會對其音樂性能造成影響。9 件編鎛中的最大3 件破裂後修復，不能進行測音研究。從其餘 6 件的測音數據來看，鎛的正鼓音與側鼓音混雜在一起，多見小二度音程關係，稍高的側鼓音只是正鼓部振動時受到抑制的結果。可見此組編鎛的雙音性能基本不具，這應與其腔體結構略呈橢圓形、而非合瓦形有關。從編鎛的音列分析，編鎛的正鼓音分別

〔註93〕周昌富、溫增源：《中國音樂文物大系・山東卷》，鄭州，大象出版社，2001年 12 月版，第 40 頁。

出現了 $^\#$f-g、g-$^\#$g、c-$^\#$c、三組相差一律的半音關係，這與中國傳統音樂中所用音階的結構不能相合，基本上不能當作同一組音階內的樂音對待。從調試音準的技術角度分析，9 件編鎛僅通過鑄造，不予後期調試就達到設計音高的標準，這幾乎是不可能完成的。從包括甬鍾、紐鍾、鎛在內的青銅樂鍾的整體而言，越是體現出良好音律邏輯關係的樂鍾，其腔體內部的音樂相關結構就越是複雜。無論是挖隧還是設有音梁，無論是鑿刻還是銼磨，都是對音準的追求使然。所以，臨沂鳳凰嶺編鎛不見調音痕迹的特點，使其測音數據的有效性、是否作爲實用樂器的可能性大大降低。

表格 24　臨沂鳳凰嶺編鎛測音數據表〔註94〕

藏　號	21	30	31	32	33	34
正鼓音	g+10 197.14	$^\#$g^1+7 416.87	c^2-49 508.42	$^\#$c^2-19 548.10	e^2-43 642.70	$^\#$f^2+5 742.19
側鼓音	$^\#$g+44 213.01	a^1+38 449.83	c^2+45 537.11	d^2+25 595.70	f^2+0 698.24	$^\#$g^2-48 807.50

單位：赫茲　音分　音叉校正：a^1-6（438.23）

與編鎛其同出的臨沂鳳凰嶺編鍾共計 9 件，其音列出現了連續的二度音程疊置，各音之間的音階關係不是非常清晰，基本排列爲：b－$^\#$c－$^\#$d－$^\#$e－$^\#$f－g，這樣的音列尚難以確定其宮音的位置，其與編鎛的關係也就難以明確推定，只好留待發現相關新材料後作進一步分析。

表格 25　臨沂鳳凰嶺編鍾測音數據表〔註95〕

藏　號	21	30	31	32	33	34
正鼓音	g+10 197.14	$^\#$g^1+7 416.87	c^2-49 508.42	$^\#$c^2-19 548.10	e^2-43 642.70	$^\#$f^2+5 742.19
側鼓音	$^\#$g+44 213.01	a^1+38 449.83	c^2+45 537.11	d^2+25 595.70	f^2+0 698.24	$^\#$g^2-48 807.50

單位：赫茲　音分　音叉校正：a^1-6（438.23）

〔註94〕周昌富、溫增源：《中國音樂文物大系・山東卷》，鄭州，大象出版社，2001年 12 月版，第 334 頁。

〔註95〕周昌富、溫增源：《中國音樂文物大系・山東卷》，鄭州，大象出版社，2001年 12 月版，第 341 頁。

　　沂水劉家店子編鎛，1978 年出土於山東沂水劉家店子一春秋墓葬，墓葬槨室以北的器物庫中共出土了編鎛一組 6 件、編紐鍾一組 9 件、編甬鍾 19 件以及編磬、錞于、鉦等樂器。沂水地處莒、魯邊界，根據墓葬中莒平鍾、青銅戈銘文以及殉人的狀況分析，本墓當屬莒墓無疑。〔註96〕因莒魯關係緊密、地緣相接，受到魯文化影響巨大，所以將此墓出土的青銅樂器歸入齊魯文化區進行討論。

　　編鎛出土時共有 6 件，其中 4 件保存基本完整，2 件僅剩紐部殘存。編鎛形制的總體特徵較為相似，大小相次，但其腔體的奢斂形狀略異。腔體作合瓦形，橫斷面略近橢圓形，枚為泡形，扁環形素紐，鉦間篆帶飾夔紋。于口內無調音銼磨痕迹，從可測的 3 件鎛的數據來看，其正鼓音基本上是呈大三度與小三度的疊置。〔註97〕（圖 2-18 沂水劉家店子編鎛）

圖 2-18　沂水劉家店子編鎛

表格 26　沂水劉家店子編鎛測音數據表〔註98〕

編　　號	M1：62	M1：61	M1：60
正鼓音	$^{\#}$d+34 158.69	$^{\#}$g-47 202.03	b+15 249.02
側鼓音	音高含混	音高含混	c^{1}+1 261.84

單位：赫茲　音分　音叉校正：a^{1}-16（435.79）

〔註96〕山東省文物考古研究所、沂水縣文管站：《山東沂水劉家店子春秋墓發掘簡報》，《文物》1984 年第 9 期。

〔註97〕周昌富、溫增源：《中國音樂文物大系・山東卷》，鄭州，大象出版社，2001年 12 月版，第 45 頁。

〔註98〕周昌富、溫增源：《中國音樂文物大系・山東卷》，鄭州，大象出版社，2001年 12 月版，第 45 頁。

　　滕州莊里西村編鎛，1982 年出土於滕州姜屯鎮莊里西村一春秋晚期墓葬。墓中出土編鎛一組 4 件，紐鍾一組 9 件及編磬一套 13 件。4 件編鎛腔體厚實，製作較爲精緻。形制相近，大小相次。腔體呈合瓦形，銑棱中部略有弧凸，于口可見內唇，四側鼓內設有音梁。舞上植雙龍吞蛇形繁紐，以高棱框間隔枚、篆、鉦區，舞、篆飾龍紋，鼓部飾由龍紋組成的獸面紋。鉦間及左銑有銘文 20 字。除 1 件已破裂外，其餘 3 件發聲性能良好〔註99〕（圖 2-19滕州莊里西村編鎛 00610 號）就目前所掌握的材料來看，滕州莊里西村編鎛在齊魯一帶春秋時期的考古發現中屬於比較重要的一套，其精緻的工藝、可靠的資料以及腔體內的調音手段都使其具有較高的研究價值。

圖 2-19　滕州莊里西村編鎛 00610 號

表格 27　滕州莊里西村編鎛形制測音數據表〔註100〕

藏號	通高	紐高	舞修	舞廣	鼓間	銑間	重量	正鼓音	側鼓音
00608	355	88	203	165	196	250	113	破裂	破裂
00609	337	88	192	155	187	231	110	e^1+6	$^\#g^1$-26
00610	311	79	183	151	177	218	93	$^\#g^1$-36	$^\#a^1+36$
00611	298	79	172	140	163	208	86	b^1+10	$^\#c^2+22$

單位：毫米 千克 音分

〔註99〕周昌富、溫增源：《中國音樂文物大系・山東卷》，鄭州，大象出版社，2001年 12 月版，第 46 頁。

〔註100〕周昌富、溫增源：《中國音樂文物大系・山東卷》，鄭州，大象出版社，2001年 12 月版，第 334、46 頁。

　　在每一件滕州莊里西村編鎛的腔體內，都設有內唇與短闊的音梁，從內唇與音梁的痕迹來看，各件鎛都經過了精心地調製。鎛00608的音梁極低平，似爲調音銼磨所致，內唇已被銼磨殆盡。鎛00610和鎛00611于口內唇上有均勻、平整的調音銼磨痕，無明顯的銼磨凹陷；四側鼓內有短闊音梁，與于口內唇相接，梁端呈圓弧形。鎛00611音梁中心有楔形凹陷。（圖2-20滕州莊里西村編鎛00611號口部）從側音數據分析，編鎛的音列應是含有兩個偏音的七聲音階的一部分。

圖2-20　滕州莊里西村編鎛00611號口部

　　從以上幾組鎛的發現來看，在春秋時期的齊魯一帶，鎛具有較爲穩定的形制與簡樸的紋飾、多件成組與多組成編的組合形式以及豐富多樣的音列構成形式。這樣成熟穩定的樣態，是在齊魯地區繁盛的禮樂文化的影響下，在一段相對較長的時間中發展的結果。在《宣和博古圖》中錄有周齊侯鎛及其銘文。（圖2-21周齊侯鎛）

圖2-21　周齊侯鎛

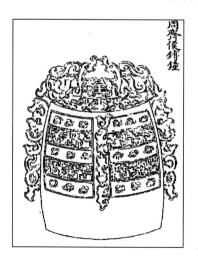

這是關於青銅鎛的實物資料較早的著錄之一。從圖中可以看到，周齊侯鎛的形製紋飾與出自中原地區的早期鎛十分相似。特別是繁複的紐部與扉棱、中脊，與秦公鎛如出一轍。據此可以推斷，周齊侯鎛應同為西周中期之物，在西周禮樂制度產生之初，鎛就隨著禮樂制度的頒行進入齊魯一帶。作為國之重臣的呂尚與周公，將禮樂制度有效地實施於齊魯地區，並形成了繁盛一時的禮樂文明。無論「周禮盡在魯」，還是「周禮在齊」，都基本上反映了這一狀況。所以，對這一地區所見青銅鎛的研究，可以作為對周代禮樂制度研究的重要參照。

三、楚文化區

以江漢一帶為楚文化區域的中心，是中國古代多元文化形成的重要支脈。春秋戰國時代的華夏文化，從地域的角度可以清晰地看到南方與北方兩條平行而又相互影響的發展源流。北方以黃河流域的晉文化為代表，而南方的楚文化對長江流域文明的發展起到巨大的推動作用。

考古學界對於楚文化的研究始於上世紀初葉。當時在淮河流域的安徽壽縣一帶，出現了許多戰國時期的楚國銅器。其後的時間裏，在湖南、河南、湖北、江西以及四川、江蘇發現了大量的楚國墓葬，為楚文化的研究奠定了豐厚的基礎。（圖 2-22 楚墓發現地點分佈示意圖〔註 101〕）

這一時期鎛的重要發現有：歠鎛、鄴子成周編鎛、伵子受編鎛等。

歠鎛，1979 年出土於河南淅川縣倉房鄉下寺 10 號墓內。墓為長方形，內有一槨兩棺，隨葬遺物有青銅禮器、樂器、兵器、車馬器、玉器等共 170 餘件。墓中出土樂器主要置於槨室東部，計有鎛 8 件、紐鍾 9 件、磬 13 件。歠鎛位於墓室最東端，從大到小，由北向南大致呈一字排列。出土時鎛的紐部位於同一水平面，在這個水平面上顯出一條南北向的彩繪痕迹，上繪有山字形雲紋。長 1.6、寬 0.04 米。在此北頭亦有一段向西彎曲的彩繪痕迹，一端較粗，長 0.50、寬 0.04 米。此彩繪痕迹很可能是懸掛鎛架的橫梁〔註 102〕。

依據歠鍾、歠鎛的銘文分析，鑄鍾人自名為「歠」，並且自稱「余呂王之孫，楚成王之盟僕」，由此可知鍾、鎛俱為呂國之器，應是作為貢品或戰利品

〔註 101〕郭德維：《楚系墓葬研究》，武漢，湖北教育出版社，1995 年版，第 4 頁。

〔註 102〕河南省文物研究所等：《淅川下寺春秋楚墓》，北京，文物出版社，1991 年 10 月版，第 249 頁。

進入楚國。據此可以推斷，虧鍾、虧鑄年代約爲春秋中期公元前 625 年至公元前 595 年之間，爲楚穆王或楚莊王時期鑄造。〔註 103〕

圖 2-22　楚墓發現地點分佈示意圖

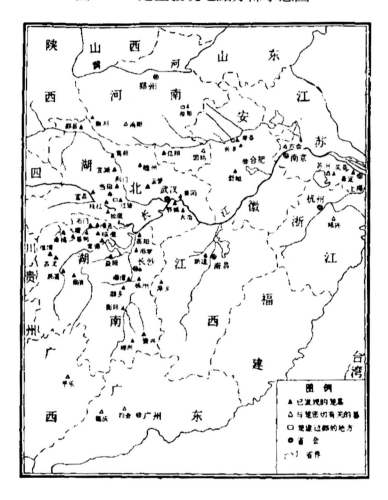

　　8 件編鑄形制相同、大小相次，鑄腔體較長，呈合瓦形。舞部略小于口部，舞上有兩條夔龍相對組成的紐。篆間有螺旋形枚，正背面共 36 個。鑄口近平，于口內設有內唇，腔體內壁有長條狀突起的音梁，口沿內壁均有調音的銼磨痕迹。舞部及篆帶飾蟠螭紋，正鼓部飾 4 個對稱的夔龍紋。鉦部、兩銑及左右鼓部鑄有銘文，銘文相同，行款各異。全篇銘文共 79 字，其中較大的 3 件

〔註 103〕河南省文物研究所等：《淅川下寺春秋楚墓》，北京，文物出版社，1991 年 10 月版，第 434 頁。

（M10：73～75）各鑄全篇銘文。其次 M10：76、77 和 M10：78、79 是兩鑄合鑄一篇銘文。最小的一件鎛（M10：80）僅鑄全篇銘文的前段，不及全銘字數的一半。〔註104〕（圖 2-23　鈕鎛）

圖 2-23　鈕　鎛

鈕鎛鎛壁較薄，發聲頻率較低。8 件鎛均可見調音銼磨痕迹，調音部位主要在于口內側、音梁及兩銑夾角。其中，鎛 M10：73、74 銼磨較爲嚴重，已銼及鎛腔體內壁；M10：76～80 鎛次之，M10：75 鎛口內壁稍銼磨，音梁未觸及。

表格 28　鈕鎛形制測音數據簡表〔註105〕

器　號	正鼓音	側鼓音	中　長	鼓　厚
M10：73	$^{\#}$a-29	d^1+10	193	4
M10：74	d^1-3	$^{\#}$f^1-29	182	5
M10：75	#f1-14	#a1+13	179	6
M10：76	#g1-50	b1-14	171	3
M10：77	b1-15	e2-10	158	7
M10：78	#c2-10	#f2-42	156	3
M10：79	#d2+2	#f2-1	145	4
M10：80	#f2-1	#a2+40	140	8

單位：毫米　音分

〔註104〕趙世綱：《中國音樂文物大系・河南卷》，鄭州，大象出版社，1996年版，第100頁。

〔註105〕趙世綱：《中國音樂文物大系・河南卷》，鄭州，大象出版社，1996年版，第314頁。

從上表的數據分析，饙鎛的正、側鼓音存在小三度、大三度、純四度多種關係，而且側鼓音在其他鎛的正鼓部同樣可以奏出，在精心地調音銼磨之後，這些側鼓音對音高相近的正鼓音形成了有力地支持，充分地證明編鎛正鼓音的可靠性。饙鎛的發音基本可以呈如下排列：e−#f−#g−#a−b−#c−#d，可以在 e 均構成 e 宮正聲音階、b 宮下徵音階以及#f 宮清商音階。M10：74 的正鼓音與 M10：73 的側鼓音為 d，較 M10：79 的正鼓音#d 低一律，考慮到 M10：79 的調音情況，其兩銑角銼出凹槽，而音梁部分只將頂部銼平，音高尚有下調空間。而 M10：74 與 M10：73 在調音過程中，M10：73 的正鼓音調製得較為準確，但其側鼓音隨之降低。M10：74 正鼓音的設計音高為#c 的可能性較大，只是由於調音過程中音梁已經磨平，且已銼及內壁，繼續調低將損傷鎛體，d 只是調音時妥協的結果。從編鎛構成音列的角度分析，從#a 起到 #d，音程關係分別為小二度、大二度、大二度。如果將 d 視為設計音高，而#d 偏高的話，#a−b−#c−d 這一音列的音程結構是小二度、大二度、小二度，這樣的關係在正聲音階、下徵音階以及清商音階中都不存在。在如此精心銼磨的情況下，且冒著銼廢一鎛的風險，只是為了求得一個不入音階的偏音，這樣的可能性極小。所以，就音列中的#d 與 d 兩音的衝突，取#d 更加合理，d 只是調音不當所致。

從音階構成的角度來看，這一音列在 e 均可以構成 e 宮正聲音階、b 宮下徵音階以及#f 清商音階。其中，e 宮正聲音階基本可以排除，因為調式主音僅見於 M10：77，可靠性不高。而且以 e 為宮的話，商、變宮、變徵多見於編鎛的正鼓音，調式主要音級的地位沒有得到突出。b 宮下徵音階與#f 宮清商音階相比較，#f 作為調式主音在編鎛音列的不同音區中共出現 5 次，而 b 只在中音區的同一音位出現兩次。此外，從編鎛的調音痕迹分析，正鼓音為#f 的 M10：75 是 8 件鎛中銼磨最少的一件，是最接近設計音高的一件。換句話說，就是在設計與鑄造時，計算得最為精確的一件。由此可以看出，饙鎛的音列構成#f 宮清商音階的可能性最大，這與輝縣琉璃閣甲墓編鎛的音列結構如出一轍，宮音的律位與信陽編鍾〔註 106〕以及王孫誥編鍾〔註 107〕等楚地編鍾十分接

〔註106〕 楊蔭瀏：《信陽出土春秋編鍾的音律》，《楊蔭瀏音樂論文選集》，上海文藝出版社，1986，第298～304頁。
〔註107〕 鄭祖襄：《河南淅川下寺2號楚墓王孫誥編鍾樂律學分析》，《音樂藝術》2005年第2期。

近。這一音列結構以及黃鍾律高常見於楚、鄭一帶，是否與這一區域的音樂文化特點存在關聯目前還不能確定。但可以確定的是，這一地區對音樂的追求遠較其他地區爲甚，重「禮」的同時更加重「樂」，這一點從編鎛的音樂性能上可以得到印證。

郘子成周編鎛，1978 年 3 月出土於固始縣城關鎮磚瓦窯廠第 1 號墓的陪葬坑內。同坑出土的還有青銅禮器、漆木器、玉器以及紐鍾、木瑟、木鼓等數百件。根據同出的勾敔夫人銅簠銘文，可知勾敔夫人爲宋景公之妹，宋元公之女。該墓的人骨鑒定表明，墓主人爲女性，約 30 歲左右。按宋元公死於公元前 517 年，假定勾敔夫人爲宋元公之幼女，應生於公元前 517 年之前，該墓的年代下限在公元前 487 年。〔註108〕墓中出土的樂器有編鎛 8 件、紐鍾 9 件、瑟 6 架、漆木大鼓 1 件及有柄鼓 1 件。編鎛除 4 號沒有銘文外，其餘編鎛的鉦部及左、右鼓均有銘文。其中人名均被鏟掉，正背兩面共 46 字。根據銘文可知，編鎛與編鍾是吳國征楚的戰利品，是出於吳墓的楚國編鎛。出土時與郘子成周鍾並列於該葬坑東南角，應懸於鎛架之上，雖然木架已朽，但根據殘留痕迹來看，簨簴原爲 2 梁 3 柱構成，每柱下有木墩。橫梁 2 根。係長方柱形，一長一短，相接如曲尺狀。橫梁上陰刻雲紋，兩側斜肩刻雲紋，上下、正背面共塗有 8 道朱紅色線，長橫梁上 6 道，短橫梁上 2 道，其間距離互不相等，應是標明懸掛編鎛位置的記號。橫梁通體花紋刻成後，均髹黑漆。鎛的懸掛方法，可能是用繩繫鎛於橫梁紅色線處，惜繫繩已無存。方形支柱 3 根，四面均浮雕獸面紋。圓形柱墩 3 個，中間鑿一長寬各 5.1 釐米的方孔，直通到底，墩表面浮雕獸面紋和雲紋圖案。根據殘留痕迹可看出鎛架原爲曲尺形，最大的兩件鎛懸於曲尺形橫梁的短端。〔註109〕（圖 2-24 郘子成周鎛·2 號鎛）

郘子成周鎛的腔體皆爲合瓦形，紐爲兩組盤繞相對的三獸組成。腔面飾變形的蟠虺紋及螺旋形枚 36 個，舞部、鼓部均飾蟠螭紋。鎛內壁及舞部均有範支釘剔鑿後所形成的方孔，有的孔內還殘留有範土。8 件鎛均經調音，主要是在鍾口內唇及音梁處。第 1、2 號鎛的唇部銼平，其餘唇部較厚。〔註110〕

〔註108〕固始侯古堆一號墓發掘組：《固始侯古堆一號墓的發掘》，《文物》1981 年第 1
　　　期。
〔註109〕河南省文物考古研究所：《固始侯古堆一號墓》，鄭州，大象出版社，2004 年
　　　11 月版，第 125 頁。
〔註110〕王子初：《中國音樂文物大系·湖北卷》，鄭州，大象出版社，1996 年 10 月

圖 2-24　鄔子成周鎛・2 號鎛

表格 29　鄔子成周鎛形制測音數據簡表〔註111〕

器　號	正鼓音	側鼓音	中　長	鼓　厚
M1：1	$^{\#}$g+0	b+17	226	5
M1：2	c^1-30	$^{\#}$d^1-18	210	5
M1：3	$^{\#}$d^1+17	g^1+4	203	7
M1：4	d^1-31	b^1-30	196	8
M1：5	$^{\#}$g^1+6	c^2-10	178	5～8
M1：6	c^2+4	d^2+1	168	5～10
M1：7	$^{\#}$a^2-5	$^{\#}$d^2+37	161	6～10
M1：8	$^{\#}$b^2+20	$^{\#}$f^2-10	155	5～8

單位：毫米　音分

　　鄔子成周鎛的音列大約可以構成$^{\#}$g 宮－$^{\#}$a 商－$^{\#}$b（c）角－$^{\#}$d 徵－$^{\#}$f 變宮或$^{\#}$f 宮－$^{\#}$g 商－$^{\#}$a 角－b 清角－d 羽的音階排列。從測音數據來看，將其排列成如上音列已經顯得較為勉強，個別音的誤差較大，而且通過比較《侯古堆銅編鎛隧部音、右鼓登記表》〔註112〕《侯古堆銅編鎛、編鍾尺寸及頻率表》

　　　　版，第102頁。

〔註111〕趙世綱：《中國音樂文物大系・河南卷》，鄭州，大象出版社，1996年版，第314頁。

〔註112〕河南省文物考古研究所：《固始侯古堆一號墓》，鄭州，大象出版社，2004年11月版，第52頁。

〔註113〕《鄬子成周鎛測音數據表》〔註114〕以及《中國音樂文物大系·河南卷》載《鄬子成周鎛測音數據表》〔註115〕，發現幾乎沒有兩表的數據完全相同，甚至同一表中的頻率數與所示音高都存在偏差。所以，如何對待這些測音數據仍是需要深入考慮的問題，用這些數據進行推導的音階更不能妄下定論。

　　郲子受編鎛，1990 年 3 月出土於淅川丹江口水庫和尚嶺 2 號墓中。該墓為一長方形土坑豎穴木槨墓，年度為春秋晚期。墓中出土遺物除銅鼎、銅壺、銅敦、銅簠、銅匜等青銅器外，還出土有紐鍾 9 件、編鎛 8 件以及編磬。編鎛置在槨室的東南部，最大的 2 件在東面，其餘 6 件在南面，其排列呈曲尺形。紐鍾位於編鎛上層，排列次序與編鎛相反，由西向東漸次懸掛。墓葬的發掘簡報中曾將其年代定為楚惠王十四年，即公元前 475 年。〔註116〕其後，發掘報告將其年代修訂為公元前 600 年，時代為春秋晚期。〔註117〕（圖 2-25郲子受編鎛）

圖 2-25　郲子受編鎛

　　8 件鎛的形製紋飾基本相同，大小依次遞減，腔體呈合瓦形，舞上置兩條夔龍紋紐，飾有螺旋狀枚 36 個。于口內設有內唇，腔體內可見長條狀音梁。舞部飾蟠虺紋，篆帶飾三角紋或夔紋，正鼓部飾蟠龍紋。鉦部及左右鼓部鑄

〔註113〕河南省文物考古研究所：《固始侯古堆一號墓》，鄭州，大象出版社，2004 年
　　　　11 月版，第 58 頁。
〔註114〕河南省文物考古研究所：《固始侯古堆一號墓》，鄭州，大象出版社，2004 年
　　　　11 月版，第 132 頁。
〔註115〕趙世綱：《中國音樂文物大系·河南卷》，鄭州，大象出版社，1996 年版，第
　　　　314 頁。
〔註116〕河南省文物研究所等：《淅川和尚嶺春秋楚墓的發掘》，《華夏考古》1992 年
　　　　第 3 期。
〔註117〕河南省文物考古研究所、南陽市文物考古研究所、淅川縣博物館：《淅川和尚
　　　　嶺與徐家嶺楚墓》，鄭州，大象出版社，2004 年版，第 119 頁。

有銘文，全文 27 字。前 4 件鎛每件各鑄全銘，餘 4 件每兩鍾合鑄全銘。編鎛第 47、48 和 52、53 號鎛破裂或內損，其餘均可發出兩個基頻。〔註 118〕

表格 30　伽子受編鎛測音數據表〔註 119〕

器　號	M2：53	M2：52	M2：51	M2：50	M2：49	M2：48	M2：47	M2：46
正鼓音	啞	啞	$^{\#}a$+50	$^{\#}c^1$+7	f^1-30	啞	啞	b^1-2
側鼓音	啞	啞	$^{\#}d$-46	e^1-6	a^1-18	啞	啞	$^{\#}d^2$+18
調音情況	內唇磨平	未調	未調	內唇及音梁磨平	內唇磨平	內唇微磨	未調	未調

單位：音分

從可測的 4 件編鎛來看，難以對其進行具體的音位排列分析。但是從 M2：51 與 M2：46 兩鎛的調音情況分析，二者均未經調音，且其正鼓音可以看作是同一音位$^{\#}a$，考慮到在高音區人耳對樂音估值偏高的因素，兩者相差的 48 音分仍在可以接受的範圍之內。所以，$^{\#}a$ 應爲音列中較爲可靠的一音，且爲所構音階的骨幹音之一。將其與同出的編紐鍾相比較，有助於分析編鎛的音列結構。9 件編紐鍾多數經過調音，通過分析可以看出，伽子受編鍾的發音基本呈$^{\#}f$宮排列，$^{\#}a$ 在其中當爲角音，這與同時期 8 件組編鎛中第 3 鎛正鼓音爲徵的規律有所不合。造成這一結果的原因可能有二。其一，伽子受編鎛與編鍾本非一套，是拼湊而成的。其二，二者作用不同，或不作同時演奏。

表格 31　伽子受編鍾測音數據表〔註 120〕

器　號	M2：45	M2：44	M2：43	M2：42	M2：41	M2：40	M2：39	M2：38	M2：37
正鼓音	$^{\#}a^1$-33	破裂	破裂	$^{\#}g^2$+4	d^3-24	d^3-6	$^{\#}g^3$+28	$^{\#}a^3$-12	$^{\#}c^4$+19
側鼓音	不明確	破裂	破裂	c^3+11	$^{\#}f^3$-23	啞	c^4+35	d^4-46	e^4+14

單位：音分

通過對甈鎛、鄱子成周編鎛、伽子受編鎛的分析，基本上可以看出這一時期楚文化區編鎛的特點。雖然鄱子成周編鎛出土墓葬屬於吳國，但行軍之

〔註118〕河南省文物考古研究所、南陽市文物考古研究所、淅川縣博物館：《淅川和尚嶺與徐家嶺楚墓》，鄭州，大象出版社，2004 年版，第 47、70 頁。

〔註119〕趙世綱：《中國音樂文物大系・河南卷》，鄭州，大象出版社，1996 年版，第 104 頁。

〔註120〕趙世綱：《中國音樂文物大系・河南卷》，鄭州，大象出版社，1996 年版，第 320 頁。

中葬於楚地，且編鎛的征楚的戰利品，其反映出的文化內涵體現著典型的楚文化特點。鑄鎛出土時位於墓室最東端，從大到小，由北向南大致呈一字排列。伯子受編鎛，編鎛置在槨室的東南部，最大的 2 件在東面，其餘 6 件在南面，其排列呈曲尺形。紐鍾位於編鎛上層，排列次序與編鎛相反，由西向東漸次懸掛。鄱子成周編鎛出土時與鄱子成周鍾並列於葬坑東南角，與伯子受編鎛的埋藏情況基本相同，呈曲尺狀擺列。由這 3 處墓葬大約可以看出，編鎛在下葬時多被置於墓室或槨室的東南部，如呈曲尺狀擺列，編鎛被放於東南角，如果為一字排列則被陳於東壁。其他青銅禮器的擺放情況與之相似，多置於墓葬東部或東室。這應與楚文化中尚東的習俗有關。〔註121〕

　　從樂懸組合的構成分析，編鎛都是由 8 件組成，與 9 件紐鍾組成鮮明的楚文化特點。目前所知的考古材料中，8 件鎛與 9 件紐鍾的組合只見於楚墓或附於楚國之下、深受楚文化影響國家的墓葬中。除上述 3 組編鎛與編紐鍾組合之外，8 鎛與 9 紐鍾的形式還見於安徽壽縣蔡侯墓、河南葉縣舊縣 4 號墓等。編鎛與編紐鍾從形態上互補，在錯落有致、大小相諧、兼顧美觀的同時，二者音區相接、音色統一、鎛之渾厚與紐鍾之清揚相互形成支持，同時又不致自身的特點被對方所湮沒，成為這一時期極具楚文化特點的組合形式。

　　從編鎛音列構成的角度分析，楚文化區鎛以宮、商、角、徵、羽五正聲為核心的基礎上，較為普遍的使用了變聲，特別是音級中清角和閏的多見，將其釋為清商音階是與考古資料相符合的。此外，從目前的考古發現來看，$^{\#}$f音在編鎛所呈音列中佔有較重要的地位，在鎛的正鼓部的各個音區均有出現。而且在精心鑄造與調校之後，各音區的$^{\#}$f音之間的誤差相對較小。通過各音位的排列分析，$^{\#}$f為宮音的可能性極大，這一特點應與楚地春秋時期的黃鍾音高存在關聯。結合律高與音位兩方面因素來看，在編鎛所構音列的邏輯關係上，基本上呈現出$^{\#}$f宮清商音階的特點。

　　楚國一帶的音樂文化在春秋戰國時期具有很高的藝術水準，這樣的發展高度在鎛的身上同樣表現得非常明顯，是楚地好樂的物化遺存。雖然在戰國時期，屈原曾依據楚聲創有流芳千載的《楚辭》，但其音樂面貌今已無從考證，今人只有通過考古資料與各類記述來推測楚地音樂文化的高度。《楚辭集注》中論及楚地音樂曰：「昔楚南郢之邑，沅湘之間，其俗信鬼而好祀，其祀必使

〔註121〕張正明：《楚文化史》，上海人民出版社，1987 年版，第 106 頁。.

巫覡作樂，歌舞以娛神」〔註122〕。雖然，文中試圖以儒家正統觀念批駁楚樂的「陋俗鄙俚」，但從另一側面恰恰反映了楚樂之興盛。從這一時期的考古發現來看，以青銅樂鍾爲代表的先秦禮樂文化在楚文化區盛極一時，無論是數量還是樂鍾所具有的音樂表現能力，都充分體現出長江流域文明與黃河文明的可比之勢。「尙鍾之風，於楚爲烈」〔註123〕正是對包括鎛在內的青銅樂鍾之興盛的眞實反映。

四、吳越文化區

　　周代的吳越文化區，是指現今江蘇、浙江及其周邊一帶。從地望角度分析，吳、越兩國比鄰而居、雜錯交處。吳國都於姑蘇，與其文化相關的發現分佈於長江中下游一帶，特別是蘇南、浙北地區表現得較爲集中。《漢書·地理志》載：「吳地，斗分壄也。今之會稽、九江、丹陽、豫章、廬江、廣睦、六安、臨淮郡，盡吳分也。」〔註124〕東周時期，吳國曾先後征伐楚、晉、齊、越等國，一度稱霸於中原。越國大約位於現今杭州、嘉興、寧波、紹興地區以及浙江西南部。《國語》中記載：「句踐之地，南至於勾無，北至於御兒，東至於鄞，西至於姑蔑，廣運百里。」〔註125〕從族系的角度分析，二者都屬於古越族之後裔，只是由於東周時期深受中原與楚國的影響而獨立於百越之外，被考古學界視爲以中原爲主體的統一的青銅文化的一部分。〔註126〕兩國由於地緣相接、文化相近，兩國之間的文化常常在國力的此消彼長之間互相傳遞。文獻中關於吳越兩國的關係多有記述，《吳越春秋》中記有吳王夫差之言：「越之與吳，同土連域。」〔註127〕《越絕書》中可見：「吳越爲鄰，同俗並土。」以及「吳越二邦，同氣共俗，地戶之位，非吳則越。」〔註128〕由此可窺吳越關係之緊密。雖然，吳文化與越文化分屬兩個地區、民族和國家的文化實體，但由於它們存有較多共同性，故一般通稱以二者吳越文化。從總

〔註122〕朱熹〔宋〕：《楚辭集注》卷二，上海古籍出版社，1984年版，第35頁。

〔註123〕張正明：《楚文化史》，上海人民出版社，1987年版，第121頁。

〔註124〕班固〔漢〕：《漢書》卷二十八下，北京，中華書局，1999年版，第1327頁

〔註125〕上海師範大學古籍校點組（校點）：《國語·越語上》，上海古籍出版社，1978年版，第635頁。

〔註126〕李伯謙：《中國青銅文化的發展階段與分區系統》，《考古學讀本》，北京大學出版社，2006年版，第163頁。

〔註127〕周春生：《吳越春秋輯校彙考》，上海古籍出版社，1997年版，第121頁。

〔註128〕袁康〔漢〕：《越絕書》卷六外傳紀策考、卷七外傳記范伯，《文淵閣四庫全書（電子版）》，上海人民出版社、迪志文化出版有限公司，1999年11月版。

休發展來看，吳國青銅冶鑄業比越國發生早，進步快，規模大，水平高，越滅吳後繼承之〔註129〕。目前的考古研究有意區分吳、越文化之差異，從各自獨立的發展脈絡進行剖析，但依據現有的資料尚不能完全將兩者分而述之。所以，李學勤「不能把二者區別開，命名以吳越文化」的觀點依然是適用的。〔註130〕

從鎛的考古發現來看，這一地區的資料主要有遱邟編鎛、邳州九女墩 3 號墓編鎛、邳州九女墩 2 號墩 1 號墓編鎛等。

遱邟編鎛共計 5 件，1984 年出土於丹徒縣大港北山頂春秋晚期吳國貴族墓。墓中出土樂器還有編紐鍾一組 7 件，編磬一套 12 件，錞于一套 3 件，丁寧 1 件。5 件編鎛形制相同，大小相次。銑棱斜直，舞部與于口平齊，腔呈合瓦形。紐由 2 條夔龍和 6 條小龍糾結而成，枚作蟠龍形，舞、篆、鉦區以綯紋爲界，舞、篆部飾蟠螭紋，鼓部飾變體龍紋。腔體一面的左、右鼓部及鉦間有銘文 72 字，其中重文 4 字。各鎛銘文相同，排列略異，或有缺字。依據編鎛與編鍾的銘文分析，「遱邟」爲徐王章羽，而墓主爲吳王餘眛。〔註131〕徐國位於吳楚之間，在春秋中晚期發展得較爲強盛，隨著楚吳的日漸興旺，徐國由盛而衰，並終被吳國所吞併。吳國境內多見徐器，其緣由爲征伐奪虜所致。從青銅器類型的角度而言，徐的特徵與吳較爲相似，可以併入吳越文化區進行討論。（圖 2-26 遱邟編鎛 3 號鎛）

編鎛 3 件殘破，僅餘兩件完好者可以測音。3 號鎛的正鼓音與側鼓音分別爲：$^{\#}g^1$-5、a^1+38；4 號鎛正鼓音與側鼓音爲：$^{\#}a^1$-20、$^{\#}c^2$-3 音分。僅此兩件編鎛無從分析音列，但從 3 號鎛的測驗結果來看，其正、側鼓音的隔離度不佳。3 號鎛在 5 件編鎛中處於中間一件，如果這一件的正、側鼓音尚不能獨立，那麼這組編鎛僅奏正鼓音的可能性較大。

與編鎛同出的編鍾與編磬均保存較好，其中 12 件編磬中的 7 件沒有斷裂和大幅缺損，基本能夠再現原有音列，是研究春秋晚期編磬的重要資料。編磬由青灰色和黑色石灰岩磨製而成，形制統一、製作規範，倨勾、弧底形態穩定。其測驗結果見下表：

〔註129〕蕭夢龍：《試論吳越青銅器的斷代分期問題》，《吳國青銅器綜合研究》，北京，科學出版社，2004 年版，第 294 頁。

〔註130〕李學勤：《東周與秦代文明》，北京，文物出版社，1984 年版，第 152 頁。

〔註131〕王子初：《中國音樂文物大系‧江蘇卷》，鄭州，大象出版社，1996 年 12 月版，第 180 頁。

圖 2-26 邗編鎛 3 號鎛

表格 32　邗編磬測音數據表〔註 132〕

磬號	25262	25265	25266	25267	25268	25269	25270	25271	25272	25273
音高	$^\sharp c^2$-7	$^\sharp g^2$+48	$^\sharp c^3$+10	$^\sharp d^3$-2	e^3-38	g^3+11	$^\sharp c^4$+30	$^\sharp a^3$-12	d^4-32	g^4-48
備註	修復	修復	略溶蝕	完好	修復	修復	倨勾略殘	完好	修復	一面溶蝕

單位：音分

　　依據其中較為可靠的數據，編磬的音列基本上集中於$^\sharp c$、$^\sharp d$、$^\sharp g$、$^\sharp a$ 四個音，如果以五聲音階對待，可以在$^\sharp c$ 與$^\sharp f$ 兩宮上構成。

　　同出的編紐鍾 7 件，紋飾與邗編鎛基本相同，顯然為同時鑄造。紐鍾鍾體厚實，音質良好。鍾內腔有梯形音梁設計，由于口向內逐漸低平。除 7 號鍾外，各鍾均有清楚晰的調音銼磨痕，測驗結果與調音情況如下：

表格 33　邗編鍾測音數據與調音情況表〔註 133〕

鍾　號	1	2	3	4	5	6	7
正鼓音	$^\sharp c^2$-3	$^\sharp d^2$-22	$^\sharp g^2$+1	$^\sharp d^3$-6	a^3+12	$^\sharp a^3$+45	$e^4\pm0$
側鼓音	f^2-12	$^\sharp f^2$+18	c^3-26	$^\sharp f^3$+31	$^\sharp c^4$-21	$^\sharp d^4$-43	g^4+40

〔註 132〕王子初：《中國音樂文物大系‧江蘇卷》，鄭州，大象出版社，1996 年 12 月版，第 212 頁。

〔註 133〕王子初：《中國音樂文物大系‧江蘇卷》，鄭州，大象出版社，1996 年 12 月版，第 187 頁。

調音情況	于口內遍佈銼痕，正鼓銑角銼磨較甚，音梁不見。	同 1 號鍾。	基本同 1 號鍾，音梁保留較多。	腔內打磨光潔，于口銼磨痕迹較淺，音梁大部留存。	同 4 號鍾。	同 4 號鍾。	未調

單位：音分

　　遱邭編鍾由正鼓音與側鼓音構成的音區完全相同，都是從 $^{\#}c^2$ 到 g^4，跨越兩個半八度。編磬的最高音稍低，因爲最小一件的側面有所溶蝕，磬塊變薄，所以其發音略低於原音高。或是由於 7 號鍾未經銼磨調製，發音略高。將編鍾與編磬的音列進行比較可以發現，這兩組樂器各音位的誤差較小，音準數據的可靠性很高。編鍾的正、側鼓音與曾侯乙編鍾的顧曾體系極爲相似，其音高可以作如下排列：

表格34　遱邭編鍾音位排列表

鍾　號	1	2	3	4	5	6	7
正鼓音	徵	羽	商	羽	徵曾	宮顧	徵顧
側鼓音	徵顧	宮	商顧	宮	徵	羽	羽顧

　　從上表可以看出，除高音區未及調音，關係略有出入外，其他各鍾基本上與曾侯乙音名關係相對應。其中不及純律大三度 386 音分之處，當與銹蝕磨損有關。將兩件可測的遱邭編鎛置入其中，其正鼓分別爲商、羽二音。

　　考慮到徐與吳、楚地緣緊密，文化互通，以曾侯乙編鍾爲代表的曾楚律名體系早在遱邭編鍾就已出現。雖然從歷史發展的角度而言，徐國興盛之時吳楚尚未稱霸，但不能將文化的興衰與政權的更替簡單對應，三者之間究竟源流如何尚有待於更多資料的發現。

　　從樂懸組合的角度來看，遱邭編鎛與紐鍾、編磬以及錞于、丁寧構成了規模宏大、編制齊全而又富有地域特點的組合形式。全部 28 件樂器中，除了源自中原禮樂觀念的鍾、磬、鎛外，最具吳越文化特徵的是錞于與丁寧的加入。這 3 件錞于是吳越地區錞于的首次發現，也是目前可見最早的有盤虎紐錞于。〔註134〕丁寧即鉦，同樣是吳越文化的代表，李學勤認爲，這一吳越特

〔註134〕王子初：《中國音樂文物大系・江蘇卷》，鄭州，大象出版社，1996 年 12 月版，第 220 頁。

有器種可能是繼承了商和西周初南方銅鐃的傳統。〔註135〕吳作為周人和當地土著民族結合而成的諸侯國，一方面遵從周禮，另一方面又隨鄉入俗，「斷髮文身」。〔註136〕其既具中原商周因素，又顯吳越地方風格的青銅文化特點，在這組樂器表現得非常突出。這一組合形式正如《國語·吳語》所載：「王乃秉枹，親就鳴鐘、鼓、丁寧、錞于、振鐸」〔註137〕，將軍樂器與禮樂器融合併置於金石樂懸之中，充分體現了吳越尚武之精神，反映了其對「祀」與「戎」兩件大事之所重。

在吳越一帶，土墩墓一度較為流行。土墩墓是在平地堆起封土，墓底鋪以木炭、卵石或砌以石棺，也有用火燒烤墓坑的現象。墓中一般無棺槨和完整骨架，多隨葬有幾何印紋陶和原始瓷，間有青銅器出現。〔註138〕

1993 年與 1995 年，在邳州市戴莊鄉梁王城旁九女墩 2 號墓與 3 號墓分別發現有編鎛兩組，每組 6 件。從這兩組編鎛基本可以瞭解，在春秋戰國之際吳越文化區鎛之概貌。

邳州九女墩 3 號墓編鎛，1993 年 12 月出土於春秋晚期墓葬。同出樂器有甬鍾一組 4 件、紐鍾一組 9 件、編磬一套 13 件，枠頭 1 個。6 件編鎛大多殘破鏽損，其中 1、4、5、6 號保存相對完整，2、3 號破損嚴重。編鎛形制相同、紋飾一致，大小相次編成一組。編鎛腔體呈合瓦形，鎛紐由兩對大龍及兩對小龍糾結而成，銑棱斜直，舞部與于口平齊。于口內唇呈帶狀，唇上可見調音銼磨痕。其中 1 號鎛內唇銼磨幾盡，但仍有清楚的唇痕。2 號與 4 號鎛內唇大部留存，但銼痕也很明顯。由此可見這套編鎛為實用樂器。腔面枚、篆、鉦區以陽線間隔，枚作螺旋形，篆間飾細密蟠虺紋，舞及鼓部飾變形蟠螭紋，細部填雲紋、櫛紋、三角紋等。〔註139〕（圖 2-27 邳州九女墩 3 號墓編鎛 1 號鎛）

與編鎛同出的紐鍾共計 9 件，其形制與編鎛較為相似，只是存有繁紐與單環紐、于口平齊與弧曲之別。編鍾胎體厚實，發聲性能良好。腔體內可見

〔註135〕李學勤：《東周與秦代文明》，北京，文物出版社，1984 年版，第 155 頁。

〔註136〕李伯謙：《中國青銅文化的發展階段與分區系統》，《考古學讀本》，北京大學出版社，2006 年版，第 163 頁。

〔註137〕上海師範大學古籍校點組（校點）：《國語·吳語》，上海古籍出版社，1978 年版，第 608 頁。

〔註138〕李學勤：《東周與秦代文明》，北京，文物出版社，1984 年版，第 152 頁。

〔註139〕王子初：《中國音樂文物大系·江蘇卷》，鄭州，大象出版社，1996 年 12 月版，第 176 頁。

音梁突起，從鉈磨痕迹來看，編鍾均經過精心調校。墓中的 13 件編磬造型統一、磨製精細，倨勾角度基本相等。因大多數磬塊斷裂破碎，無法進行全部測音，只有 6 號、8 號（按大小排列）磬體完整，其測驗結果分別爲：d^2+23、g^3-39 音分。〔註 140〕從編鍾、編鎛與編磬的情況分析，這一組編懸樂器俱爲實用器。因爲編鎛與編磬殘損嚴重，對這一組樂器的音列分析只有通過編鍾來推測。

圖 2-27　邳州九女墩 3 號墓編鎛 1 號鎛

表格 35　邳州九女墩 3 號墓編鍾測音數據表〔註 141〕

序　號	1	2	3	4	5	6	7	8	9
正鼓音	c^2+45	$^\#d^2$-48	$^\#f^2$+21	$^\#g^2$+13	$^\#a^2$+5	$^\#d^3$+3	a^3-46	$^\#a^3$+29	$^\#d^4$+32
側鼓音	$^\#d^2$+44	f^2+12	$^\#g^2$+49	c^3+10	$^\#c^3$-2	g^3-45	$^\#c^4$+49	d^4-17	a^4+48

單位：音分

　　這組編鍾的正鼓音與側鼓音關係較爲混亂，二度、三度、四度、五度音程均有出現，所以對其側鼓音的實用性不能確定。僅從正鼓音分析，其發音可以排列爲：徵－羽－宮－商－角－羽－商－角－羽，構成以$^\#$f爲宮的五聲音列，這與同時期其他地區編鍾多見七聲音階的音列結構形成明顯的對比。

〔註 140〕王子初：《中國音樂文物大系·江蘇卷》，鄭州，大象出版社，1996 年 12 月版，第 213、214 頁。

〔註 141〕王子初：《中國音樂文物大系·江蘇卷》，鄭州，大象出版社，1996 年 12 月版，第 191 頁。

邳州九女墩 2 號墩 1 號墓編鎛，1995 出土，年代約在戰國早期。2 號墩底徑東西 26.0、南北 20.0 米，墩高 3.2 米。墓室爲豎穴深坑，平面呈凸字形，長 7.3、寬 6.9～7.3、深 2.9 米。出土隨葬品包括銅器、玉石器及陶器等，同出樂器有編紐鍾 8 件、編磬 12 件。編鎛大多保存完整，僅 5 號鎛腔體碎裂。6 件編鎛形制相同，大小相次成序。腔體一面鉦間及側鼓鑄有銘文。枚呈螺旋形。紐部均飾變形龍紋，舞、鼓、篆飾蟠螭紋。6 件編鎛的內壁未見明顯的音梁結構，僅有輕微隆起加厚。編鎛均經過精細調音，于口內唇可見清晰的調音銼磨痕迹，銼磨部位主要集中於兩正鼓及兩銑角。〔註 142〕（圖 2-28 邳州九女墩 2 號墩 1 號墓編鎛 2 號鎛）

圖 2-28　邳州九女墩 2 號墩 1 號墓編鎛 2 號鎛

表格 36　邳州九女墩 2 號墩 1 號墓編鎛測音數據表〔註 143〕

序　號	1	2	3	4	5	6
正鼓音	$^{\#}a+50$	c^1+29	e^1-28	f^1-3	殘	b^1+49
側鼓音	d^1-14	e^1-15	g^1+7	$^{\#}g^1+32$	殘	e^2-28

單位：音分

從編鎛的測音數據來看，其音列存在七聲音階的可能。在測音過程中，除 2 號鎛外，餘鎛均尚未作除鏽處理，所以這一組數據的誤差較大，仍需借

〔註 142〕王子初：《中國音樂文物大系‧江蘇卷》，鄭州，大象出版社，1996 年 12 月版，第 182、183 頁。

〔註 143〕王子初：《中國音樂文物大系‧江蘇卷》，鄭州，大象出版社，1996 年 12 月版，第 183 頁。

助出土的編鍾與編磬進行分析。但是因邳州九女墩 2 號墩 1 號墓編紐鍾銹蝕甚於編鎛，且均未作除鏽處理，其數據的可靠性更弱。因此，對編鎛以及編鍾音列的研究，只有通過分析編磬的音列構成來進行。

　　邳州九女墩 2 號墩 1 號墓編磬，共計 12 件，其中 1、3、8 三磬中部斷裂，其餘九件保存完好。編磬由石灰石製成，磬體形制規範，製作精細，打磨光潔，形制符合「股二鼓三」的磬體比例。從編磬的測音數據分析，其所示音列基本符合$^{#}$f 宮清商音階的結構特點。將編鎛之音列與其相較，在音位相同的情況下，編鎛各音均略高於編磬。其原因或與編鎛尚未除鏽，振動體增厚有關。

表格 37　邳州九女墩 2 號墩 1 號墓編磬測音數據表〔註 144〕

序號	1	2	3	4	5	6
音高	斷裂	b^1-6	斷裂	$^{#}f^2$-5	$^{#}g^2$+24	$^{#}a^2$-12
序號	7	8	9	10	11	12
音高	$^{#}c^3$+7	斷裂	e^3+1	g^3+46	$^{#}g^3$+8	d^4-18

單位：音分

　　將出自於邳州九女墩的兩組編鎛進行比較，可以看出二者之間明顯的差異。從形制而言，3 號墓編鎛的紐由兩對大龍及兩對小龍糾結而成，而 2 號墩 1 號墓編鎛為單環紐。顯然，後者較前者進化得更為簡約，這與青銅器演變的整體趨勢是一致的。從編懸樂器的組合形式來看，3 號墓共出土編鎛 6 件、甬鍾 4 件、紐鍾 9 件、編磬 13 件，2 號墩 1 號墓出土編鎛 6 件、編紐鍾 8 件、編磬 12 件，無論是種類還是數量後者都遜於前者。3 號墓的組合已經兼具三種青銅樂鍾及編磬，構成了完整成熟的大型綜合樂懸形式。而稍後 2 號墩 1 號墓卻只見鎛、紐鍾和磬，音樂性能最佳的甬鍾不在其中，這在其它地區尚未見到，應是吳越文化區的典型特點之一。邅邡編鎛與紐鍾、編磬的組合同樣也具有這一特點，並在此基礎上加入了更具本地特色的錞于與丁寧。從音列構成的角度分析，包括編鎛在內的邳州九女墩兩組樂器的差異更加明顯。3 號墓樂器的音列主要使用音階中的五正聲，而 2 號墩 1 號墓樂器卻體現出清商音階的結構特點。這一差別，當與音階自身的發展歷程無關，而是由於受到

〔註 144〕王子初：《中國音樂文物大系‧江蘇卷》，鄭州，大象出版社，1996 年 12 月版，第 215 頁。

不同音樂文化影響的結果。

在春秋戰國時期，吳越地區的青銅冶鑄技術享譽當世，「吳戈越劍」之利使之能夠獨步於列強環顧之中，這樣高超的技術在青銅樂器的製造方面必然會有所體現。從目前的考古發現來看，吳越文化區能夠在這一時期的青銅文明中佔有一席之地，並形成獨到的特點，應與其國勢的強盛與技術的先進存在關聯。從包括編鎛在內的金石樂懸來看，吳越文化在形成自身特點的同時，卻又處處體現出多種文化交互的作用結果。在春秋戰國之際，編鎛的應用正值高峰，尚不見有衰落的迹象。在同一地域的不同墓葬中，編鎛與編鍾、編磬組合的變化，以及其所示音列背後的邏輯關係之差異，充分體現了吳越文化區受各種外來文化的強烈影響。特別是周人的禮樂文明，對這一地區的影響頗深。吳人本屬姬姓，是商代末期太伯、仲雍奔荊蠻之地而創立，其對周文化具有本能的親緣感，《史記・吳大伯世家》中就有季札觀周樂時讚不絕口的記載。〔註145〕而越文化雖由荊蠻族人所創，但越王者旨於賜鍾和者汈鍾全是中原式樣，可見中原文化對這一地區的影響之深。〔註146〕從編鎛與金石樂器的組合情況也可看出，吳越地區在吸收外來文化同時，形成了具有地域特徵的禮樂文明。

五、周樂用「商」

近來，關於周代音樂中是否使用「商」的問題受到較多學者的關注，討論的重點集中於商聲、商調或商人的音樂在周代宮廷禮樂中的使用情況。從2007年開始，先後有任飛的《論「商」聲與「商」調》〔註147〕、方建軍的《〈周禮・大司樂〉商聲商調考》〔註148〕、王子初的《周樂戒商考》〔註149〕、項陽的《「武」音辨》〔註150〕、任飛與周加海的《再辨周樂無「商」》〔註151〕以及王清雷的《長安馬王村編鍾的音樂學研究》〔註152〕等多篇論文進行論述。此

〔註145〕司馬遷〔漢〕：《史記》卷三十一，北京，中華書局，1959年版，第1452頁。
〔註146〕馬承源：《中國青銅器》，上海古籍出版社，2003年版，第489頁。
〔註147〕《天籟》2007年第4期。
〔註148〕《中央音樂學院學報》2008年第3期。
〔註149〕《中國歷史文物》2008年第4期。
〔註150〕《中國音樂》2009年第2期。
〔註151〕《中國音樂》2010年第1期。
〔註152〕《文物》2010年第9期。

外，孔義龍的《兩周編鍾音列研究》〔註153〕與王友華的《先秦大型組合編鍾研究》〔註154〕兩篇博士論文都對這一問題有所涉及。

在前文中，曾就西周早期鎛與甬鍾的組合，談到了周樂用商的問題。文中通過對目前所見最早的兩套鎛與甬鍾的組合入手，提出鎛在組合編鍾中曾起著演奏商、變宮與清角的作用，而這些音在西周早中期的編鍾音列中未見使用，恰恰是鎛的引入對其形成了突破。

2010年第4期的《中國音樂學》發表了方建軍的文章《秦子鎛及同出鍾磬研究》，其重要性在於，文中首次公佈了甘肅禮縣大堡子山秦公陵園「樂器坑」出土的秦子鎛以及編鍾、編磬的測音數據。其中，三件鎛與甬鍾的組合關係與前文的觀點形成一定的呼應，在此，結合新出的材料，繼續就周樂用「商」的問題進行討論。

歷史上對這一問題的關注大多源於歷朝歷代制禮作樂的需要，在言必及三代，而三代中僅有周禮可循的情況下，這一難以解決的問題自然會引起議論紛紛。在當代音樂學研究產生之前，討論的重點主要集中於「商聲」與「商調」的區別。但是隨著學術研究的逐漸深入，以及新材料與新方法的不斷湧現，議論的焦點也不僅僅限於聲與調二者，而是擴展到區域音樂風格，以及禮樂制度使用空間等多個方面。

從以上例舉的研究來看，這些論述與歷代文人考據式的研究存在著很大的不同，最主要的區別表現在對考古資料的使用，是大量的考古發現拓展了觀察的視角，並引發了全新的思考。所以，在這些不同觀點的背後，隱含的是如何甄別、使用與看待考古資料的問題。

這三組編鎛所反映出的規律性，促使我們重新面對周代音樂中關於「商」的問題。

首先，周人果眞在特定的場合不用商音嗎？從目前的考古發現來看，基本可以得出這樣的認識。雖然，「金石以動之，絲竹以行之」可以作爲周樂有商，而金石未見的解釋，而且從目前的材料分析，黃翔鵬提出的：「西周的宮廷音樂中不用商聲作爲調式的主音，不等於宮廷音樂的音階中沒有商聲。商聲只是不在骨幹音之列。」是最經得住推敲的結論。但問題的焦點就在於，爲何在西周的編鍾上，五聲之中唯獨缺了商？

〔註153〕中國藝術研究院博士論文，2005年。
〔註154〕中國藝術研究院博士論文，2009年。

其次，無論是在學界普遍認可的商音首先出現在紐鍾，還是以上三組編鎛出現的突破，都沒有使用最早的禮樂用器——甬鍾來演奏商音。比較而言，在宮角徵羽四聲的基礎上進行簡單地擴充，比引入銅鎛或新創紐鍾都更加簡便易行。但周人並沒有選擇這一方式，其原因何在？以此看來，在周公制禮作樂之時，曾對甬鍾加以明確限制的可能性非常大。

王清雷對馬王村編鍾的研究是一個很重要的發現，但現在不能對這一研究妄下評論。因為目前來看還是孤證，出現得太早。而且最重要的是，目前還找不到發展過程的來龍去脈。

另外，目前得到較多認可的是聞喜上郭村 M210 的紐鍾首先突破了商音的限制，且不說考古界對於上郭村墓葬年代的分歧，僅從樂器本身來看，紐鍾的源頭何在？既無地域間傳播的線索，又沒有由單件向編組的演變，一被發現就是音列結構複雜的、8 件或 9 件成編的樂器，而且有商音。那麼，是出於一定目的而創造的可能性就非常大了。那接下來的問題就是，為什麼要創造紐鍾呢？如果說是為了拓展音域，那為什麼不在同時期的甬鍾實行呢敘作為繼承了甬鍾的腔體與鎛的直懸方式的紐鍾，曾被王友華稱為青銅樂懸中的革新先鋒，從其對西周以來編鍾四聲音列的突破也不枉此名。但反過來可以看到，紐鍾能做的而甬鍾不能做，那麼在紐鍾產生之前存在著一些約束的事實應該是存在的，而紐鍾的突破在鎛看來可能已沒什麼奇怪了。

再次，對於殷鐃中未見商音，周人所戒之商何來的觀點。我們是否可以基於這樣的認識，即殷商編鐃與西周編鍾的禮制意義根本不同。編鐃在殷人的眼中，沒有被賦予周代編鍾的禮制意義。眾所周知，周代被視作封建社會的開端，所謂封建即「分封諸侯，以屏宗周」，用來鞏固統治。這在商代是沒有的，在此基礎上，周王室推行了用以劃分等級的禮樂制度，以「明貴賤，辨等列」。歸根結底是為了統治的需要，商聲也好、商調也好，在周王的眼中真的那麼重要嗎？也許只是在當時不甚穩固的狀態下，為了對尚有餘力的商人後裔表明必勝的決心而已。也許這才是真正的「武王之志」，因為周武王一生最大的功績就是「克商滅紂」，克商之後的兩年就病死了。接下來，那位制禮作樂的周公攝政王位，兵征東夷滅 17 國，將殷商頑民的兵亂通過打壓和分封平息殆盡。這樣一個人物，其制禮作樂的目的何在？所以，在被賦予權利意義的禮樂重器上制定「戒商」的禁令是可以理解的，只是商這個音因為同名而被冤枉了，而這樣的觀念在商代的社會制度下難以如此清晰。

　　另外，針對《禮記》中「聲淫及商」的理解，將其解釋爲商人祭先妣的音調可能最接近於此篇文獻的原意，因爲文中不以技術問題爲重的觀點屢見不鮮。從《樂記》這篇文獻的角度來看，無論是從上下文的邏輯關係，還是從《樂記》的論述焦點分析，技術層面的問題並不是作者討論的重點，反倒是提出了很多重道輕器的理論，例如：

> 樂者，非謂黃鍾大呂絃歌干揚也，樂之末節也，故童者舞之。鋪筵
> 席，陳尊俎，列籩豆，以升降爲禮者，禮之末節也，故有司掌之。

所以提出：

> 是故，德成而上，藝成而下。

　　以目前的認識，《樂記》中的「聲淫及商」與西周編鍾對商音的限制應不是一回事，二者在各自領域都客觀存在，如果強行將文物與文獻進行對應，可能會落入「二重證據法」的窠臼。對周樂用商的討論，實質上是如何甄別、使用與看待考古資料的問題。歷史的眞相總是在不斷的新發現、以及不斷的假設與求證過程中被逐步揭示，這也正是這一學科的魅力之所在。

第三章　鼎盛時期的規範化組合

第一節　鎛與編鍾的組合

　　1978 年，曾侯乙編鍾出土，是本世紀以來最重大的音樂考古發現之一，是中國古代文明與智慧的結晶，令世人矚目。全套鍾音色優美、音域寬廣。每件鍾可發出呈三度音程的兩個樂音，體現出兩個不同的基頻。編鍾的最低音是 C，最高音是 d^4，達 5 個八度又一個大二度。在編鍾的鍾體、鍾架和掛鍾構件上，刻有大量的銘文，共 3755 字。銘文內容完全可稱之爲一部先秦的樂律學理論專著，其絕大部分早已湮滅在歷史的長河之中。大量研究表明，當時的樂師和工匠們在音樂聲學和樂器製造方面已掌握了大量的科學知識和高度的工藝技能。「一鍾雙音」構想的實施和應用，不是偶然現象，而是古代樂師一項輝煌的科學發明，是其最顯赫的科學成就。曾侯乙編鍾的出土，以其明確無誤的標音銘文，使人們得以確認這一青銅冶鑄史上的奇迹。全套 65 口鍾，用銅 2567 千克；加上鍾架及掛鍾構件，總重量達 4421.48 千克；其在音律的設計、鍾體幾何尺寸與發音機理的掌握、一鍾雙音構想的實施、音頻的測算與調試、合金的配比及音色的選定等方面，均到了無可比擬的地步。曾侯乙編鍾在迄今出土先秦編鍾中，數量最多，規模最大，製作最精，音域最廣，保存最好。特別是這套氣勢恢宏的編鍾，由 3 組編紐鍾、5 組編甬鍾組合而成；編鍾的形制有 3 種：鎛 1 件，甬鍾 45 件，紐鍾 19 件。分 3 層懸掛鍾架上，共同構成了在中國古代不平均律的條件下集合 130 個樂音的「顧曾體系」。這不僅是中國青銅樂鍾的頂峰之作，也是中國青銅甬鍾發展爲大型組合

化形式以後出現的最出色的典範。

一、鎛的音樂性能及其編列化

曾侯乙編鍾無愧於「世界第八大奇迹」之譽，充分顯示了中國人創造出來的昔日輝煌。如此偉大的青銅樂器作品，既非人們一朝一夕所能發明創造的，更非如遠古神話傳說中某位英雄人物忽發奇想此天上偷來的。大量出土的資料表明，中國青銅樂鍾中的大型組合化作品的出現，有其清晰的發展歷程。在其發展歷程中，編鎛的加入，是大型組合編鍾形成的重要基礎；而編鎛最後從大型組合編鍾發展的頂峰中的退隱，則可能是這種樂器自身在音樂性能方面的局限所致。

殷商時期的新干大洋洲鎛，雖有 3 件青銅大鐃與其同出，但是作為鎛這種樂器來說，其為單件使用者，即所謂的「特鎛」。新干大洋洲鎛以往，鎛的發現亦均為單件。至西周中期以後，鎛仍有與其他樂器的配合使用的情形，而且形式逐漸豐富多樣。隨州毛家沖鎛 1995 年發現於隨州市三里崗鎮毛家沖村。經考古工作者現場清理，確認出自一西周墓葬。隨葬品除銅鎛外，尚有一件石磬與之共存。毛家沖鎛也是特鎛。前文論及的克鎛與克鍾同出，眉縣楊家村 3 件鎛與 15 件甬鍾共出。這一時期的鎛已非特鎛，而是結成了一定的音律關係的編鎛。另一方面，也許眉縣楊家村編鎛與編甬鍾共出於窖藏，二者之間的聯繫已毋庸置疑；從克鎛與克鍾有著共同的銘文、銘文記載了同一位作器者，證明了克鎛與克鍾之間同樣有著一定的組合關係。能否由此說明在克鎛與克鍾產生的年代，即在西周的晚期，克鎛與克鍾可以視作青銅編鍾組合化發展的雛形？只是目前由於克鎛與克鍾資料的匱乏和零散，還難以作進一步的認定。不過，可以確定無疑的是，鎛自身的編組化，已為其加入並催化組合編鍾的形成，作好了充分準備。

方建軍認為：「西周的編鎛是一種大型的鍾體樂器，其發音低沉渾厚，餘音悠長。……春秋晚期，編鎛的扉棱消失，除鎛體為平口而非凹口外，其體制與其它種類的鍾體樂器大致相同。」〔註1〕「兩周鎛在形制上有兩個主要特徵，一是平口，二是有紐。」〔註2〕馬承源先生對鎛的界定基本沿襲了

〔註 1〕 方建軍：《陝西音樂文物綜述》，《中國音樂文物大系·陝西卷》，鄭州，大象出版社，1996 年，。

〔註 2〕 方建軍：《兩周銅鎛綜論》，《東南文化》，1994 年第 1 期

文獻記載，但其又從禮樂功用加以解釋：「大型單個打擊樂器，盛行於春秋戰國時期，是貴族在宴饗或祭祀時，與編鍾、編磬相和使用的樂器。鎛的形制與紐鍾相同，但體形特大。……鎛如大鍾，是用以指揮樂隊的節奏性樂器。」〔註3〕可見鎛的形制較大，是一般學者們的共識；一般來說，鎛與其他2種青銅鍾類樂器甬鍾和紐鍾相比，的確是一種形制較為大型的樂器。這也為大量出土標本所證明了的。由於其形制較大，其發音較為低沉。故用鎛來充當樂隊的低音部分則是順理成章。鎛發音的低沉，與其腔體的構造較為渾圓、于口平齊也有相當大的關係。因為具有較為宏大的體形，並能以此發出低沉悠長之聲，才使其有別於甬鍾與紐鍾，更適合於營造深沉、威嚴和肅穆的氣勢，這大概是所有諸侯王者們的共同需要。如果鎛為了提高演奏旋律的能力，向甬鍾與紐鍾的方向發展，那麼從音樂的角度而言，其存在於組合編鍾的價值將不復存在。

　　王子初指出，在殷末周初，鎛的形制已有了基本的規範。如合瓦形的腔體，平齊的于口，富於裝飾的懸紐等。……春秋中期前後，鎛在中原地區有了較大地發展。這種發展主要朝著以下兩個方面進行：一是追求形制巨大，二是追求更為完善的音樂性能。」〔註4〕從春秋至戰國的考古發現也印證了這一論斷。在西周晚期的禮崩樂壞的大背景下，當禮樂制度被僭越成為一種常態，鎛的禮制意義逐漸失去、鎛被賦予的象徵意義日趨消亡的時候，鎛必然會向著旋律表現能力更強的方向發展。當遭遇旋律性能力天生優於鎛的甬鍾與紐鍾的時候，鎛的消隱也就成為一種必然。是禮崩樂壞帶給鎛前所未有的繁盛，也是由於禮崩樂壞剝奪了鎛的政治特權，促使其在戰國早期前後被諸如曾侯乙編鍾等對手淘汰出局。但是，鎛的自身深沉、威嚴的特點及其在中國歷史上有過的輝煌，使其在以後的2000餘年的中國宮廷樂壇，時有青睞而不斷地回光返照。

　　春秋早期以後，鎛的出現陡然增多。據筆者的初步統計，迄今為止共發現400餘件。（可參見《存見青銅鎛一覽表》）其中僅有10餘件為單出或資料不詳，其餘均朝著組合化發展。其組合形式有單類多件與多類多件等多種變化。多類多件的組合形式已經具有大型組合化編鍾的特點。

〔註3〕　馬承源：《中國青銅器》，上海古籍出版社，2005年，第283頁。
〔註4〕　王子初：《禮樂重器鎛的發掘與研究》，《中國音樂考古學》，福州，福建教育出版社，2003年版，第563～575頁。

在由於編鎛的加入而形成的組合編鍾的例證中，最值得關注的是河南新鄭鄭國祭祀遺址出土的大批初期組合編鍾和河南葉縣發現的許公寧墓大型組合編鍾群。

二、新鄭鄭國祭祀遺址編鍾

河南新鄭鄭國祭祀遺址位於鄭韓故城，鄭韓故城是東周時期鄭國和韓國的都城，鄭韓兩國先後在這裏建都 500 餘年。鄭韓故城地處潁河支流雙洎河中上游地區。夏代禹分九州，新鄭屬豫州。商爲鄭地，新鄭在王都以南。西周時期，屬夏之後裔妘姓的鄶國所轄，其國都當在今新密至新鄭一帶。東周以往，公元 769 年鄭武公滅鄶東遷，在雙洎河與黃水河交會處另建新都，國名仍稱鄭。這一時期的考古學遺存十分豐富，可分春秋早、中、晚期到戰國早期四期。公元 375 年韓哀侯滅鄭，將國都從陽翟（今禹州市）遷至新鄭，韓仍用鄭之舊名。鄭韓故城內，這一時期已爲戰國中晚期，其文化堆積和遺迹分佈，較春秋時期的面積更大，而且更爲密集。遺存可分爲二期三段，即戰國中期、戰國晚期前段和戰國晚期後段。其後段已接近秦文化。公元 230 年，秦滅韓。秦王政二十六年（公元前 221 年）設新鄭、苑陵二縣，歸潁川郡〔註5〕。

鄭韓故城遺址是 1923 年新鄭南關縣紳李銳在李家樓菜園中打井，發現鄭公大墓之後才逐漸被人們所認識的。鄭公大墓的發現純屬偶然，後由北洋陸軍十四師師長靳雲鶚會同縣中官紳劃定區域進行發掘，雖可以說是一次有組織的發掘，但並沒有運用考古學的方法，出土物內混雜秦瓦當、宋瓷碗等即可證明。大墓發掘結束後，適逢考古學家李濟從美國返國，在南開大學任教。當得知新鄭發現的消息，與地質研究所的袁復禮先生一道趕去，在坑內採集了一些人骨，並撰文《新鄭的骨》。鄭公大墓的發現，特別是墓中出土的 102 件青銅禮樂器和其它雜器，吸引了當時如王國維、郭沫若等著名學者的廣泛注意，並由此出現了一批研究成果，對當時的中國學術界產生了較大的影響。〔註6〕

〔註5〕 河南省文物考古研究所：《新鄭鄭韓故城的鄭國祭祀遺址》，鄭州，大象出版社，2006 年 9 月版。

〔註6〕 河南省文物考古研究所：《新鄭鄭韓故城的鄭國祭祀遺址》，鄭州，大象出版社，2006 年 9 月版。

　　20 世紀 60 年代起至 1998 年，河南省文物管理部門曾組織了多次對新鄭鄭韓故城遺址的有目的的專門調查和發掘。新鄭發現的春秋時期鄭國祭祀遺址，位於新鄭發掘區的西南部，面積近 20000 平方米，遺址清理出土春秋時期鄭國青銅禮樂器坑 17 座，殉馬坑 44 座、夯土牆基一道，商周灰坑 791 座，水井 98 眼，戰國烘範窯 3 座，小型墓葬 80 座，甕棺葬 28 座，兩周及漢代竈坑 9 座，還有一批戰國牛肋骨墨書文字從出土。1996 年 9 月～1998 年 12 月間，河南省文物考古研究所配合建設工程，又一次在鄭韓故城遺址的範圍內的祭祀遺址進行了發掘，連續取得了重大成果，出土了大批先秦彝器。其中第 1、4、5、7、8、9、14、16、17 號坎各出土了一套編鍾，總數達 206 件，可稱中國音樂考古方面又一次空前大發現。（圖 3-1　新鄭鄭國祭祀遺址 16 號坎編鍾埋藏情況）

圖 3-1　新鄭鄭國祭祀遺址 16 號鍾編鍾埋藏情況

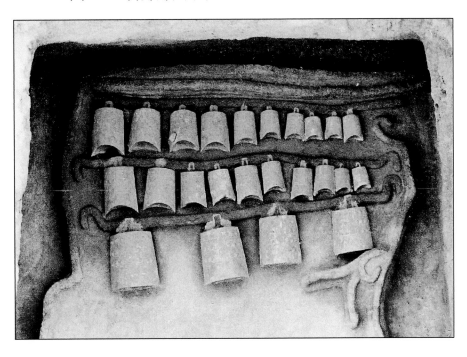

　　1993 年 6 月出土的金城路編鍾，見於新鄭市金城路中段偏東一側第 2 號窖藏坑內。該坑位於鄭韓故城的西南部，這裏發現過許多春秋時期的大型青銅器。出土時分南北兩排放置，鎛一排在南，紐鍾一排作上下兩層疊放在北。另有新鄭城市信用社編鍾，1995 年 3 月出土於新鄭城市信用社工地第 8 號窖

藏坑內。窖藏坑位於鄭韓故城東城西南部，新鄭中華路西段南側，出土有鼎、
壺、簋、鬲青銅禮器。之後又發現青銅器窖藏坑 7 座，車馬坑和馬坑 64 座，
但多數被盜掘一空，僅此第 8 號坑中發現編鍾 3 組 24 件。所出編鍾在坑內分
南北兩排放置，鎛 4 件在南，紐鍾 20 件在北，分兩組作上下兩層疊放在一起。
坑內除編鍾外別無它物。從第 1 號窖藏坑出土的青銅器和車馬坑、馬坑等情
況看，此處當是春秋中期鄭國貴族的另一祭祀場所。

不難看出，這 2 套編鍾和上述中國銀行工地出土的 9 套編鍾時代相近，
出土地集中，文化因素及其編鍾的組合完全相同，當屬同一時代和同一文化
體系的文物，相互之間有著不可分割的密切關聯，在本文的討論中難以將其
排除在外。

新鄭鄭國祭祀遺址出土的編鍾，是鄭國當時重大禮儀活動的遺存，對於
研究西周以來的禮樂制度，具有極為重要的歷史意義。也是研究編鎛這種樂
器，其在先秦組合編鍾的形成的過程中所扮演角色的直接資料。新鄭鄭國祭
祀遺址主要包括 3 部分遺存。新鄭鄭國祭祀遺址其一為當時社壇的建築殘址；
二是瘞埋祭祀用牲的土坎，即殉馬坎；三即是祭祀後瘞埋祭器的土坎，即青
銅禮樂器坎。（圖 3-2 新鄭鄭國祭祀遺址 17 號坎編鎛）

圖 3-2　新鄭鄭國祭祀遺址 17 號坎編鎛

青銅禮樂器坎和部分殉馬坎分佈在發掘區的中部偏南側，僅有 17 號坎位
於發掘區的西部偏東。大多數坎的分佈有一定的規律，排列上也有一定的組
合關係，一般都是禮器坎和樂器坎配合出現。從樂器坎的組合關係分析，中
部的一組及 1 號樂器坎和 4 號樂器坎在東西一條線上，4 號坎位於 1 號坎的東
北部，而在 9 號樂器坎的東側有 3 號禮器坎，在 4 號坎的東北部有 13 號禮器

坎。從分佈關係上來說，該組由 3 個樂器坎配 2 個禮器坎。在這一組的南部，也有 5 個禮樂器坎的組合關係：5 號樂器坎居西，11 號樂器坎居東，分佈在一條直線上；而 7 號樂器坎在 11 號坎南側。11 號坎的北側有 10 號禮器坎；在 10 號坎的東北部又有 2 號禮器坎，顯然又是一個組群。在這 2 個組群之東，又有 3 個樂器坎，1 個禮器坎：12 號樂器坎居南部，8 號樂器坎距北部，在一條南北線上；在 8 號坎的東北部有 16 號樂器坎。在 8 號坎和 16 號坎為同一組合關係。以上這 3 個組合關係，構成了祭祀遺址的核心區。在這一區域的南部，還有 1 坎樂器和 1 坎禮器：15 號禮器坎居南部，14 號樂器坎居 15 號坎的東北部，構成了另一個單一的組合關係。在核心區的西部 30 米開外，還有 17 號樂器坎，獨處一隅，附近除了有殉馬坎之外，沒有相配的禮器坎。而且 17 號坎僅出土一組編紐鍾 10 件配編鎛 4 件。新鄭鄭國祭祀遺址發現的其餘 10 個樂器坎，所出土的樂器均為 2 組編紐鍾共 20 件配編鎛 4 件的形式。沒有相配禮器坎的 17 號坎是唯一的特例，值得注意。總共 11 座樂器坎中，除了 1 座位於遺址的西北部之外，其餘都分佈在遺址的東南部。組合關係都以 3 座為一組，附近並有 1～2 座禮器坎。殉馬坎多在遺址西側，個別的樂器坎也有打破殉馬坎年代現象，說明當時殉馬坎上並沒有樹立標誌及其先後關係。11 座樂器坎中除了 2 座歷史上已被盜、未有編鍾等樂器出土（但有編鍾附件的遺迹發現）之外，其餘均保存較好。坎中所出土的 9 套編鍾（紐鍾）和編鎛，總數達 206 件。還有一些編鍾的附件，如鍾架和鍾槌等器。

　　這些編鍾所提供的大量文獻失載的信息，早已湮沒於漫漫的歷史長河之中，故有關研究成果將在較大的程度上填補先秦史闕；對於進一步認識草創於西周早期、2000 多年來始終影響著中國人的政治、文化和藝術生活的禮樂制度，也將產生不可忽視的學術意義。

三、新鄭編鎛的組合規範

　　分析新鄭出土的 11 套編鍾，可以得到如下幾點認識。

　　總計新鄭出土的 11 套編鍾，均以 4 件組編鎛與 10 件組的雙組（僅 17 號坎編鍾的紐鍾為單組，係特例）紐鍾配套，這種組合形式具有明顯的特色。這些編鍾同出土於新鄭，也體現了引人注目的中原地域和文化屬性。春秋中、晚期，鎛的低音較為豐富的特點進一步為人們所重視，編鎛在編鍾組合中的

旋律功能有所增強，編鎛的組合件數也逐漸增多，形體急劇增大。出現了諸如春秋中期新鄭李家樓編鍾中的「特鎛」4 件（實際上是一種大型編鎛），春秋晚期的輝縣琉璃閣甲墓編鍾中的「特鎛」4 件；甚至進一步由 4 件發展爲 8 件成組的大型編鎛。不可否認，新鄭 4 件組編鎛在改變鍾型組合形式、拓寬音域、增加各組件數和提高音樂性能等方面均比西周和春秋早期前進了一大步。只是就新鄭這 11 套編鍾來說，其編鎛形制較小，紋飾樸素，似乎還處於單純爲全套編鍾作低音補充的起始階段，而承擔中、高音區旋律演奏任務的，則明顯以兩組紐鍾爲主體。（圖 3-3 新鄭鄭國祭祀遺址 4 號坎編鎛）

圖 3-3　新鄭鄭國祭祀遺址 4 號坎編鎛

　　從編鍾的發展過程來看，新鄭 4 件組編鎛與 10 件組雙組紐鍾的結合形式，在中國青銅樂鍾向組合化的發展歷程中，具有重要的過渡意義。

　　1996 年 9 月～1998 年 12 月間新鄭出土的 9 套編鍾和 1993、1995 年出土的 2 套編鍾，可以列爲下表：

表格 38　新鄭鄭國祭祀遺址出土編鎛、編紐鍾一覽表

序　　　號	器　　　名	編鎛	紐鍾甲組	紐鍾乙組
1	新鄭中行工地 T566K17 編鍾	4	10	無
2	新鄭中行工地 T594K5 編鍾	4	10	10
3	新鄭中行工地 T594K7 編鍾	4	10	10
4	新鄭中行工地 T595K1 編鍾	4	10	10
5	新鄭中行工地 T605K9 編鍾	4	10	10

6	新鄭中行工地 T606K4 編鍾	4	10	10
7	新鄭中行工地 T613K14 編鍾	4	10	10
8	新鄭中行工地 T615K16 編鍾	4	10	10
9	新鄭中行工地 T615K8 編鍾	4	10	10
10（1993 年 6 月出土）	新鄭金城路 93ZHⅡJ2：1～24 編鍾	4	10	10
11（1995 年 3 月出土）	新鄭城市信用社 95ZHⅡJ8:5～24 編鍾	4	10	10

單位：件

　　從表中已可清楚地看出，新鄭祭祀遺址出土的編鍾（包括編鎛），其在鍾形編組和組合方面所體現出來明顯的規律性。編鍾均以 4 件編鎛為一組，與甲、乙 2 組編紐鍾（新鄭中行工地 T566K17 編鍾除外，僅有 1 組編紐鍾）搭配為一組合編鍾群。在考古發掘資料中，能見到如此齊整劃一的、極其規範的標本實屬罕見。

　　在周代的鄭韓故地，四件鎛與編鍾組合的形式十分多見。筆者曾仔細統計了相關的資料，結果列為下表：

表格 39　鄭韓地區出土的其餘編鎛、鍾磬一覽表

序號	器　名	編　鎛	編　磬	甬　鍾	紐　鍾
1	新鄭李家樓特鎛	4		19	
2	葉縣舊縣 4 號墓編鎛	8	15	20	9
3	伵子受編鎛	8	？？		9
4	鄬子成周編鎛	8			9
5	淅川徐家嶺 10 號墓編鎛	8			
6	淅川徐家嶺 3 號墓編鎛	8			
7	鼄鎛	8		9	13
8	琉璃閣甲墓特鎛	4			
9	琉璃閣甲墓編鎛	9	11	8	9
10	新鄭有枚鎛	1			
11	新鄭無枚編鎛	4			
12	洛陽解放路編鎛	4	23		18
13	後川 2040 墓編鎛	9	10	20	

單位：件

　　在上表中，可見 4 件成組的編鎛在這一時期是一個通行的定例。其中編

鎛爲8件者，實爲2組或4件成組的擴充。如葉縣舊縣4號墓編鎛8件，爲4件有脊編鎛和4件無脊編鎛的雙重組合。而鄱子成周編鎛8件，已可看作爲4件組編鎛爲旋律的需要而所作的發展、擴充。與之相配合的甬鍾與紐鍾多爲9、10或其倍數。相比之下，新鄭所出11套組合編鍾，應該是春秋中期前後中國青銅樂鍾在組合化進程中早期標本。新鄭出土的這些編鍾，大小有序，鑄造規範，產生的時代較爲集中，特別是所有編鍾均經有經驗的考古工作者的精心發掘，資料豐富完整，對於研究春秋鄭國一帶編鍾的製作規範、音樂性能和禮樂重器的社會政治意義具有重要作用。

四、新鄭編鍾音律體系

　　新鄭早期組合編鍾的鍾型編組，還只是其外在的表象。編鍾的每一組合，即4件編鎛和甲、乙二組編紐鍾，其在音律上已組成一個完整的音列體系。新鄭的11套編鍾，特別是其中的城市信用社編鍾、中行4號、14號坎和16號坎出土的編鍾，體現出了較高的編鍾冶鑄水平和調音水平。新鄭鍾鎛的製作者，應該是一個具有精博的音律學識、高超的青銅冶鑄技術和豐富的造鍾經驗的群體。很可能，這是一個春秋中期前後被豢養於鄭國公室的世代相襲的造鍾家族，類似於周王宮廷中的鳧氏。王子初對新鄭祭祀遺址全部11套編鍾作了詳盡的分析和研究，並得出了新鄭編鍾有著同一的調高（即G宮）和音律體系。〔註7〕本文僅以其對第4號坎出土編鍾爲例，來分析一下這11套早期組合編鍾在音律上有何規範，它們是否構成了一個相同的體系？

　　《中國音樂文物大系》總編輯部對這組鍾鎛以及出土於新鄭的其餘各組鍾鎛均作了測音分析。由於新鄭中行4號坎編鍾保存較好，並且鑄造也較爲精良，所以其發音情況十分良好。耳測各鍾的發音，已可聽出明確的音列和調高。但王子初根據其所作的《測音報告》，按中國的傳統和以上對這組編鍾測音結果，對其骨幹音宮、商、角、徵、羽五聲，分別進行統計分析。詳見下表。

　　新鄭鄭國祭祀遺址第4號坎編鍾上五聲分別出現的次數和音分補正數

〔註7〕　王子初：《鄭國祭祀遺址出土編鍾的考察與研究》，載河南省文物考古研究所：《新鄭鄭韓故城的鄭國祭祀遺址》第951～994頁，鄭州，大象出版社，2006年9月鄭州版。

階名	宮	商	角	徵	羽
音高	G+26	A-12	B-12	D+7	E-36
	G-30	A+38	B-19	D-45	E-10
	G-15	A-41	B+4	D-30	E-0
	G+23	A+46	B+1	D-35	E-36
	#F+47（G-53）	B+2	D+94（#D-6）	E+11	
	G-31		B-31	D-9	E-12
	G-6		B+10	D+8	E-66（#D+34）
	#G-41（G+59）		D+82（#D-18）		
平均值	G-3	A+8	B-6	D+13	E-21

　　表中，商音出現的次數較少，不足爲憑。宮、徵、羽三音雖然出現次數較多，但都出現了音差較大的音。相比之下，角音出現凡 7 次，次數並不算少，而且這 7 音的音高十分接近，最大音差爲 -31 音分，比起其它幾個音的差數來要小得多。這表明角音的音高比較客觀地體現了當時鐘師的設計音高，其平均值 B-6 音分可用作這組編鐘音調的參考標準。由此也可推算出其音階其餘各音的高度。其調高相當於宮音 G-6 音分，比 1 號坎出土編鐘的調高#G-22 音分低了 84 音分，接近於半音。這似乎已經解答了以上這兩組編鐘的調高問題。但是，若結合新鄭後來又出土了 7 組編鐘，其音律標準基本上均爲 G 宮的事實，如此眾多的、處於同一地點和同一時期的、甚至基本上是同一組合形式的編鐘，有著如此明確的音律規範，這在音樂考古發現中是絕無僅有的。

　　根據以上的統計結果，可對測音數據表中的耳測階名加以驗證，進一步確定 4 號坎編鐘的音列結構和它們的音階，得到下表。

　　新鄭鄭國祭祀遺址第 4 號坎編鐘音列結構參考表

表格 40　編鎛 4 件

編　號	1	2	4	3
側鼓音	宮+17	徵-39	羽-30	閏-6
正鼓音	羽-9	宮+32	角-6	徵+13

音宮＝G-6，音叉校正 A4-6，438.23　單位：音分

表格 41　A 組紐鍾 10 件

編　號	A1	A2	A3	A4	A5
側鼓音	宮曾+22	宮-24	羽角-24	和+37	徵-29
正鼓音	角-13	徵-24	羽-4	宮-9	商-6
編　號	A6	A7	A8	A10	A9
側鼓音	徵+48	宮+29	變徵-31	宮曾+0	變宮-17
正鼓音	角+10	羽+6	商+44	角+7	羽-30

音宮＝G-6，音叉校正 A4-1，439.45　單位：音分

表格 42　B 組紐鍾 10 件

編　號	B1	B2	B3	B4	B5
側鼓音	宮曾-42	宮-47	宮-25	徵曾+9	和-20
正鼓音	角+8	徵-3	羽+17	宮+0	商-35
編　號	B6	B7	B8	B9	B10
側鼓音	徵+14	羽角-18	變徵+27	宮曾-12	宮+65 羽角-35
正鼓音	角-25	羽-6	商+52 徵曾-48	角+16	羽+40

音宮＝G-6，音叉校正 A4-2，439.23　單位：音分

　　研究者指出，4 號坎編鍾的音律較規範，音階基本準確，值得作進一步分析。要確定 4 號坎編鍾的音列結構，可先討論其 4 件編鎛的音律。

　　先秦的鍾類樂器並非都是定音樂器，如鈴、鉦、鐸及巴人的扁鍾等，均並無固定的樂音音高，只是一種響器而已。這些當然談不上雙音問題。即便是有樂音音高的編鍾，也並非每一個鍾都是真正音階意義上的「雙音鍾」，有些鍾的側鼓音並非是設計音高——即當時的鍾師並未有意識地去調試和使用這些鍾的側鼓音。特別是鎛的造型結構特點，如于口平齊，銑棱不突出、腔體的合瓦形結構不鮮明、甚至于口更接近於橢圓形等，皆不利於側鼓音的振動發聲。至今，人們在甬鍾和紐鍾上發現過許多鳳鳥紋一類側鼓音音位標記，而尚未發現過有側鼓音音位標記的鎛。從這個意義上來說，絕大多數鎛不能證明是雙音鍾，鎛的側鼓音是否為設計音高尚難以定論。仔細考察新鄭出土編鍾中的編鎛，不難發現它們的側鼓音無論從音高的明確性，還是從音色、

音量諸方面，均遠遜色於其正鼓音，有些鎛的側鼓音甚至發出不來，則更能說明問題。同時，編鎛的正鼓音較有規律，均爲羽、宮、角、徵四聲，與西周的傳統一脈相承。而鎛的側鼓音與正鼓音的音程關係竟然無一相同，並無規範可循，顯見其非是人有意設計。這是一個十分難得的典型例證。可以這樣認定，按當時鑄鍾時的音律設計，編鎛是不用側鼓音的。編鎛的側鼓音可以從其音列討論中剔除。

通過上表，可進一步討論 4 號坎紐鍾音級的定性。以各鍾的正鼓音爲例，首先來看一看角音鍾。4 號坎編鍾的角音鍾有 6 枚，分別爲 A1、A6、A10 和 B1、B6、B9，其側鼓音僅出現徵和宮曾兩種。角-徵鍾已是以往出土編鍾的研究中多次證實了的，無須多說。從樂律學角度來看，偏音宮曾距五正聲關係極遠，角-宮曾鍾的出現有些可疑。如果說，B1 的側鼓音還有可能看作偏高 58 音分的徵音的話，從測音數據來看，鍾 A10 和 B9 則只應隸定爲宮曾。加上 A1 和 B1，角－宮曾模式在這組編鍾中出現了 4 次，說它是徵音的偏高似乎不合情理。這裏有兩種可能。其一，宮曾一音確爲當時使用的音級，猶如今日湖南民歌中經常出現的#5 音一樣，作爲旋律中的一種特色音級。關於這一點純粹是一種推測，沒有直接的證據。其二，很可能，這些鍾的側鼓音也非是當時鐘師的設計音級。就是說，當時的鍾師鑄鍾或調音時，出於種種原因，只考慮了各鍾的正鼓音。有關這一點，可有較多的旁證。如仔細觀察上表中這兩組共 20 件紐鍾的正鼓音，鍾師的調音還是比較準確的。當時調音是「以耳齊其聲」，沒有今日的調音儀器。各個音級存有一定的誤差很正常。相比之下，側鼓音的誤差要比正鼓音大一些。如角鍾正鼓音的音差在-25～+16 音分之間，爲 41 音分；其側鼓音同爲宮曾，其音差則在-42～+22 之間，達 64 音分。又如 A、B 兩組編鍾的正鼓音的音列完全是一一對應，一絲不亂。這顯然經過了精心的設計和調試。而側鼓音則是五花八門，差異很大。如 A3 和 B3 鍾的正鼓音同爲羽聲，僅差 21 音分；其側鼓音一爲羽角-24，一爲宮-25，差了整整 101 音分。又如 A4 和 B4 鍾，其正鼓音同爲宮聲，音差僅爲 9 音分。其側鼓音一爲和+37，一爲徵曾+9，差數達到 128 音分。據此可以清楚地看到，當時的鍾師在調音時對側鼓音的確未加太多的注意。統觀全部編鍾，沒有一件鍾的側鼓部有鳳鳥紋之類的側鼓音敲擊點標誌。先秦樂鍾的合瓦形腔體是爲了雙音需要而發明的，這樣造型的樂鍾都可以發出雙音的效果，這和具體在這一組鍾上當時人們是否有意識地使用了它的雙音性能，應該是兩碼事。

如果承認這些側鼓音均爲音階中的正式音級，將其與正鼓音自低向高排列起來，兩組紐鍾分別構成了這樣的音列：

A 組紐鍾音列：3*　5　#5　6*　1　#1⊕　2　3　4　5　6*　1⊕　2⊕　3　#4
#5 6 7⊕

B 組紐鍾音列：3*　5　#5　6*　1　2　#2⊕　3　4　5　6*　#1⊕　#2⊕　3　#4
#5 6*　1⊕

　　從這兩個音列中，可以看出所有注「*」的地方七聲不全。至少自春秋《管子》以來，中國已有了完整的生律法理論，形成了其後 2000 多年的中國特有的樂律學傳統。根據這種先秦沿用至今的音律邏輯，這兩個音列七聲尚且不全，卻先出現了#5、#1、#4 或#5、#2、#1 等距宮音關係甚遠的偏音，顯然不合情理。有意思的是這些偏音恰恰全是編鍾的側鼓音。從這兩個音列中，還可以看出所有注「⊕」的地方 A、B 組音列的不一致。而這種不一致性並不能在音階結構上找到合理的解釋。這些不一致的音級又恰恰全是側鼓音所致。於此我們很難相信，這些紐鍾的側鼓音全都是當時鐘師的設計音高。可以確定，當時新鄭中行 4 號坎編鍾所使用的只有正鼓音的音列，編鍾的側鼓音並不全在調試和使用之列，需要更多的出土材料作進一步研究。這組編鍾的正鼓音音列一方面繼承了西周編鍾「角、徵、羽、宮」四聲骨幹音的舊有傳統；另一方面肯定了商音在音階中的重要地位，完善了五正聲的音律需要。王子初指出 4 號坎編鍾的設計音列應該是：

　　　　羽－宮－角－徵－羽－宮－商－角－羽－商－角－羽

　　筆者對全部新鄭編鍾的音律分析精心作了驗證，得到了與其同樣的結果。這一結果是客觀的。這 11 套早期組合編鍾在音律上的規範，已是顯而易見，它們是否構成了一個相同的體系的問題，也迎刃而解了。

　　新鄭祭祀遺址 4 號坎編鍾在音樂考古學上的意義是十分清楚的：它不僅與 1 號坎及新鄭其餘各坎編鍾一同填補了編鍾發展史上的一段空白，而且，它在這 11 組編鍾之中是最爲精良的，其音樂性能也是最爲可靠的。它可以作爲春秋中期前後編鎛加入組合編鍾的初期，確定無疑地與其他組合成員在音律上也已組成一個整體，而完全不是無機地被懸掛在同一鍾架上而已：它們是被設計爲同時使用、一起來演奏旋律的一套樂器的整體。在這一整體中，編鎛鍾組明顯被用來承擔低音聲區，其正鼓音爲羽－宮－角－徵，與兩組分別用作主要旋律鍾組、位於中、高音區的編紐鍾之音律羽－宮－商－角－羽

一商一角一羽渾然一體。

　　這裏可以這樣來給組合編鍾一個更爲清晰的定義：以不同或相同鍾型的多組編鍾結合爲一有機音律系統的青銅鍾類樂器群。新鄭祭祀遺址出土的 11 套編鍾，是以 4 件編鎛與甲、乙 2 組、共 20 件編紐鍾結合而成的早期組合編鍾，而這 4 件編鎛正是全套組合編鍾低音基礎，也是其「組合」之不可或缺的重要組成部分。

第二節　組合編鍾中鎛的演變

　　如前文所述，河南新鄭鄭韓故城祭祀遺址出土編鍾 11 套，總數達 254 件。這些編鍾均由 24 件、各由一組編鎛 4 件和 2 個 10 件組編紐鍾組合而成（第 17 號坎僅爲 1 組編紐鍾，是特例）。從這一系列發現可以看出，當時青銅組合編鍾的定制已經形成。如果說編鍾早期的組合還沒有規律可言，那麼這一時期的考古發現已表現出驚人的一致性。當然，新鄭編鍾的鍾型較小，組合的規模也並不算大；但是新鄭編鍾以 4 件鎛作爲組合的低音部分，與兩組 10 件音階齊全的紐鍾相配合所構成的穩定的形式，則預示著更高形式的大型組合編鍾時代的到來。大型組合編鍾的形成，中國青銅樂鍾發展史上的高峰；大型組合編鍾形成的契機，其一大標誌，正是編鎛形制的急劇增大。下文所述的許公寧墓鍾鎛中，最大的一件有脊編鎛 M-4：10（b1）重達 28.7 千克，比起新鄭出土的全部 44 件編鎛重量在 2.3～8.5 千克之間的情況，增大了許多倍。

一、許公寧墓鍾鎛的出土

　　2002 年初，一座沒有封土的古墓葬被盜發，河南省平頂山市葉縣文物部門考古工作人員進行了搶救性發掘。該墓被盜嚴重，但仍清理出殘留器物 638 件。所幸墓中放置禮儀樂懸的部分未被盜墓者發現，保留了一批較爲完整的樂器。這批樂器包括編鍾、編磬和瑟 3 種，總數達 50 件上下，可稱是中國音樂考古學上又一次較爲重要的發現。其中最爲引人注目的當數總數達 37 件的大型編鍾，論其規模僅次於曾侯乙編鍾；論其時代，則至少要比曾侯乙編鍾早出百餘年之久；論其鍾型組合，也與曾侯乙編鍾組群大相徑庭。故從學術上來說，這套編鍾有著曾侯乙編鍾所不能替代的價值。可稱是中國音樂考古

學上又一次較為重要的發現。根據編鍾的鍾形，可將全套編鍾分為 5 組。其中甬鍾可分甲、乙兩組，每組 10 件。紐鍾一組，9 件。編鎛兩組：一組為有脊鎛，是帶扉棱和中脊的橢圓體無枚編鎛；另一組無脊鎛，是不帶扉棱和中脊的合瓦體有枚編鎛。每組均為 4 件。

　　許公墓亦即葉縣舊縣鄉 4 號墓。葉縣舊縣鄉舊縣村為春秋之葉城舊址所在地。公元前 524 年，楚國以葉邑分封給著名的楚國令尹兼司馬沈諸梁，賜姓葉，史稱「葉公」。葉公曾經營此地達數十年之久。春秋孔子蒞葉，葉公諸梁問政於孔子。孔子回答「近者悅，遠者來。」意即讓當地的百姓生活得愉快，外地的人民就會來投奔。該墓出土了有銘文的器物 6 件戈，均有「許公」字樣。其中標本 M4：109 銘：「許公寧之用戈」，直書許公之名「寧」，應是許公寧本人所用之戈。可以推斷該墓的主人應該是許國的國君許公寧。史籍記載，許公寧為許昭公錫我之子。昭公於魯宣公十七年（公元前 592 年）卒，許公寧繼位。前 547 年許公寧逝世，諡號為許靈公。他不僅是許國的國君，同時也為許國最高的軍事首領。〔註 8〕

　　許國初都於今河南省許昌市一帶。《左傳・成公二年》（公元前 589 年）載，晉伐宋，楚令尹子重救齊，「五卒盡行，名嬰戎，蔡景公為左，許靈公為右，二君，皆強冠之」。〔註 9〕可知許公寧繼位時年紀尚小。《左傳・成公十四年》（公元前 577 年）載：「八月鄭子罕伐許，敗焉。」杜預注：「為許所敗。」〔註 10〕《詩・鄘風・載馳》有：「許人尤之，眾穉且狂」的說法，〔註 11〕似乎許國一度還比較有影響。後因連年被鄭侵擾，請遷於楚，以為庇護。楚慨允之葉。至成公十八年（公元前 573 年），不得不舉國遷往楚國之葉邑，過上了當楚國附庸的生活。葉於是就成了許國和葉邑的共同治所。歷史上對許之滅國時間一直沒有定論。不少專家都認為許在春秋時已經滅亡，但是《韓非子・飾邪》中卻有「許恃楚而不聽魏，楚攻宋而魏滅許」的記載。韓非子雖然沒有說明許之滅國的具體時間，但其作為戰國時人，其說當有所據。因此，許在戰國早期還存在。

〔註 8〕　王子初：《河南葉縣出土編鍾印象》，《湖南省博物館館刊》2008 年。
〔註 9〕　《左傳・成公二年》，《十三經注疏》，北京，中華書局，1979 年版，第 1915 頁。
〔註 10〕　《左傳・成公十四年》，《十三經注疏》，北京，中華書局，1979 年版，第 1913頁。
〔註 11〕　《詩・鄘風・載馳》，《十三經注疏》，北京，中華書局，1979 年版，第 320 頁。

二、許公墓有脊編鎛

葉縣編鍾中的 2 組編鎛值得注意。其一爲有脊鎛，其二爲無脊鎛。均爲 4 件成組。中國古代年代最早並較爲可靠的青銅鎛中，首推江西新干縣大洋洲出土的渦紋獸面紋鎛，其時代可上溯到殷商晚期。新干鎛僅爲單件，應屬「特鎛」而非編鎛。江西新干鎛的資料表明，鎛這種樂器一出現即帶有扉棱。其後鎛的腔面正中上部沿中軸線進一步被加上了中脊，使其成爲一種「四翼」造型的有脊鎛。一般說來，有脊鎛仍爲早期的鎛，其一直被沿用至春秋。「四翼」的造型，除了極盡豪華之能事之外，對這種樂器的音樂性能來說，卻沒有一點好處。所以一進入春秋，即出現了被去掉了「四翼」的無脊鎛。大約在春秋的中期前後，有脊鎛逐漸爲無脊鎛所替代，直至完全退出了歷史舞臺。

葉縣出土的有脊鎛腔體兩銑微鼓，近于口稍斂。舞面略下凹，舞上置夔鳳合體形透雕繁紐，紐下與夔鳳紋構成的扉棱相接。腔面中脊占腔體上部 2/3，腔體下半部素面。

鎛體兩側置有扉棱，是江西新干鎛極爲重要的特徵之一：在橢圓形舞面長徑的兩端各鑄一透雕蹲鳥，鳥下與實質爲鳥羽尾的分叉圖形（或稱「勾戟狀」或魚尾狀）透雕扉棱相接。可證鳥紋和羽尾分叉形扉棱，均爲早期鎛的重要特徵。初看葉縣有脊鎛繁紐和扉棱的紋飾與新干鎛相去甚遠，但仔細分辨，不難發現兩者紋飾有著相承的內涵。儘管葉縣有脊鎛舞上繁紐的鳳鳥形透雕已經完全抽象化，變形爲與夔龍紋（龍體也可看作爲鳳尾的誇張延伸）融爲一體；但仍可分辨出小方環紐的保留，而分叉鳥羽狀物更是明顯的燕尾紋飾遺迹。（圖 3-4 葉縣有脊鎛）

圖 3-4 葉縣有脊鎛

從紋飾上進一步分析，葉縣鎛上中脊的出現，以及其紋飾由新干鎛鮮明的具象風格到葉縣有脊鎛高度的抽象，反映了兩者之間的距離。顯然，比起新干鎛來，葉縣有脊鎛畢竟有了較大的發展。葉縣鎛的形製紋飾，與以往所見陝西眉縣楊家村窖藏編鎛、扶風法門寺任村窖藏出土的克鎛、寶雞縣太公廟春秋窖穴出土的秦公編鎛，無疑具有更多的接近因素。它們基本的造型已更趨一致，完全可以看作由新干鎛到葉縣有脊鎛之間一脈相承的過渡。眉縣楊家村編鎛的時代一般被認爲在西周中期或後期，其鳳鳥繁紐和四虎扉棱以及鉦中扁鳥形中脊較爲寫實，所描摹的動物形象都能較爲清楚地分辨出來；並且紐和扉棱尚未完全聯綴爲一體，四虎形扉棱與葉縣鎛在造型上有一定差異，故其在時間上要較葉縣鎛爲早。克鎛被認爲爲西周後期的遺物，其蟠夔紋繁紐、側翼（扉棱）夔紋、鉦面的對夔紋及大獸紋面還都基本保留其某種象徵性動物的基本面目。從楊家村窖藏編鎛和克鎛紋飾所體現出來的這種具象風格看，其與新干鎛的親緣關係更爲密切一些。至於秦公鎛，據其銘文，其時代一般認爲爲春秋前期。秦公鎛各部紋飾均出現了不同程度的變形，並加入了一些寫意的、裝飾性的圖案；這種風格，顯然更接近於葉縣鎛。進而相比，還可發現葉縣鎛的紋飾，帶有更強的象徵意味：原來十分寫實的一些動物造型不見了，代之以動物的抽象形貌。仔細觀察這些紋飾，很難準確描摹這些動物造型的結構部位；還出現了較多無寫實意義的裝飾性圖案。葉縣有脊鎛保留了透雕繁紐上原始鳳鳥主題的某些特性，與夔龍紋形成一種龍鳳合體的變形紋飾，紐下與扉棱銜接而聯爲一體，其風格和造型與克鎛基本一致；但其紋飾的抽象特徵和繁複華麗則更接近於秦公鎛。聯繫從新干鎛到葉縣鎛所體現出來的一種由寫實到抽象的紋飾發展趨勢分析，葉縣編鎛產生的時代似乎應與秦公鎛相當或略早，大致應在春秋前期。但如果結合上文對各件有脊鎛音梁發展情形和其調音手法特徵分析，還可以看到葉縣有脊鎛已經顯示出明確的春秋早中期之間的特徵。如各鎛均有音梁設計，但較爲短小；調音銼磨已有一定的規範等。如此，這組編鎛的時代只能與秦公鎛相當或稍晚而不能更早，大約在春秋早中期。

江西新干鎛和湖南較多的這類早期鎛的發現，表明這類鎛的原產地應在湘江、贛江流域越人的文化區域。西周中後期以後，這類有脊鎛爲中原所接受和應用，逐漸成爲周禮樂懸制度的組成部分，其造型和紋飾的風格相應出現了一些變化，這種變化尤其體現在繁紐和扉棱、中脊紋飾的主題方面。如鳥和虎（如眾多的「鳥脊鎛」、「四虎鎛」、「虎飾鎛」等）的主題逐步淡化，

代之以起的是龍鳳的主題，並在最後龍鳳的主題佔據了主導的地位。湖南、上海等地博物館和北京的故宮所藏的「四虎鎛」，應為湘江流域原地的產品，其虎（扉棱）與鳥（中脊）的主題十分寫實；眉縣楊家村窖藏編鎛應爲爲中原吸收後的初期產品，其仍保留了鳥、虎主題，但風格已有所改變。克鎛、秦公鎛和葉縣鎛則已經完全爲中原文化所同化：虎的主題已蕩然無存；越人的虎、鳥的主題已與中原龍鳳觀念合流，扉棱和中脊的紋飾演變爲一種夔龍糾結或夔鳳合體的圖案。由此而論，許公墓鎛的文化屬性體現了鮮明的中原地域文化的特色。

三、許公墓無脊編鎛

　　葉縣無脊鎛的產生時代，一般說來應該要晚於同出的 4 件有脊鎛。但是，如果仔細考察這 4 件編鎛的內部，可以清楚地發現，兩者在音梁結構這一點上，基本上是處在同一水平上。如可將葉縣兩組編鎛的首器作一個有趣的計算：M_4：5（b8）號鎛的音梁長約爲 6 釐米，其與腔體高度（以中長 30 釐米爲準）之比爲 1/5；M_4：10（b1）號鎛的音梁長約爲 8 釐米，其與腔體高度（以中長 40 釐米爲準）之比正好也爲 1/5。兩組編鎛中最大的一件，其音梁長度與腔高之比如此驚人的一致，雖然不排除一定的偶然因素，至少說明了其音梁發育的程度也處在相近的水平上。中國青銅樂鍾的音梁結構由發端至成熟，在各個歷史階段留下了較爲穩定的印記。由兩組編鎛發育程度相近這一事實推斷，它們產生的時代應該相去不會太遠。

　　在這組編鎛的調音銼磨的手法上，也可找到一些時代印記。4 件編鎛的調音體現出一個共同的特點，即其主要的銼磨部位，位於兩銑角、兩正鼓四個位置上。特別是 M_4：9（b9）號和 M_4：7（b5）號較爲清楚。這一點與 4 件有脊鎛所反映出來的情形也是驚人的一致（其中以器 M_4：16（b3）號尤爲典型）。

　　因此，葉縣這兩組編鎛的時代可能稍有先後，但大致相近。如果說，葉縣的有脊鎛的時代在春秋早中期之際的話，那麼無脊鎛的時代應該在春秋中期或稍早。（圖 3-5 葉縣無脊鎛）

　　至於葉縣無脊鎛的文化屬性，無論從其鎛體兩銑弧曲外凸、腔體呈典型的合瓦型，還是從舞面複式繁紐上 8 條龍蟠交錯糾結，舞、篆、鼓均爲風格相同的蟠螭紋等的造型來看，我們從以往中原地區同類的出土物上，不難找到大量相同的參照。而與所見楚式編鍾的風格相比，有著明顯的距離。葉縣無脊鎛在總體上仍應屬於中原文化的產物。

圖 3-5 　葉縣無脊鎛

　　但是，在無脊鎛上所置 36 個螺形枚，則可以肯定它不是中原文化的特色。
螺形枚很可能來自南方越、楚文化的習俗。以往所見較早出現螺形枚的標本，
可推 1978 年河南淅川下寺 1 號墓出土的春秋中期的「敬事天王」（紐）鍾、
1979 年河南淅川下寺 10 號墓出土的春秋中期的瓚鎛和瓚鍾、1923 年河南新鄭
李家樓春秋中晚期的鄭公特鎛、1978 年固始城關出土的春秋晚期的鄱子成周
鎛等。螺是一種南方常見的水生動物，以上各例的出土地、共存物和葬制葬
式等方面，均與楚文化有著較爲密切的關聯。同時，這種枚式上的細微精緻
的變化，也是南方楚人的風格。故葉縣甬鍾的枚式，應是一種楚風的體現，
是南北文化交流的反映。當然，1968 年江蘇的六合程橋 1、2 號墓出土的兩批
編紐鍾和編鎛（春秋晚期）、1984 年丹徒北山頂出土的遷邡鍾鎛（春秋晚期），
以及 1993～1995 年邳州九女墩出土的兩批鍾鎛（戰國早期）均設計有典型的
螺形枚。螺形枚是否與吳文化有所關聯？這種可能性較小。一來這些標本的
時代較以上各例爲晚；二來當時吳國地處蠻荒，雖因最早用鐵，春秋時其兵
器鑄造獨步天下，而樂懸製作則並不發達。因爲仰慕中原禮樂，才有「季札
觀樂」的故事。據研究，遷邡鍾鎛實際上也並非爲吳器，而是徐器。楚國的鍾
磬樂器製造業，很早就聞名於列國。今天所見的著名楚器，鑄工精良，造型
穩定，手法成熟，如楚公逆鍾、楚公豪鍾等，均早出現於西周。可見楚的樂懸
鑄造業不僅起步很早，而且水平不在宗周之下。故關於編鍾上螺形枚的來源，
更可能在於楚。螺形枚出現於春秋中期，這也是許公墓無脊鎛的產生時代不
能早於春秋中期的重要證據。

四、許公墓編鍾的音律分析

據初步的研究，葉縣的這 5 組編鍾，在簨簴上可能分作 3 層懸掛。即參考曾侯乙編鍾的編列和分組情況，葉縣編鍾的最上層，應該是 9 件紐編鍾的位置；其中層為兩組甬編鍾；下層的位置，已非兩組編鎛莫屬。編鍾群中，兩組編鎛音質不佳，音高含混。尤其是一組無脊編鎛，胎體極薄，若非其腔體于口內存有那些粗糙的調音銼磨遺痕的話，把它們看作明器已是順理成章。實質上這 4 件編鎛由於胎體過薄，已經難以發出比較清晰的基頻音高。所以在這裏，兩組編鎛的音階性能暫不作討論，僅能參考這些編鎛大致所處的音域。總體來說，全套編鍾的保存情況尚好，多數鍾仍能很好地發音。特別是兩組甬鍾和一組紐鍾，發音清晰，音色較好，正、側鼓音關係準確，是工藝水平較高的雙音編鍾佳作。測音結果也表明，這幾組編鍾均按音高排列，構成獨具特色的五聲、六聲及七聲音階；因而毋庸置疑，葉縣這套編鍾不是明器，而是當時用於宮廷禮儀樂舞的實用之器。

今根據許公墓編鍾群的測音結果，並通過我們現場耳測所獲得的印象，就其中的甲、乙兩組甬鍾和一組紐鍾的音列關係作初步的分析。這些編鍾中的絕大多數鍾的雙音性能是無可懷疑的。所以，其每一件單鍾均有正鼓音和側鼓音兩個音。其音列可用現代簡譜形式表示如下：

甲組甬鍾的音列（10 件；A＝5，1234567 七聲）

序號：	(1)	(2)	(3)	(4)	(5)	(6)	(7)	(8)	(9)	(10)
音列：	★	★								
側鼓音	3	3	5	1	3	5	7	1	6	1
正鼓音	6	1	3↓	6	2↑	3	5	6	4	7

乙組甬鍾的音列（10 件；A＝5，123#4567 七聲）

序號：	(1)	(2)	(3)	(4)	(5)	(6)	(7)	(8)	(9)	(10)
側鼓音：	1	#4	5	7	1	5↑	1	5↓	5	7 (1)
正鼓音：	6	1	3	5	6	3	6	2	3	6

紐鍾的音列（9 件；A＝4，123#4↓56　b7 七聲）

序號：	(1)	(2)	(3)	(4)	(5)	(6)	(7)	(8)	(9)
側鼓音：	5	啞	1	啞	3	b7	b3	#4↓	b7
正鼓音：	3	啞	6	啞	1	5	1	2	5

注：有「★」號者于口內未發現有調音銼磨遺痕；「↑」表示比所示音位稍偏低。

從現場考察時的耳測結果來看，已可發現這套編鍾的音位和音階組合有其鮮明的特點。

其一、這套編鍾音域寬廣。兩組保存較好的甬鍾，其音位從小字組的「b」至小字四組的「d⁴」，超出三個八度。如果考慮到低音部兩組編鎛的音響，全套鍾群的總音域應超過四個八度。

其二、兩組甬鍾的相對音位排列不同，構成的音階不同。甲組甬鍾從 1 號至 10 號的正鼓音和側鼓音依次爲：b-e¹、d¹-f¹、#f-a¹、b¹-d²、e²-#f²、#f²-a²、a²-↓#c³、b²-↓d³、g³-↓b³、c⁴-d⁴；乙組甬鍾從 1 號至 10 號的正鼓音和側鼓音依次爲：b-d¹、↑d¹-g¹、↓#f-a¹、a¹-#c²、b¹-d²、#f²-a²、↑b²-d³、e³-a³、#f³-a³、b³-↓d⁴。甲組鍾的音高構成了以 sol 爲 a¹（1=D）的「la do re mi sol la」五聲音階、「do re mi sol la si do」六聲音階以及「fa la ᵇsi do」四音列；乙組鍾的音高構成以 sol 爲 a¹（1=D）的「la do mi fa sol la」五聲音階、「la si do mi sol la」六聲音階以及「do re mi sol la do」五聲音階。

其三、紐鍾組中有兩個鍾已破裂音啞，其音位依次爲：g-b¹、已啞、#c²-f²、已啞、e²-g²、b²-d³、↓e³-g³、f³-a³、b³-↓d³，如果仍以 sol 爲 a¹，則不能構成任何常用音階，但其後一段音可構成以 re 爲 a¹（1=G）的「(la do) mi sol la ᵇsi do re mi」的六聲音階。說明在這套編鍾上存在兩種調高的現象。

更有趣的是，這三組鍾橫向孤立起來聽都不構成七聲，若縱向結合起來，則在每個八度區各至少構成一個完整的七聲音階。

用這些編鍾演奏七聲音階構成的樂曲，要求兩名演奏者左右配合，上下顧及。這種音階排列與曾侯乙編鍾各組鍾的音位排列的情形，顯然有著異曲同工之妙。在曾侯乙墓出土的編磬上超出兩個八度的音域中，上下兩排各自均難以構成常用七聲音階；但如果將上下兩排編磬相結合演奏，則其可獲得每一個八度中十二律俱全的效果，還可轉到其它的調上去。許公墓編鍾的甬鍾和紐鍾音位的構成，似與今天的演奏者的音列理念存有較大的差異，這可能涉及到古代的音列音階的使用問題。古代成編樂器的特殊演奏方法等問題，值得進一步探討。但從上表中反映出來的各組綜合構成完整音階，體現了其相輔相成，相得益彰的特點，已足以引起我們的重視。另外，前面提到紐鍾在另一個調高構成六聲音階，是否可以認爲是古人在「樂懸」這種特殊的樂器上對旋宮的運用或探索，體現出向曾侯乙成編樂器繁複的音律體系跨進的一種前奏？值得作進一步的思考。

　　許公墓出土的兩組編鎛中的一組，帶有扉棱和中脊，造型紋飾具有鮮明的中原地區的風格。如與陝西眉縣楊家村出土的編鎛、陝西秦公大墓出土的秦公編鎛一脈相承；並追根溯源，不難找到它與江西新干特鎛所具有的明顯的同源關係，從而可以看出鎛這種禮樂重器比較清楚的發展脈絡。而從兩組編鎛中的另一組，即不帶扉棱和中脊的鎛，以及同墓出土的甬編鍾和紐編鍾的造型紋飾，不僅可以從中看到西周以來中原文化的強勢傳統，而於其細微之處也不難找出春秋時期南方楚文化的深刻影響。

　　又如葉縣的這組紐編鍾，不僅其 9 件成組，是中原地區常見的編組形式，其基本的造型和紋飾特徵，也在一定程度上保留了中原地區的特點；但在總體上，已經成為楚式紐鍾常見的式樣。據河南省文博界的一些專家分析，墓中與這批規模龐大的樂器同時出土的，還有鼎、甗、簠等青銅禮器，戈、矛、戟等兵器，馬銜、車軎等車馬器，體現了此墓的規格之高，其墓主的身份似非諸侯莫屬。值得注意的是，這些共存物中不乏一些南方的楚器，如楚式的鼎等。總結上文有關的分析，葉縣出土的編鍾上也存在一定的楚風影響，從中不難看到當時楚國文化的強大勢力。這在今天來研究舊縣 4 號墓及其墓主的身份和文化屬性時，必須要加以關注的問題。同時，這些編鍾雖然在造型上存在著較大的差異，目前也沒有可靠的依據證明這些組編鍾是同時同地一次設計鑄造完成的；但是，綜合以上我們觀察到的迹象表明，實際上它們相距的時代並不遠，是在春秋早中期前後相繼完成的作品。

　　春秋早中期前後的許國，中原文化應該還是其主流。所以葉縣出土的這些編鍾樂器，所體現出來的風格，主要還是屬於中原文化的範圍。許遷楚之後，明顯受到了楚國音樂的影響，同時還兼用了自春秋時期以來被少數諸侯國如秦、齊等國使用的四扉棱銅編鎛，從而使這套鍾、鎛組合更為複雜化，種類亦更為齊全。這種樂器組合形式，為以往的考古資料所未見聞，是截止目前為止國內出土的種類最全的東周時期青銅樂器組合形式。就其數量而言，僅次於戰國早期湖北隨州曾侯乙墓的 65 件編鍾與編鎛。特別是其中的四扉棱編鎛，具有西周晚期至春秋早期的古樸特徵，對於研究我國古代音樂發展及青銅樂器的鑄造技術，都具有十分重要的價值。對研究我國古代南北文化的交流、碰撞、結合、融會，具有十分重要的意義。這不僅表明作為楚國「方城之外」要塞的葉縣處於南北文化的結合部位，同時也反映了它在我國古代南北文化交流融合過程中的橋梁作用。因此，許公寧墓堪是南北文化合

璧的典範。許國的文化屬性，可以說是「中原爲體，楚風爲用」。

該墓葬出土的多件文物被鑒定爲用失蠟法工藝鑄造。特別是磬架上用作懸掛編磬的銅人俑，可能把我國現在確認的失蠟法鑄造工藝的歷史提前到許公寧即位前後，部分青銅器含錫量超過一般的想像，加之同時出土的鐵器等，對研究我國古代的冶金史具有重要的價值。

五、大型組合編鍾中的編鎛

許公墓出土的龐大青銅樂鍾群，反映了一種前所未見的鍾型的組合，爲研究春秋時代的樂懸制度的演變和大型組合編鍾的形式，提供了一個極爲難得的實例。這套編鍾的出現，肯定會給學術界提出一些新的問題。如春秋中晚期，西周以來的禮樂制度的演化、孔子所感歎的「禮崩樂壞」，是怎樣的一個由量變到質變的過程？史書的記載，往往是重「道」而輕「器」，涉及到具體技術問題，多爲語焉不詳。而在這些樂器上，我們從它的外觀造型，它的紋飾風格，它的內在的形制結構，它的調音手法和音律音階，以及它的每一個實實在在的細微之處，不難感覺到它到處在透散著這種歷史信息。

許公墓編鍾的一個顯著特點，即包含有兩種不同風格的編鎛的組合：一組是兩側帶扉棱和前後帶中脊、呈「四翼」形的橢圓體有脊鎛；另一組是不帶扉棱和中脊的合瓦形體有枚無脊鎛。這種現象是前所未見的。特別是兩者都是 4 件成組，很值得深思。許公墓出土的兩組編鎛，對於中國青銅樂鍾發展史的研究還有著不可替代的意義。

春秋以往紐鍾的出現，爲其後中國青銅編鍾向大型組合化的方向發展，提供了重要的條件。上文已述，編鎛 4 件成組，是春秋中期中原地區，特別是鄭國一帶的突出現象。尤其應該注意的是，新鄭出土的編鍾中，作爲全套編鍾的低音部的編鎛，恰恰均爲 4 件成組。其 11 套編鍾，無一例外。這當然不可能是巧合，引人深思。新鄭出土的這些編鍾，可以看作爲編鍾向大型組合化方向發展的鼎盛。

中國青銅編鍾向大型組合化的方向發展，其標誌正是編鎛的加入。新鄭出土的每套編鍾，其中紐編鍾以其優良的旋律性能，擔任了編鍾組合中的旋律鍾組；但是紐鍾體小而音高，位於鍾組的中高音區；單用紐鍾演奏音樂，雖旋律清晰動聽，卻明顯有音樂單薄之感。而編鎛的旋律性能雖然一般，但其發音洪亮深沉，餘音綿長。編鎛的加入，正與紐鍾長短互補，相得益彰。

達到了所謂「洋洋乎，盈耳哉！」的豐富效果。新鄭編鍾的時代，大致在春秋中期前後。其中較早的可達春秋中期的前段。相比之下，葉縣出土的編鍾，五組薈萃，紐鍾、甬鍾、編鎛齊全，總數 37 件單鍾的宏大規模；顯然在中國青銅編鍾向大型組合化方向的發展上，比新鄭編鍾的規格更高。葉縣出土的 5 組編鍾，不一定是同時完成的作品，它應該是在春秋早中期前後數次增擴而成。

　　新鄭編紐鍾爲主要的旋律鍾組，一般均分爲 2 組，每組各 10 件。兩組編鍾的形制兩兩相對，音列基本重複。葉縣出土的這兩套編鎛，與新鄭出土的編鍾有明顯的同源關係。如編鎛同是 4 件成組，用作鍾群的低音部分，與旋律編鍾相配。又如用作旋律主體的編鍾均爲兩組相配，二二相對，音列大體重複，且每組旋律編鍾均同爲 10 件等。

　　不過，許公墓編鍾群的鍾型組合，要比新鄭編鍾複雜得多，形式上也有較大的區別。特別是這套編鍾出現了一個新的因素。新鄭 11 套編鍾均用紐鍾爲旋律編鍾；而許公墓編鍾則以甬鍾爲旋律鍾，這是西周以後首見的情形。以編紐鍾爲主要的旋律鍾組，這是春秋早期（或西周末期）以來，由於紐鍾造價較低廉、旋律性能較好而形成的一種流行趨勢。許公墓編鍾群則以甬編鍾爲主要的旋律鍾組，這一點值得注意：以甬編鍾演奏旋律，本來就是西周的傳統；但由於政治因素的制約，西周甬編鍾因戒用商音政治因素，導致五聲缺商而音律不全，所以西周的甬編鍾實質上並非成爲很好的旋律樂器。甬編鍾作爲當時樂懸的主體，在社會上所起的作用似乎主要不在於音樂藝術，而更在於政治禮制。至戰國早期著名的曾侯乙編鍾出現，甬鍾又成爲主要的旋律鍾組，而同出的編紐鍾則降格爲輔助鍾組（一說爲律鍾——用於定律所用的鍾）；處於其前的許公墓編鍾以甬編鍾爲主要的旋律鍾組的現象，是否可看作是其前兆？從編鍾的物理性能著眼，甬鍾的確有著比紐鍾更好的音樂音響性能。但是，由於甬編鍾的技術含量較高，工藝複雜，用金（銅）量較大而造價極高；故從大量考古發現的編鍾的實際現狀分析，東周時期也是紐編鍾的流行更爲廣泛。許公墓編鍾群中，也配置了一組紐鍾。從對其測音研究的結果判斷，其無疑同爲這一鍾群的旋律鍾組之一，而且事實上它的旋律性能也不錯；但與兩組甬編鍾相比，不僅從數量上也已可看出其從屬的地位，另從其音樂音響的性能來看，與 2 組甬編鍾也有著很大的差距。即 2 組甬編鍾爲整個鍾群音域的中音區，而這組紐鍾則主要爲鍾群音域的高音部分。許

公墓編鍾中所包含有兩種不同風格的編鎛的組合，為以上 3 組旋律鍾的低音支持。許公墓出土的兩組編鎛，對於中國青銅樂鍾發展史的研究還有著不可替代的意義。

以此觀之，作為中國青銅樂鍾頂峰之作的曾侯乙編鍾（約公元前 433 年），其在樂鍾編組方面的一些重要認識和音樂學上的先進觀念，早在約百餘年前的春秋中期（鍾群最後形成的時間）已經產生，並活生生地體現在葉縣出土的這個編鍾群上。

第四章　必然的衰落

第一節　楚地的繁榮

　　進入戰國以來，隨著周王室日漸衰微，「禮崩樂壞」的趨勢越加明顯。隨著禮樂制度規範的突破與瓦解，青銅樂懸不再具有嚴謹的製作規範與使用標準。各國在紛亂之中仍然使用有限的資源享用著鐘鳴鼎食所帶來的短暫愉悅，所以從目前的考古發現可以知道，這一時期的青銅編鐘雖然還保留著一定的編配規範，但其內在的音樂性能已流露出明顯的頹敗之勢。難能可貴的是，此時的楚文化依然保持著強勁的發展勢態，受其影響，編鐘也體現出濃厚的楚文化色彩。

　　這一時期的楚國正是處於最為強盛的階段，表現在禮樂層面，就是出現了中國歷史上品質最為優異、數量最多的金石樂懸。迄今為止，以曾侯乙墓出土編鐘為代表的青銅樂器，代表了禮樂文化的發展巔峰，也體現出這一時期楚文化的極度繁盛。但從另外一個角度分析，正是這種繁盛推動了鎛的快速衰落。因其音樂性能與甬鐘、紐鐘相比較，存在著先天的缺陷。所以，在這樣一個金石之樂的鼎盛時期，鎛的命運出現了轉折。以下將從眾多的楚鎛之中，選取蔡侯編鎛與後川編鎛為例，進一步探索其衰落的原因。

一、蔡侯編鎛

　　蔡侯墓 1955 年 5、6 月間發現於壽縣城牆修復工程中。墓中的隨葬品非常豐富，其中包括大批銅器，還有金、玉、石、水晶、骨、貝、漆器等；按

用途可分為禮容器、車馬器、兵器、裝飾品、生活用具和樂器。所出樂器大多殘破，計有：編鎛8件，編甬鍾12件，編紐鍾9件，錞于1件，鉦1件，車馬器中出有銅鈴。另有較多殘鍾碎片，無法計數，其中已清理出有銘文的47片，並發現其間有吳王光編鍾。該墓的葬制及規模與河南汲縣山彪鎮、輝縣琉璃閣戰國墓相當，所出編鍾、環底鼎、兵器、車馬器等也與二地所出相仿；但有些器物，如平底帶蓋鼎、三足敦、豆類等，則與李三孤堆出土的楚器相似。在鍾、鼎、簋、戈等一些銅器上都有「蔡侯」字樣的銘文表明，墓主應為蔡國的國君。郭沫若認為蔡侯墓應是蔡聲侯（前471～前456）之墓，時代在戰國早期。但多數學者則認為是蔡昭侯（前518～前490）之墓，時代在春秋晚期。

　　該墓為一座近正方形的豎井土坑墓，沒有墓道。墓主人頭北足南。坑底東南角可能有一殉人。墓坑北部放置樂器和禮器。這部分資料由民工掘出，據其中一位民工回憶，墓葬東面整齊放置著2排甬鍾。2排甬鍾的西南部放置有2組編鍾和編鎛。已知出土的編鍾共29件，其中甬鍾12件，紐鍾9件，鎛8件。此外，報告的樂器一欄中還介紹有殘鍾片。

　　墓中還另出土有1件錞于和1件鉦。因墓中出土銅器的銘文上多有蔡侯字樣，因此可以確定該墓是蔡侯之墓，其時代暫定在春秋晚期，或者公元前5世紀前半期。儘管此鍾為蔡侯鍾，但由於歷史上楚與蔡的特殊關係，以及這批編鍾，尤其是紐鍾，帶有十分明顯的楚文化因素。

　　4件編鎛中1、2號鎛保存情況較差，完全破碎（已經修復），3、4號鎛完好。青銅鑄製，工藝精良。平舞，舞面置復式繁紐，紐為蟠螭糾結而成。腔體合瓦形，于口平齊。有內唇，腔內四側鼓處可見清楚的長條形音梁，自于口向舞底延展，末端呈弧形。腔體兩面紋飾相同，鼓、舞、篆為蟠螭紋，枚作四瓣雲紋。1、4號鎛無調音銼磨痕，內唇基本完整。2、3號鎛的調音銼磨痕清楚，內唇在調音時被銼磨殆盡，銼磨部位主要位於兩正鼓、兩銑角，調音手法十分規範。

　　蔡侯墓出土的編鍾形制多樣，甬鍾、紐鍾和鎛三種樂鍾形式齊備，已經是編鍾發展高級階段的產物。而且同出的還有錞于與鉦各一件，這樣齊備青銅樂器的組合形式是較為少見的，這與其所處的地理位置與時代具有一定關係。蔡國原為姬姓諸侯，是武王五弟的封國，轄地在今河南鄭州一帶。後蔡

國二度受封，成王以胡姓奉蔡叔之祀，都城也遷往上蔡。春秋以後，隨著鄭國與楚國的崛起，居於二者之間的蔡國受到兩者的影響巨大。特別是公元前531年蔡靈侯被殺以後，蔡國逐漸淪爲楚國的附庸。公元前493年蔡昭侯遷都下蔡，就是蔡侯墓所在的安徽壽縣一帶，已經完全處於楚國的勢力範圍之內了。從蔡侯墓可以看出，器物的形製紋飾與組合關係帶有鮮明的楚文化特點。僅從樂器而言，鍾、鎛的製作工藝都十分精良，紋飾繁複，調音過程甚是細緻。加上錞于與鉦，構成了大型的青銅樂器組合。僅從類型構成的角度分析，蔡侯編鍾組合已經達到了最高級的階段。

錞于與鉦作爲非定音樂器，進入正式的禮樂組合年代較晚。從考古發現兩塊，西周的禮制也不將作禮器看待。在文獻中，鉦的記述較爲多樣，而錞于這一源於西南的器物，在《淮南子・兵略》中有「鼓錞相望」一說，表明了其早期確實多起到了戰爭信號器的作用。進入禮樂組合，實爲楚文化對其的吸收應用。直至漢代，錞于與鉦仍然可以在青銅樂器的組合之中見到，說明了楚文化在國家滅亡之後仍然具有強大的生命力。

二、後川編鎛

後川編鎛1957年出土於河南陝縣後川2040墓，墓葬情況較好，出土器物達1656件。墓葬的年代有春秋〔註1〕、戰國〔註2〕兩種觀點，從墓室的埋葬情況和器物的特點來看，持戰國觀點的可信度較高。墓中出土樂器有鎛9件、甬鍾20件以及石磬10件。

編鎛形制相同、大小相次，鎛身呈扁圓筒狀，兩側起棱。于口內凹呈弧形，兩銑角尖。甬圓筒形，有旋有幹，舞面平呈橢圓形。鍾前後兩面共有螺形短枚36枚。甬、旋、舞均飾寬帶狀蟠螭紋；篆間飾小蟠螭紋；鼓部飾由蟠螭組成的獸面紋。鉦間、幹、衡均平素無紋飾。編鎛腔體內壁均可見4個長條形音梁，說明此組鎛爲實用器的可能性較大。出土時，2號鎛因裂損難以測得音高，9號鎛側鼓音音高不明確，其餘各鎛音高比較明晰。（圖4-1後川脊鎛）

編鎛的測音數據見下表：

〔註1〕黃河水庫考古工作隊：《1957年河南陝縣發掘簡報》，《考古通訊》1958年第11期。
〔註2〕王世民：《陝縣後川2040號墓的年代問題》，《考古》1959年第5期。

表格 43　後川 2040 號墓編鎛測音數據

序號	1	2	3	4	5	6	7	8	9
音高	正 g^1+22 側 $^{\#}a^1$-6	裂	正 c^2-35 側 $^{\#}d^2$+18	正 d^2-45 側 f^2-10	正 e^2-1 側 g^2+10	正 a^2+25 側 c^3+48	正 $^{\#}d^3$-19 側 f^3+29	正 a^3+44 側 b^3-3	正 f^4-28 側無

單位：音分

表格 44　後川 2040 號墓編磬測音數據

序號	1	2	3	4	5	6	7	8	9	10
音高	$^{b}b^1$+56	d^2+29	f^2+77	破損	$^{b}b^2$-24	c^3+66	d^3+41	f^6+74	g^3+31	$^{b}b^3$+80

單位：音分

　　後川編鎛的正鼓音音列為徵—□—宮—角—羽—商—羽—角，是比較規範的五聲音列。而側鼓音的情況比較複雜，大多不在五聲之列，僅有第五、第六兩件的側鼓音為徵與宮。考慮到這一組編鎛的保存情況不好，出現一定音高誤差的可能性比較大，所以編鎛整體音列的音階結構如何尚難以確定。從正側鼓音的關係來看，呈小三度疊置的有 5 件，大二度疊置的有 2 件，其餘關係不明。這樣的正側鼓音程，既不符合繁盛時期楚國編鍾的「輔曾關係」，也不與後世在一個八度內排列調式音階的相合，加之這一時期對鎛側鼓音的使用情況缺乏明確記載，所以判斷其音列是比較困難的。此外，從商周青銅鎛的聲學性能來看，其側鼓音大多發音不佳，獨立性較差，音色也不是非常完美，時人是否使用了鎛的側鼓音尚不能確定。因此，其音列為單一調式的五聲結構是可能性較大。

　　從音列結構的角度來看，這一時期楚地的編鎛已經不具有曾侯乙編鍾的藝術水平。雖然，後川編鍾與蔡侯編鍾一樣，都是由 29 件樂鍾構成，輔以 10 件編磬構成規模較大的金石樂隊。但不能否認的是，無論是從編鍾構成的種類方面，還是音列的結構方面，都已經不可避免的走向了衰落階段。

圖 4-1　後川脊鎛

第二節　走出樂壇與祭壇

　　自殷商時期鎛的首次出現，到春秋戰國之際鎛的興盛，在六、七百年中鎛逐步由一個偶見於湘贛的地域性器物，發展至青銅樂懸的重要組成部分，並隨著周禮而頒於天下。這一現象的背後，除了禮樂的象徵意義作主導外，鎛音樂表現能力的逐步增強也起到了非常重要的作用。但是到了戰國時期，鎛天生的缺陷與世事的動蕩使其逐漸淡出禮樂的視野。

一、衰落是由自身特點使然

　　春秋晚期以來，隨著諸侯國國力的增強，周王室已名存實亡。劉向在《戰國策》序言中講到：

> 萬乘之國七，千乘之國五，敵侔爭權，盡爲戰國，貪饕無恥，競進無厭，國異政教，各自制斷，上無天子，下無方伯，力攻爭強，勝者爲右，兵革不休，詐僞並起。〔註3〕

隨著大量諸侯國的興起，各國不再遵周爲號令，而是逐步脫離周王室的控制，走向稱霸一方的道路。在這樣的政治環境下，西周以來建立的禮樂制度不在具有以往的約束力量，而是成爲「天子微，諸侯僭，大夫強，諸侯脅」所要邁過的第一道圍欄。對禮樂制度的突破已經變成一種常態，作爲其物化形式的金石樂懸也成爲各國彰實力與強權的象徵。據《呂氏春秋》記載，「國彌大，家彌厚，葬亦厚。含珠鱗施，夫玩好貨寶，鍾鼎壺濫，輿馬衣被戈劍，不可勝其數。諸養生之具無不從者。」〔註4〕

　　從考古發現來看，這一時期的青銅器鑄造主體不在是周王室與王臣，而是多由各諸侯國自己製造。不僅晉、楚、齊、魯、吳、越、秦等大的諸侯國鑄器，從《兩周金文辭大系圖錄考釋》來看，許多小國如徐、江、黃、莒、郜、鄧、蔡、許、陳、滕、薛、邾、邦、杞、祝、戴、蘇、虢、虞等也自造禮器。〔註5〕從前文所述同樣可以看出，在鎛興盛之時，卻鮮見於周王畿一帶，而遍及各地。進入戰國以後，這一現象更加明顯，而且隨著明器的大量出現，鎛的樂器角色逐漸喪失，如同其它青銅禮器一樣的徒具象徵意義。

〔註3〕劉向〔漢〕：《戰國策》，上海古籍出版社，1985年版。
〔註4〕張雙棣：《呂氏春秋譯注疏》，長春，吉林文史出版社，1987年版，第267頁。
〔註5〕杜廼松：《中國青銅器發展史》，北京，紫禁城出版社，1995年版，第65頁。

　　從鎛的聲學性能來看，形制的特點決定了其衰落的必然性。

　　縱觀商周以來鎛的發展歷程，其地位的轉變是與其聲學性能息息相關的。早期鎛，特別是湘贛一帶的南方鎛基本上是單件出現，僅見的新干大洋洲鎛與鐃的組合也不見有序的音律關係。如果僅僅是作爲特鎛使用，或只是作爲追求發聲宏大悠長的響器，早期銅鎛的形制無疑是符合這一要求的。這一時期的鎛多見橢圓或圓角方形腔體結構，在目前所見的南方鎛中，大多具有這樣的形制特點。從本文第一章表 4 中可以看到，南方早期的 17 件鎛中，有 10 件可以確定爲橢圓或圓角方形結構，這與後期的編鎛多爲合瓦形形成強烈的對比。單件使用與非合瓦形的特點決定了其在音樂活動中的角色，即主要作製造聲勢與加強節奏之用，正如《儀禮·大射儀》所注：「鎛如鍾而大，奏樂以鼓鎛爲節。」〔註6〕

　　在北方引入銅鎛之初，雖然被賦予了更多的音樂表現內涵，但橢圓形與圓角方形腔體仍然成爲鎛之首選。但是在眉縣楊家村鎛與克鎛爲代表的西周鎛之後，這種非合瓦形腔體的鎛極爲少見，僅有秦公鎛與葉縣編鎛等特例出現。導致這一現象的根本原因在於鎛作用的改變。西周中期之後，中原在對鎛吸收引入的過程中施以編組化改造，更加注重鎛的音樂表現能力，形成多件成編的組合形式。在此基礎上，將成組的編鎛與甬鍾、紐鍾結合在一起，納入大型組合編鍾的基本構成之中。雖然旋律性能與音樂能力的加強對鎛而言存在著歷史的必然性，並在相當程度上推動了鎛的發展。但是，隨著鎛旋律性能的增強，其與甬鍾的同質化特徵也越來越明顯地表露出來，相對於甬鍾的音樂表現能力，鎛的優勢不復存在。只要將甬鍾的體積增大，就基本可以替代鎛的作用，鎛大有被甬鍾取代的趨勢，從春秋戰國之際的考古發現也可以證明這一特點。

　　在筆者對青銅樂器的實地考察過程中，注意到鎛與甬鍾、紐鍾在音樂性能方面形成明顯的差異。製作精良、保存完好的甬鍾與紐鍾音色純正、音高明確、正鼓部與側鼓部隔離度較好，而鎛的聲學性能與之相較明顯稍遜一籌。例如 2007 年 4 月赴廣東進行音樂文物調查的過程中，曾爲上百件樂器進行測音工作，其中的一件甬鍾（廣東省博物館甲 1704）與一件鎛（廣州市博物館3.123）在音高、音色等方面形成了鮮明的對比。

〔註6〕　《儀禮注疏》，《十三經注疏》，北京，中華書局，1980 年版，第 1028 頁。

圖 4-2 廣東省博物館甲 1704 號甬鍾頻譜圖

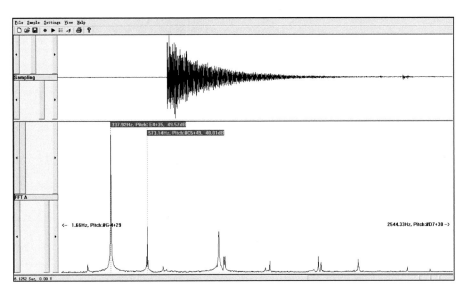

圖 4-3 廣州市博物館 3.123 號鎛頻譜圖

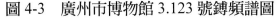

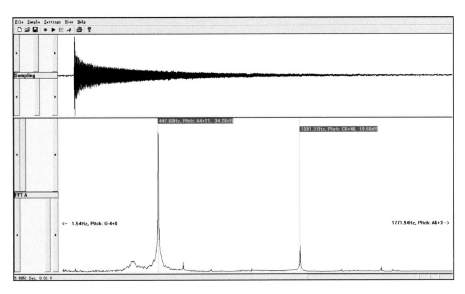

　　從上述兩個圖例中可以清晰地看出，甬鍾的基頻突出、音高明確、音色純正。而鎛則具有兩個以上的主要主要頻率，且各頻率之間的關係既非正、側鼓的三度音程，也非基頻的諧波振動。這些頻率相互干擾，形成振動的疊加與衰減，造成其聲音嘈雜、音高不明確的聲學特性。同樣是因為鎛渾圓的腔體，使其餘音悠長、混響漫漶，在大型樂隊中無法演奏連續進行的旋律，

其編組存在的意義與甬鍾相較已蕩然無存，這就注定了鎛必然會走上一條衰亡的道路。

從南方早期的特鎛到西周中期 3 件一組的編鎛，再到春秋時期以 4 件、8 件為代表的組合形式，以至太原趙卿墓 19 件成編的大型組合，鎛一度繁盛的背後是其音樂性能的逐步改善。但是到春秋末年以後，鎛逐漸淡出樂懸之外，以曾侯乙編鍾為代表的大型組合編鍾形式是金石之樂的頂峰之作，而其中僅剩一隻楚王所贈之鎛孤零零地懸於下層。從鎛由簡入繁、又由盛到衰的過程可以看出，是音樂表現的需要將其推上歷史的巔峰，又是因為鎛不能再適應這一要求而走下歷史舞臺，這一過程是由鎛的形制結構所注定的必然結果。

二、歷史發展的必然性

戰國以來，鎛的衰退最早不是體現於數量的減少，而是質量的下降。雖然這一時期鎛的數量仍達 161 件，但大量明器的出現使其基本喪失了樂器的內涵，而僅僅作為具有象徵意義的禮器存在。鎛的衰落一方面是受其音樂性能的局限，另一方面則是源於歷史發展的必然。鄭樵在論及上古禮樂時云：

> 古之達禮三，一曰燕、二曰享、三曰祀。所謂吉、凶、軍、賓、嘉
> 皆主此三者以成禮。古之達樂三，一曰風、二曰雅、三曰頌。所謂
> 金、石、絲、竹、匏、土、革、木、皆主此三者以成樂。禮樂相須
> 以為用，禮非樂不行，樂非禮不舉。〔註7〕

在戰國時期，禮樂制度幾被破壞得毫無約束可言。作為禮樂制度的有聲部分——金石之樂，更是使用的隨意而泛濫。僅以喪禮而言，用器規模與規格成為首要之追求，而器物的內涵是否能夠與規格相符反退居其次了。這樣一來，更加劇了鎛的衰亡，從考古發現中可以清晰地看到這一特點。

進入戰國中期以後，關於鎛的考古發現迅速減少，鎛的形制變得日漸簡化，與其他青銅樂鍾的組合方式也變得無序起來。考古發現的戰國中後期鎛往往徒有其表，音樂表現的能力不再那麼重要，明器與陶製鎛的出現更是說明了這點。這一時期較重要僅有章丘女郎山編鎛、公孫朝子編鎛、涉縣北關 1 號墓編鎛、易縣燕下都 30 號墓陶編鎛等寥寥數起。其中僅齊魯一帶還有銅鎛出現，但已不具興盛時期之風貌。公孫朝子編鎛的腔體變得更加圓鼓、銑棱弧曲外凸、枚呈圓泡狀，這與 1999 年出土於章丘的洛莊漢墓編鍾的形紋特徵

〔註7〕鄭樵〔宋〕：《通志》卷四十九，北京，中華書局，1987 年版，第 625 頁。

十分相似，體現了一脈相承的特點。而章丘女郎山編鎛與稍早的陽信西北村編鎛則走得更遠，除于口平齊外，已難覓早中期鎛之遺影，將其命名爲鎛也僅據於此。〔註8〕雖然，這些考古資料所體現的禮樂文化遺留可以用齊魯地區「崇禮尊孔」，以及「周禮盡在魯」與「周禮在齊」〔註9〕的觀點作爲解釋，但也有學者認爲，齊、魯與周王室的親緣關係也發揮了重要的影響。〔註10〕除此以外，其它地區鎛的發現零散而無序，具體分佈見下表：

表格45　春秋末至戰國鎛統計簡表

器　名	年　代	出　土　地	數　量
鴻山邱承墩瓷編鎛	春秋末戰國初	江蘇	11
鴻山老虎墩瓷編鎛	春秋末戰國初	江蘇	13
鴻山老虎墩陶編鎛	春秋末戰國初	江蘇	15
鴻山萬家墳陶編鎛	春秋末戰國初	江蘇	16
賀縣桂嶺鎛	戰國	廣西	1
新鄭有枚鎛	戰國	河南	1
洛陽解放路編鎛	戰國	河南	4
新鄭無枚編鎛	戰國	河南	4
潞城潞河 7 號墓編鎛	戰國	山西	4
茂縣牟托鎛	戰國	四川	4
後川 2040 墓編鎛	戰國	河南	9
龍紐蟠螭紋鎛	戰國	湖南	1
蟠螭紋鎛	戰國	湖南	1
變形夔紋鍾（鎛）	戰國	不詳	1
蟠虺紋鎛	戰國	不詳	1
六安城西窯廠 2 號墓陶編鎛	戰國早期	安徽	5
陽信西北村編鎛	戰國早期	山東	5
臨淄淄河店 2 號墓編鎛	戰國早期	山東	8
曾侯乙鎛（楚王鎛）	戰國早期	湖北	1
龍紐編鎛	戰國早期	湖南	5

〔註8〕 周昌富、溫增源：《中國音樂文物大系·山東卷》，鄭州，大象出版社，2001年 12 月版，第 55、54、57 頁。

〔註9〕 楊向奎：《周禮在齊論》，《管子學刊》1988 年第 3 期，第 27 頁。

〔註10〕 李學勤：《夏商周與山東》，《煙臺大學學報》2002 年第 3 期。

邳州九女墩 2 號墩 1 號墓編鎛	戰國早期	江蘇	6
蟠螭紋編鎛	戰國早期	湖南	7
易縣燕下都 16 號墓陶編鎛	戰國早期	河北	10
蟠虺紋鍾（鎛）	戰國早期	不詳	1
蟠龍紋鎛	戰國早期	不詳	1
蟠龍紋鎛	戰國早期	不詳	1
章丘女郎山編鎛	戰國中期	山東	5
公孫朝子編鎛	戰國中期	山東	7
涉縣北關 1 號墓編鎛	戰國	河北	4
易縣燕下都 30 號墓陶編鎛	戰國晚期	河北	9

單位：件

　　從表中可以看出，這一時期的鎛散見於各地，從組合情況來看也無規律可循。而且，隨著大量陶製明器的出現，鎛已經完全由樂壇步入祭壇，在一個由發端到興盛、以至衰落的過程即將走完。

　　關於明器的使用，《禮記・檀弓》記有孔子的一段論述：

之死而致死之，不仁而不可爲也。之死而致生之，不知而不可爲也。

是故，竹不成用，瓦不成味，木不成斫，琴瑟張而不平，竽笙備而

不和，有鍾磬而無簨虡，其曰明器，神明之也。〔註11〕

從文中所載明器可以看出，在這一時期的喪葬習俗中，樂器作爲隨葬品被大量的使用。但是由於其僅具象徵意義而已，往往徒有樂器之表，而不具音樂能力之實。這一現象的出現，應與墓主社會地位的維持與佔有財富的下降存在關聯，其地位與財富的差異正是這一時期社會劇烈變化的現實反映。鎛在這樣的狀況下難以獨善其身，在時代的動蕩之中快速消亡。

　　這樣快速的衰退，其背後的深層原因主要是因爲戰亂連年所引起的政治動蕩與經濟疲弱，在這樣的形勢下，鑄造輝煌龐大的青銅編鍾遠不如製造青銅武器更有價值。儘管如此，一些諸侯仍然會使用有限的青銅鑄造樂器，以保持和紀錄其曾經的輝煌。以曾侯乙編鍾爲例，65 件鍾鎛和鍾架用銅 4421.48 公斤，加上磬架及建鼓座 280.2 公斤，全套樂器共消耗青銅 4701.68 公斤，而同出一墓的 4000 多件青銅兵器才僅僅 88.97 公斤。〔註12〕雖然兵器不能如禮

〔註11〕《禮記正義》，《十三經注疏》，北京，中華書局，1980 年版，第 1289 頁。
〔註12〕湖北省博物館：《曾侯乙墓》，北京，文物出版社，1989 年版，第 475 頁。

樂器「事死如事生」一般全部隨葬，但從這些數據可以看出，這組青銅樂器至少可以製造 50 倍數量的隨葬兵器。如此的重禮樂而輕武工，曾國的覆滅勢在必然。或者換個角度而言，只有那些受庇於大國羽翼之下的屬國才會作如此舉動，以示臣服之心。

戰國時期 250 多年的戰亂給以鍾鼎爲核心的禮樂制度巨大的打擊，本已岌岌可危的鎛在這樣的背景下走向了衰亡。

結　語

　　鎛作爲商周時期的禮樂重器之一，因其聲學性能與社會功用的特點鮮明，所以在「金石之樂」中具有特殊的地位。從現今所知的最早一件——新干大洋洲鎛起，至戰國中期以後鎛的衰落，鎛走過了一個由簡入盛、又盛極而衰的過程。這一過程的背後，除了禮樂的象徵意義作主導外，鎛自身的特點與世事的變遷起到了決定性作用。綜合前文所述，對於商周時期的鎛可以得出如下認識。

一、鎛的基本特徵及發展階段的劃分

　　合瓦形青銅樂鍾是中國特有的樂器，依據形制的不同可以分爲紐鍾、甬鍾與鎛。這一類樂器的主要特徵表現在兩個層面。從形制而言，其共性在於青銅製造的合瓦形鍾類樂器。就文化內涵來看，這三種青銅樂器與其他禮器構成了周代禮樂用器的核心。相較於其他禮器，青銅樂鍾與編磬結合在一起，構成了禮樂制度的有聲部分。在「國之大事在祀與戎」的觀念盛行時期，正是由於青銅樂鍾具有這樣的文化內涵，才造就了其繁榮一時的盛況。鎛作爲三者之一，隨著禮樂時代的興起與消亡走出了一條與之相似的軌迹。

　　鎛是中國青銅樂鍾之一種，盛行於商周時期，其與甬鍾、紐鍾之根本不同在於于口的平齊。雖然關於鎛的形制，各家多有不同表述，但基本同一於這個特徵。其中，王子初的觀點走出了橫切面式的定義角度，將鎛置入發展的觀點中考量，認爲「殷末周初，鎛的形制已有了基本的規範。如合瓦形的腔體，平齊的于口，富於裝飾的懸紐等。……春秋中期前後，鎛在中原地區有了較大地發展。這種發展主要朝著以下兩個方面進行：一是追求形制巨大，

二是追求更爲完善的音樂性能」綜合眾位學者的觀點，並結合考古發現的實物資料，本文認爲鎛的形制至少可以分爲兩個比較有規律的時期，將這兩個時期所體現的特性與個性綜合在一起，才構成鎛形制的具體特徵。早期鎛形制繁複多變，紋飾精緻，所飾獸面紋較爲具象，舞上置繁紐多飾；腔體截面更接近於橢圓形或圓角方形，腔體多置有扉棱和中脊，扉棱多飾有虎、鳥紋樣。成熟期的鎛形制較爲單一穩定，設有如甬鍾和紐鍾的獨立的枚、篆、鉦區及鼓部，扉棱消退。腔體更接近於合瓦形，銑棱較前期清晰，基本呈豎直狀，枚多見圓泡狀或螺旋形。受制于口平齊、枚形矮短或不具、腔體圓鼓、銑棱不突出的形制特點。鎛作爲樂器的聲學特性表現爲：聲音混響嚴重、主要頻率不突出，通過文中的頻譜分析可以清晰地看出這一特點。

甬鍾產生於西周早期，紐鍾出現於西周末、春秋初期；而最早發現的鎛出自殷商時期，而且在其後的時間裏，湘鄂一帶又多見商周之際的銅鎛。這一現象至少說明了兩個問題：其一，鎛的產生應較甬鍾與紐鍾爲早；其二，長江以南地區應爲鎛的起源地。

從目前的考古發現來看，商周時期的鎛共計四百餘件，依據其形制、紋飾、聲學特性以及樂律關係的不同，基本上可以分爲三個發展階段。第一階段爲商至西周中期，共有 21 件。第二階段爲西周中晚期至春秋晚期，共 237 件。第三階段，春秋末年至戰國晚期，共 161 件。本文的研究就是建立於這三個不同階段的特點而展開，對這 400 多件鎛進行系統的梳理，並力求建立起獨立的譜系，梳理鎛在中國歷史上從其起源、發展、繁榮直至衰落的過程。

二、鎛的起源

關於鎛的起源可謂眾說紛紜，較早時期有搏拊說、編鐃說、大鐃說、甬鍾說等數種。受制於考古材料的缺乏，以上觀點多有局限。而晚近所出的銅鈴說則比較接近歷史原貌。

出土與山西襄汾陶寺遺址的銅鈴與陶鈴以及河南偃師二里頭遺址出土的銅鈴爲銅鈴說提供了有力的實物依據，這 3 器在形制上的共同特點表現爲，其腔體的橫截面並非是正圓形，而是接近於橢圓形或合瓦形，這更加符合中國青銅樂鍾合瓦形腔體的形制特點。當銅鈴不足以滿足聲勢的需要而體形增大時，鈴舌的內部敲擊被外部擊打發聲所取代就成爲一種必然，這也是銅鈴說最關鍵之節點所在。如果能夠在將來的考古發現中出現形制介於鎛與鈴之

間，又用鈴舌敲擊之器，那麼銅鈴說將成定論無疑。

　　從文獻中的角度來看，最早關於鎛的記載見於《周禮》，鎛除作樂器解外還被釋爲金屬農具的一種。雖然，不能因爲兩者的名稱相同而強牽親緣，但從名稱來源的角度分析，相同的名稱背後必定存在著某種關聯。從青銅農具的出土情況來看，一些鏟舌形器的形狀與銅鎛腔體的半片較爲相似。在青銅鍾鎛較爲興盛的時期，古人觀念中所謂「鎛」者，樂器與田器的含義並存。二者的關係孰源孰流，亦或是同一起源下的不同產物，從現在的考古資料來看還不能夠妄下定論。但是，從人類歷史的發展進程而言，在意識領域具有審美意義的符號性事物，往往在物質領域有具體的、功用性的對應事物存在。二者的關係究竟如何尚待新材料的發現。

　　此外，有觀點認爲，布幣之「布」即「鎛」之異體，布幣當與農具鎛有關。

三、早期鎛形制的演變所體現出的音樂內涵

　　早期的鎛，是指西周中期以前鎛的肇始階段。目前，這一時期的鎛可見21件，其中除了克鎛與眉縣楊家村鎛出自陝西宗周故地外，其餘的17件或出土於湘贛之地、或特徵與湘贛地區的文化類型密切相關。通過對這些材料的分析，可以看出，湘贛地區原爲鎛的發源之地，中原地區的鎛是周王室對其吸收的結果。

　　早期鎛的形制上最大特點在於紋飾具象、扉棱繁複、鼓部不確及腔體側視呈梯形。通過對南方17件鎛的總體特徵及其演變歸納梳理，可以看出早期鎛形制發展之趨勢，即扉棱逐步縮簡、鼓部從無到有、銑棱由奢漸敛、合瓦形逐漸形成。並得出推動這些演變的動力源自音樂性能的需要。從新干大洋洲鎛開始，早期鎛的扉棱從舞部的邊緣延至于口，器表紋飾精緻繁複，沒有後世成熟鎛的素面鼓部，且腔體多爲橢方形。顯然其禮器的象徵意義遠遠大於樂器的演奏價值，在古代樂人的不斷摸索中，鎛的音樂性能日益加強，到瀏陽黃荊村鎛的出現，鎛的成熟形態已初步顯現。這時的鎛舞部邊緣的立鳥已變小下移，其扉棱較前簡化，且扉棱下緣上移，與鉦部同高，獨立的鼓部爲音樂演奏帶來了便利，鼓部光素的表面也避免了因敲擊對紋飾的損壞。

　　此外，文中對目前所見的五件四虎鎛進行分析。高至喜依據形制與紋飾將其定爲商末周初，但通過比較可以發現，五件鎛的形制雖然可以歸爲一類，且從總體而言可以看出其年代相距較近，但其細部差別依然存在，特別是鎛

腔體的分別爲橢圓形與合瓦形兩類。合瓦形鎛在西周中期以前極爲少見，這一特例顯然不能與其他四件歸於同期。這也喻示了鎛的音樂性能發生了巨大的轉變，橢圓形腔體聲響嘈雜，諧波眾多的缺陷得以抑制。由此，青銅鎛的音樂性能逐步得到改善。在分析四虎鎛的過程中，還發現一件藏於上海博物館的獸面紋鍾應爲扉棱殘失的四虎鎛，其鎛體與邵東民安鎛極爲相似，爲其分析與定形找到依據。從這六件四虎鎛的分析可以看出，在西周中期以前，這一類鎛的形制是較爲穩定的，在音樂性能改善的同時，依然在形態上保持了一定的穩定性，這與當時鎛相對狹窄的使用區域有直接的關係。

四、中原引入鎛之原因

西周早期以後，始於揚越的鎛被周王室所吸收，傳入中原。迄今爲止，最早的發現爲陝西眉縣馬家鎮楊家村窖藏的虎脊鎛，其年代爲西周中期。此鎛的形制與紋飾基本上沿襲了南方鎛的特點，四扉棱、腔體橢圓、虎紋與鳥紋具備，只是虎紋變得線條化與抽象化，其形態已稍具爬行龍紋的特點。南方鎛扉棱頂部的鳥形紋上移至舞部，與環紐融爲一體。鳥紋的形態已不如南方鎛的紋飾具象而古樸，鳥喙也由外向轉而朝內，顯露出早期鳳紋的樣態。龍紋與鳳紋在殷商至西周穆王、恭王時期較爲興盛，四羊方尊上就同時飾有這兩種紋樣，有學者據此將西周早期稱作鳳紋時代。龍與鳳作爲中原文化的象徵，從鎛傳入中原之初即已有所體現。其後，中原所處的鎛，已經不在具有這樣寫實的紋飾特點。出土於陝西省扶風縣法門寺的克鎛與寶雞縣楊家溝太公廟窖藏出土的 3 件秦公鎛，腔體同爲橢方形，其扉棱與紐部已變爲多條盤曲的龍紋，只是龍口的形狀還能看到虎脊鎛的遺態。

在這些紋飾特徵的背後，編鎛所體現出的音樂特性才是其進入中原的根本原因。

根據下圖可以直接看出眉縣楊家村鎛與同出甬鍾的音律關係：

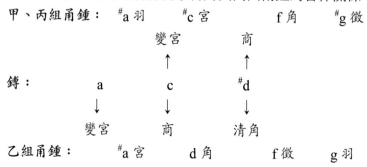

3 件編鎛分別在兩組甬鍾裏兼任演奏變宮與商的功用。

　　作爲禮樂重器，編鍾在西周堅守著不用商音的原則，但是在實際演奏過程中，沒有商音的音樂又是不可想像的。如何在不違禁令的情況下完成正常的演奏，可能是樂師與樂工困擾不已的問題。此時，南方鎛漸入其視野，在保證編鍾羽、宮、角、徵四聲的前提下，以編鎛來演奏商及偏音成爲解決這一問題最巧妙的辦法。這樣一來，既能通過「太師」所審，又不會因爲不能完整奏樂而受責。正是由於這一原因，南方特鎛在進入中原之始就演化成編鎛，與甬鍾編爲一簴，其目的就在於化解演奏需要與制度規範之矛盾。

　　從另外一個角度分析，西周不用商音確曾推行實施，但在很短的時間裏就被樂工輕鬆化解，以不易被覺察的二度、三度疊置的三件編鎛間雜其中，奏以變聲與商音。但無論如何，在商調上演奏是自曝其短，享樂者就算不懂音樂也會覺察到鎛成爲反覆敲擊的主音，這是堅決不能觸及的。所以，嚴格的說西周時期不用商音或許只是短暫現象，而不奏商調確爲史實。

　　同樣的情況還見於 1978 年出土於寶雞楊家溝太公廟的秦公鎛與秦公鍾，以及甘肅禮縣大堡子山秦公陵園出土的編鍾，其中鎛與甬鍾所構成的音列關係與眉縣楊家村編鍾甚爲相似。

五、春秋時期的地域廣布

　　西周中期以後，鎛被北方中原地區所吸收引入，鎛開始進入其全新的時期，鎛的分佈不再僅僅限於湘贛與西周王畿一帶，而是隨著周代禮樂制度的推行，鎛隨之廣播於天下。在如今山東、山西、河南、江蘇、安徽、河北等地都有大量發現。特別是山東齊國故地與晉、楚國等地，鎛的使用興盛一時。這一時期的鎛已經形成較爲穩定與成熟的形制。扉棱已全部退去，紐簡化爲對峙的雙龍或雙虎，鎛體俱爲合瓦形，枚、篆、鉦、鼓部都已成型。實用器的腔體內部可見調音槽或音梁。在中原文化對其進行收編改造以後，鎛的形制、紋飾、組合等方面可視的、以「禮」爲核心的外在特徵，都逐步隨著其以「樂」爲內涵的音樂表現能力的提高而變化，春秋以往，金石之樂逐步走上了向大型組合化的歷史發展過程，鎛在其中扮演了不可忽略的重要角色。

六、鎛的組合化特徵

　　早在殷商時期，新干大洋洲鎛就具有了組合化趨勢。其後的時間裏，鎛

的發現多為單件。至西周中期以後，鎛與其他編懸樂器的組合形式逐漸豐富多樣。例如，隨州毛家沖鎛與一件石磬的組合，克鎛與克鍾同出，眉縣楊家村 3 件編鎛與 15 件甬鍾共出。這兩次發現可以視作青銅鎛組合化發展的雛形。此外，這些組合方式也說明在春秋早期以前，鎛與其他樂器的組合併無定制可言。春秋早期以後，鎛的發現陡然增多。迄今為止，共發現 237 件。其中僅有 14 件為單出或資料不詳，其餘均朝著組合化發展。其組合形式有單類多件與多類多件等多種變化。多類多件的組合形式已經具有大型組合化編鍾的特點。

中國青銅編鍾向大型組合化的方向發展，其標誌正是編鎛的加入。如果說早期的組合還沒有規律可言，那麼這一時期的一些發現已表現出驚人的一致性。出土於河南新鄭市金城路、城市信用社工地、中國銀行建築工地的鎛，俱為一組 4 件，同出紐鍾除一例外俱為 2 組、每組 10 件。共計 11 套，總數254 件。從這一系列發現可以看出，當時青銅組合編鍾的定制已經形成。4 件鎛作為組合的低音部分，與兩組 10 件音階齊全的紐鍾相配合所構成的穩定的形式，預示著大型組合編鍾時代的到來。

2002 年 4 月出土於河南葉縣的葉縣舊縣村 4 號墓年代在春秋中期略晚，墓葬所出器物，堪稱音樂考古歷史上僅次於曾侯乙墓的重大發現。墓中共有編鍾、編磬和瑟 3 種樂器，總數約有 50 件。其中總數達 37 件，由鎛、甬鍾與紐鍾共同構成編鍾樂隊，是大型組合編鍾確立的代表。這些組合編鍾中的紐鍾以其優良的旋律性能，擔任了編鍾組合中的旋律鍾組；但是紐鍾體小而音高，位於鍾組的中高音區；單用紐鍾演奏音樂，雖旋律清晰動聽，卻明顯有音樂單薄之感。而編鎛的旋律性能雖然一般，但其發音洪亮深沉，餘音綿長。編鎛的加入，正與紐鍾長短互補，相得益彰。年代稍晚的輝縣琉璃閣甲墓編鍾，由特鎛一組 4 件、編鎛一組 9 件、編甬鍾一組 8 件和編紐鍾一組 9件組成，體現出金石之樂完整的形態。

七、鎛的衰落是自身局限與歷史作用的必然結果

自西周建立以來，周王室為了維護其政權的統治秩序，採取了「封邦建國」、「以屏周室」的政策，隨著這一政策推行的禮樂制度成為確立各階層社會關係的重要標準。進入東周以來，「禮崩樂壞」使得禮樂制度「明貴賤、辨等列」的意義居於次席，服從於諸侯貴族的強權之下，用器的混亂與制度的

僭越成爲一種常態。至戰國中期以後，禮樂制度的約束力幾蕩然無存。在這樣的社會背景下，鎛作爲禮樂重器之一，其命運隨之發生了一系列的改變。從鎛自身的聲學性能與社會發展的趨勢而言，鎛的衰落是歷史的必然。

　　從鎛的形制而言，其與甬鍾、紐鍾的最大不同在於體形龐大、于口平齊、腔體偏渾圓。這樣的的結構造成鎛發聲洪亮悠長的聲學特點。早期的特鎛不需強調發聲關係的有序性，所以這一特點是符合其在樂隊中僅作節奏樂器使用的需要。但進入西周中期以來，通過中原文化對其的改造，鎛逐步走上組合成編的道路，並被納入金石樂懸之中。雖然旋律性能與音樂能力的加強對鎛而言存在著歷史的必然性，且在相當程度上推動了鎛的發展。但是，隨著鎛旋律性能的增強，其與甬鍾的同質化特徵也越來越明顯地表露出來，相對於甬鍾的音樂表現能力，鎛的優勢不復存在。只要將甬鍾的體積增大，就基本可以替代鎛的作用，鎛由此逐步淡出金石之樂的舞臺。從文中的頻譜分析可以看出，甬鍾的基頻突出、音高明確、音色純正。而鎛則具有兩個以上的主要主要頻率，且各頻率之間的關係既非正、側鼓的三度音程，也非基頻的諧波振動。這些頻率相互干擾，形成振動的疊加與衰減，造成其聲音嘈雜、音高不明確的聲學特點。而且因爲鎛的腔體非甬鍾與紐鍾的扁體合瓦形結構，這使其餘音悠長、混響漫渙，在大型樂隊中無法演奏連續進行的旋律，其編組存在的意義與甬鍾相較已蕩然無存，這就注定了鎛必然會走上一條衰亡的道路。

　　從歷史發展的角度來看，禮崩樂壞在突破制度約束的同時，帶來的是「樂」的興盛。在音樂性能明顯遜於甬鍾與紐鍾的情況下，這種興盛帶給鎛的卻是負面的影響。在此情形之下，又遭遇了戰國時期連年的戰亂所引起的政治動蕩與經濟疲弱，鎛的衰落也就成爲一種歷史的必然。

參考文獻

一、考古報告及簡報

1. 北京大學考古系、山西省考古研究所：《1992 年春天馬——曲村遺址墓葬發掘報告》〔J〕，《文物》1993 年第 3 期。

2. 北京大學考古系、山西省考古研究所：《天馬——曲村遺址北趙村晉侯墓地第二次發掘》〔J〕，《文物》1994 年第 1 期。

3. 北京大學考古系、山西省考古研究所：《天馬——曲村遺址北趙村晉侯墓地第三次發掘》〔J〕，《文物》1994 第 8 期。

4. 北京大學考古系、山西省考古研究所：《天馬——曲村遺址北趙村晉侯墓地第四次發掘》〔J〕，《文物》1994 第 8 期。

5. 北京大學考古系、山西省考古研究所：《天馬——曲村遺址北趙村晉侯墓地第五次發掘》〔J〕，《文物》1995 第 7 期。

6. 北京大學考古系、山西省考古研究所：《天馬——曲村遺址晉侯墓地及相關問題》〔C〕，《三晉考古》第一輯，太原，山西人民出版社，1994 年。

7. 長沙市博物館、寧鄉縣文管所：《湖南寧鄉老糧倉出土商代銅編鐃》〔J〕，《文物》1997 年第 12 期。

8. 長興縣文化館：《浙江長興縣的兩件青銅器》〔J〕，《文物》1973 年第 1 期。

9. 戴修政：《湖北石首出土商代青銅器》〔J〕，《文物》，2002 年第 11 期。

10. 蔡全法：《新鄭鄭韓故城遺址》〔C〕，《中國考古學年鑒（1992）》，文物出版社。

11. 蔡全法：《新鄭金城路銅器窖藏性質及其若干問題》〔C〕，《河南文物考古論集（二）》中州古籍出版社，2000。

12. 蔡全法等：《新鄭市熱電廠兩周遺址和春秋墓葬》〔C〕，《中國考古學年鑒（1997）》，文物出版社。

13. 馮玉輝：《衡陽博物館收藏的三件周代青銅器》〔J〕，《文物》1980 年第 11 期。

14. 固始侯古堆一號墓發掘組：《固始侯古堆一號墓的發掘》〔J〕，《文物》1981 年第 1 期。

15. 郭寶鈞：《濬縣辛村》〔M〕，北京，科學出版社，1964。

16. 郭寶鈞：《山彪鎮與琉璃閣》〔M〕，北京，科學出版社，1959。

17. 河北省博物館、文物管理處：《河北薰城臺西村的商代遺址》〔J〕，《考古》1973 年第 5 期。

18. 河北省文化局文物工作隊：《河北易縣燕下都第十六號墓發掘》〔J〕，《考古學報》1965 年第 2 期。

19. 河北省文物研究所：《燕下都》〔M〕，北京，文物出版社，1996 年。

20. 河南博物館，臺北國立歷史博物館：《輝縣琉璃閣甲乙二墓》〔M〕，鄭州，大象出版社，2003 年。

21. 河南博物院、臺北國立歷史博物館：《新鄭鄭公大墓青銅器》〔M〕，鄭州，大象出版社，2001 年。

22. 河南省博物館新鄭工作站等：《河南新鄭鄭韓故城的鑽探與試掘》〔C〕，《文物資料叢刊》第 3 輯，1980 年。

23. 河南省文物考古研究所：《河南新鄭市鄭韓故城鄭國祭祀遺址發掘簡報》〔J〕，《考古》2000 年 2 期。

24. 河南省文物考古研究所、長江流域規劃辦公室考古隊河南分隊：《淅川下王崗》〔M〕，文物出版社，1989 年。

25. 河南省文物考古研究所、南陽市文物考古研究所、淅川縣博物館：《淅川和尚嶺與徐家嶺楚墓》〔M〕，鄭州，大象出版社，2004 年。

26. 河南省文物考古研究所、三門峽市文物工作隊：《三門峽虢國墓地》〔M〕，北京，文物出版社，1999 年。

27. 河南省文物考古研究所：《固始侯古堆一號墓》〔M〕，鄭州，大象出版社，2004 年。

28. 河南省文物考古研究所：《新鄭鄭韓故城的鄭國祭祀遺址》〔M〕，鄭州，大象出版社，2006 年。

29. 河南省文物考古研究所：《信陽楚墓》〔M〕，北京，文物出版社，1986 年。

30. 河南省文物研究所鄭州市博物館：《鄭州新發現商代窖藏青銅器》〔J〕，《文物》1983 年第 3 期。

31. 河南省文物研究所等：《河南省葉縣舊縣村 1 號墓的清理》〔M〕，《華夏考古》1988 年第 3 期。

32. 河南省文物研究所等：《淅川和尚嶺春秋楚墓的發掘》〔J〕，《華夏考古》

1992 年第 3 期。

33. 河南省文物研究所等：《淅川和尚嶺春秋楚墓的發掘》〔M〕,《華夏考古》1992 年第 3 期。

34. 河南省文物研究所等：《淅川下寺春秋楚墓》〔M〕,北京,文物出版社,1991 年。

35. 湖北省博物館、隨州市博物館：《湖北隨州擂鼓墩 2 號墓發掘簡報》〔J〕,《文物》1985 年第 1 期。

36. 湖北省博物館：《湖北江陵發現的楚國彩繪石編磬及其相關問題》〔J〕,《考古》1972 年第 3 期。

37. 湖北省博物館：《曾侯乙墓》〔M〕,北京,文物出版社,1989 年。

38. 湖南省博物館、熊傳薪：《湖南省新發現的青銅器》〔C〕,《文物資料叢刊》第 5 集,北京,文物出版社,1981 年。

39. 湖南省博物館、袁家榮：《湘潭青山橋出土窖藏商周青銅器》〔C〕,《湖南考古輯刊》第 1 集,長沙,嶽麓書社,1982 年。

40. 湖南省博物館：《新邵、瀏陽、株洲、資興出土商周青銅器》〔C〕,《湖南考古輯刊》第 3 集,長沙,嶽麓書社,1986 年。

41. 惠民地區文物普查隊、陽信縣文化館：《山東陽信城關鎮西北村戰國墓器物陪葬坑清理簡報》〔J〕,《考古》1990 第 3 期。

42. 江西省博物館、江西省文物考古研究所、新干縣博物館：《新干商代大墓》〔M〕,北京,文物出版社,1997 年。

43. 劉懷君：《眉縣出土一批西周窖藏青銅樂器》〔J〕,《文博》1987 年第 2 期。

44. 盧連成等：《寶雞國墓地》〔M〕,北京,文物出版社,1988 年。

45. 馬得志等：《一九五三年安陽大司空村發掘報告》〔J〕,《考古學報》第 9 冊,1955 年。

46. 茂縣羌族博物館、阿壩藏族羌族自治州文物管理所：《四川茂縣牟托一號石棺墓及陪葬坑清理簡報》〔J〕,《文物》1994 年第 3 期。

47. 南京博物院、江蘇省考古研究所、無錫市錫山區文物管理委員會：《鴻山越墓發掘報告》〔M〕,北京,文物出版社,2007 年。

48. 平頂山市文物管理局、葉縣文化局：《河南葉縣舊縣四號春秋墓發掘簡報》〔J〕,《文物》2007 年第 9 期。

49. 山東大學歷史文化學院考古系：《長清仙人臺五號墓發掘簡報》〔J〕,《文物》1998 第 9 期。

50. 山東省博物館、臨沂地區文化組、莒南縣文化館：《莒南大店春秋時期莒國殉人墓》〔J〕,《考古學報》1978 年第 3 期。

51. 山東省文物考古研究所、沂水縣文管站：《山東沂水劉家店子春秋墓發掘

簡報》〔J〕,《文物》1984 年第 9 期。

52. 山東省文物考古研究所:《山東淄博市臨淄區淄河店二號戰國墓》〔J〕,《考古》2000 年第 10 期。

53. 山東省兗石鐵路文物考古工作隊:《臨沂鳳凰嶺東周墓》〔M〕,濟南,齊魯書社,1987 年。

54. 山東省諸城縣博物館:《山東諸城臧家莊與葛布口村戰國墓》〔J〕,《文物》1987 年第 12 期。

55. 山西省考古研究所太原市文物管理委員會;陶正剛、侯毅、渠川福:《太原晉國趙卿墓》〔M〕,北京,文物出版社,1996 年。

56. 山西省考古研究所:《上馬墓地》〔M〕,北京,文物出版社,1994 年。

57. 山西省文物工作委員會晉東南工作組、長治市博物館:《長治分水嶺 269、270 號東周墓》〔J〕,《考古學報》1974 年第 2 期。

58. 山西省文物管理委員會、山西省考古研究所:《山西長治分水嶺戰國墓第二次發掘》〔J〕,《考古》1964 年第 3 期。

59. 山西省文物管理委員會侯馬工作站:《山西侯馬上馬村東周墓葬》〔J〕,《考古》1963 年第 5 期。

60. 陝西省博物館等:《扶風齊家村青銅器群》〔M〕,北京,文物出版社,1963 年。

61. 陝西省博物館等:《青銅器圖釋》〔M〕,北京,文物出版社,1960 年。

62. 陝西省博物館等:《陝西出土商周青銅器(二)》〔G〕,北京,文物出版社,1980。

63. 陝西省文物局、中華世紀壇藝術館:《盛世吉金——陝西寶雞眉縣青銅器窖藏》〔G〕,北京出版社,2003 年 3 月。

64. 宋國定:《新鄭縣鄭韓故城遺址》〔J〕,《中國考古學年鑒(1987)》文物出版社。

65. 隨縣市博物館:《湖北隨縣城郊發現春秋墓葬和銅器》〔J〕,《文物》1980 年第 1 期。

66. 隨州市博物館:《湖北隨州出土西周青銅鎛》〔J〕,《文物》1998 年第 10 期。

67. 太原市文物考古研究所:《晉國趙卿墓》〔M〕,北京,文物出版社,2004。

68. 騰鴻儒、王洪明:《山東海陽嘴子前村春秋墓出土文物》〔J〕,《文物》1985 年第 3 期。

69. 熊建華:《湖南邵東出土一件西周四虎鎛》〔J〕,《考古與文物》1991 年第 3 期。

70. 煙臺市文物管理委員會、海陽市博物館:《山東海陽縣嘴子前春秋墓的發掘》〔J〕,《考古》1996 年第 9 期。

71. 中國科學院考古研究所：《上村嶺虢國墓地》〔M〕，北京，科學出版社，1959 年。

72. 中國科學院考古研究所：《壽縣蔡侯墓出土遺物》〔M〕，北京，科學出版社，1956 年。

二、歷史文獻

1. 司馬遷〔漢〕：《史記》，北京，中華書局，1959 年 9 月。

2. 劉向〔漢〕：《戰國策》，上海古籍出版社，1985 年。

3. 班固〔漢〕：《漢書》，北京，中華書局，1999 年。

4. 袁康〔漢〕：《越絕書》，《文淵閣四庫全書（電子版）》，上海人民出版社、迪志文化出版有限公司，1999 年 11 月。

5. 許慎〔漢〕：《説文解字注》（段玉裁注），鄭州，中州古籍出版社，2006 年。

6. 何超〔唐〕：《晉書音義》，北京，中華書局，1974 年 11 月。

7. 司馬光〔宋〕：《資治通鑒》，北京，中華書局，1956 年。

8. 朱熹〔宋〕：《楚辭集注》，上海古籍出版社，1984 年。

9. 鄭樵〔宋〕：《通志》，北京，中華書局，1987 年。

10. 丁度〔宋〕等：《集韻》，北京，中華書局，1989 年。

11. 陳暘〔宋〕：《樂書》《文淵閣四庫全書（電子版）》，上海人民出版社、迪志文化出版有限公司，1999 年。

12. 王黼〔宋〕：《宣和博古圖》，《文淵閣四庫全書（電子版）》，上海人民出版社、迪志文化出版有限公司，1999 年。

13. 呂大臨〔宋〕：《考古圖》，《宋人著錄金文叢刊》，北京，中華書局，2005 年。

14. 薛尚功〔宋〕：《歷代鐘鼎彝器款識法帖》，《宋人著錄金文叢刊》，北京，中華書局，2005 年。

15. 王厚之〔宋〕：《鐘鼎款識》，《宋人著錄金文叢刊》，北京，中華書局，2005 年。

16. 王俅〔宋〕：《嘯堂集古錄》，《宋人著錄金文叢刊》，北京，中華書局，2005 年。

17. 宋應星〔明〕著潘吉星譯注：《天工開物譯注》，上海古籍出版社，1993 年。

18. 方以智〔明〕：《通雅》，《方以智全書》第一冊，上海古籍出版社，1988 年。

19. 阮元〔清〕：《十三經注疏》，北京，中華書局，1980。

20. 徐元誥〔清〕:《國語集解》,北京,中華書局,2002 年。

21. 上海師範大學古籍校點組:《國語》,上海古籍出版社,1978 年。

三、學術專著

1. 陳夢家:《中國銅器概述》〔G〕,《海外中國銅器圖錄》,北京,北平圖書館,1946 年。

2. 陳橋驛:《吳越文化論叢》〔C〕,中華書局,1999 年。

3. 陳荃有:《中國青銅樂鍾研究》〔M〕,上海音樂出版社,2005 年。

4. 陳雙新:《兩周青銅樂器銘辭研究》〔M〕,保定,河北大學出版社,2002 年。

5. 陳戍國:《中國禮制史·先秦卷》〔M〕,長沙,湖南教育出版社,2002 年。

6. 陳應時:《中國樂律學探微》〔C〕,上海音樂學院出版社,2004 年。

7. 崔憲:《探律集》〔C〕,上海音樂學院出版社,2004 年。

8. 崔憲:《曾侯乙編鍾鍾銘校釋及其律學研究》〔M〕,北京,人民音樂出版社,1997 年。

9. 戴念祖:《中國聲學史》〔M〕,石家庄,河北教育出版社,1994 年。

10. 杜迺松:《中國青銅器發展史》〔M〕,北京,紫禁城出版社,1995 年。

11. 段勇:《商周青銅器幻想動物紋研究》〔M〕,上海,上海古籍出版社,2003 年。

12. 范文瀾:《中國通史簡編》(修訂本第一編)〔M〕,北京,人民出版社,1965 年。

13. 方建軍:《地下音樂文本的讀解》〔C〕,上海音樂學院出版社,2006 年。

14. 方建軍:《商周樂器文化結構與社會功能研究》〔M〕,上海音樂學院出版社,2006 年。

15. 方建軍:《中國音樂文物大系·陝西卷》〔G〕,鄭州,大象出版社,1996 年。

16. 高崇文、安田喜憲:《長江流域青銅文化研究》〔C〕,北京,科學出版社,2002 年。

17. 高次若、劉明科《關於汧渭之會都邑及相關問題》〔C〕,《周秦文化研究》,西安,陝西人民出版社,1998 年。

18. 高至喜、熊傳薪:《中國音樂文物大系·湖南卷》〔G〕,鄭州,大象出版社,2006 年。

19. 高至喜:《論商周銅鎛》〔C〕,《商周青銅器與楚文化研究》,長沙,嶽麓書社,1999 年。

20. 高至喜:《論中國南方商周時期銅鐃的型式、演變與年代》〔C〕,《商周青

銅器與楚文化研究》，長沙，嶽麓書社，1999年。

21. 高至喜：《商周青銅器與楚文化研究》〔C〕，長沙，嶽麓書社，1999年。

22. 高至喜：《中國南方出土商周銅鏡概論》〔C〕，《商周青銅器與楚文化研究》，長沙，嶽麓書社，1999年。

23. 高至喜：《中國南方出土商周銅鏡概論》〔C〕，《商周青銅器與楚文化研究》，長沙，嶽麓書社，1999年。

24. 郭寶鈞：《商周銅器群綜合研究》〔M〕，北京，文物出版社，1981年。

25. 郭德維：《楚系墓葬研究》〔M〕，武漢，湖北教育出版社，1995年。

26. 郭沫若：《兩周全文辭大系圖錄考釋》〔M〕，北京，科學出版社，1957年。

27. 郭沫若：《新鄭古器之一二考核》〔C〕，《金文叢考》，北京，科學出版社，1954年。

28. 郭正忠：《三到十四世紀中國的權衡度量》〔M〕，北京，中國社會科學出版社，1993年。

29. 韓寶強：《音的歷程》〔M〕，北京，中國文聯出版社，2003年。

30. 何紀生、何介鈞：《古代越族的青銅文化》〔C〕，《湖南考古輯刊第3集，長沙，嶽麓書社，1986年。

31. 黃崇文：《中國音樂文物大系·天津卷》〔G〕，鄭州，大象出版社，1996年。

32. 黃翔鵬：《中國古代音樂史的分期研究及有關新材料、新問題》〔C〕，《樂問》，北京，中央音樂學院學報社，2000年。

33. 黃翔鵬：《傳統是一條河流》〔C〕，北京，人民音樂出版社，1990年。

34. 黃翔鵬：《溯流探源——中國傳統音樂研究》〔C〕，北京，人民音樂出版社，1993年。

35. 黃翔鵬：《中國人的音樂和音樂學》〔C〕，山東文藝出版社，1997年。

36. 孔義龍：《弦動樂懸：兩周編鐘音列研究》〔M〕，北京，文化藝術出版社，2008年。

37. 李濟：《殷墟出土青銅斝形器之研究》〔C〕，《中國考古報告集新編》，中央研究院歷史語言研究所，臺北，1968年。

38. 李松：《中國美術史·夏商周卷》〔M〕，濟南，齊魯書社，明天出版社，2000年。

39. 李伯謙：《考古學讀本》〔C〕，北京大學出版社，2006年。

40. 李伯謙：《中國青銅文化結構體系研究》〔M〕，北京，科學出版社，1998年。

41. 李純一：《先秦音樂史》〔M〕，北京，人民音樂出版社，2005年。

42. 李純一：《中國古代音樂史稿（第一分冊）》〔M〕，北京，人民音樂出版社，

1958 年。

43. 李純一：《中國上古出土樂器綜論》〔M〕，北京，文物出版社，1996 年。

44. 李學勤：《東周與秦代文明》〔M〕，北京，文物出版社，1984 年。

45. 李學勤：《眉縣楊家村新出青銅器說明了什麼》〔C〕，《中國古代文明十講》，上海，復旦大學出版社，2003 年。

46. 劉彬徽：《楚系青銅器研究》〔M〕，武漢，湖北教育出版社，1995 年。

47. 劉清河、李銳：《先秦禮樂》〔M〕，臺北，雲龍出版社，1995 年。

48. 羅振玉：《貞松堂集古遺文》〔M〕，北京圖書館出版社，2002 年。

49. 馬承源：《中國青銅器》〔M〕，上海古籍出版社，2005 年。

50. 馬承源：《中國音樂文物大系·上海卷》〔G〕，鄭州，大象出版社，1996 年。

51. 繆天瑞：《律學》（第三次修訂版）〔M〕，北京，人民音樂出版社，1996 年。

52. 彭適凡、王子初：《中國音樂文物大系·江西卷》〔G〕，鄭州，大象出版社，2009 年。

53. 彭信威：《中國貨幣史》〔M〕，上海人民出版社，1958 年。

54. 丘光明：《中國歷代度量衡考》〔M〕，北京，科學出版社，1992 年。

55. 容希白：《商周彝器通考》〔M〕，臺灣大通書局，1973 年。

56. 唐蘭：《關於大克鍾》〔C〕，《出土文獻研究》，北京，文物出版社，1985 年。

57. 沈文倬：《宗周禮樂文明考論》〔M〕，杭州，浙江大學出版社，1999 年。

58. 施勁松：《長江流域青銅器研究》〔M〕，北京，文物出版社，2003 年。

59. 王國維：《王子嬰次盧跋》〔C〕，《觀堂集林》，石家莊，河北教育出版社，2001 年。

60. 王清雷：《西周樂懸制度的音樂考古學研究》〔M〕，北京，文物出版社，2007 年。

61. 王世民：《西周暨戰國時代編鍾銘文的排列形式》〔C〕，《中國考古學研究——夏鼐先生考古五十年紀念論文集》，北京，文物出版社、科學出版社，1986 年。

62. 王世民：《關於西周春秋高級貴族禮器制度的一些看法》〔C〕，《文物與考古論集》，北京，文物出版社，1986 年。

63. 王世民：《春秋戰國葬制中樂器和禮器的組合狀況》〔C〕，《曾侯乙編鍾研究》，武漢，湖北人民出版社，1992 年。

64. 王友華：《先秦大型組合編鍾研究》〔D〕·北京，中國藝術研究院，2009 年。

65. 王子初：《河南葉縣出土編鐘印象》〔C〕，《湖南省博物館館刊》待刊。

66. 王子初：《禮樂重器鎛的發掘與研究》〔M〕，《中國音樂考古學》，福州，福建教育出版社，2003 年。

67. 王子初：《太原晉國趙卿墓銅編鎛和石編磬研究》〔C〕，《殘鐘錄》，上海音樂學院出版社，2004 年。

68. 王子初：《鄭國祭祀遺址出土編鐘的考察和研究》〔C〕，《新鄭鄭國祭祀遺址》，鄭州，大象出版社，2006 年。

69. 王子初：《中國音樂考古學》〔M〕，福州，福建教育出版社，2003 年。

70. 王子初：《中國音樂文物大系·湖北卷》〔G〕，鄭州，大象出版社，1996 年。

71. 王子初：《中國音樂文物大系·江蘇卷》〔G〕，鄭州，大象出版社，1996 年。

72. 王子初：《音樂考古》〔M〕，北京，文物出版社，2006 年。

73. 文物出版社編：《中國古青銅器選》〔G〕，北京，文物出版社，1976 年。

74. 聞人軍：《考工記譯注》〔M〕，上海古籍出版社，1993 年。

75. 吳銘生：《邵東縣民安村商代銅鎛》〔C〕，《中國考古學年鑒》，北京，文物出版社，1986 年。

76. 項陽、陶正剛：《中國音樂文物大系·山西卷》〔G〕，鄭州，大象出版社，2000 年。

77. 蕭夢龍：《試論吳越青銅器的斷代分期問題》〔C〕，《吳國青銅器綜合研究》，北京，科學出版社，2004 年。

78. 許敬參：《編鐘編磬說》〔C〕，河南省博物館館刊第九集，1937 年。

79. 許倬雲：《西周史》〔M〕，北京，三聯書店，1994 年。

80. 楊匡民：《曾侯乙編鐘音列及其他》〔C〕，《曾侯乙編鐘研究》，武漢，湖北人民出版社，1992 年。

81. 楊華：《先秦禮樂文化》〔M〕，武漢，湖北教育出版社，1997 年。

82. 楊寬：《西周史》〔M〕，上海人民出版社，1999 年。

83. 楊蔭瀏：《信陽出土春秋編鐘的音律》〔C〕，《楊蔭瀏音樂論文選集》，上海文藝出版社，1986 年。

84. 殷瑋璋、曹淑琴：《長江流域早期甬鐘的形態學分析》〔C〕，《文物與考古論集》，北京，文物出版社，1986 年。

85. 印群：《黃河中下游地區的東周墓葬制度》〔M〕，北京，社會科學文獻出版社，2001 年。

86. 俞偉超：《周代用鼎制度研究》〔C〕，《先秦兩漢考古學論集》，北京，文物出版社，1985 年。

87. 袁珂：《山海經校注》〔M〕，成都，巴蜀書社，1993 年。

88. 袁荃猷：《中國音樂文物大系‧北京卷》〔G〕，鄭州，大象出版社，1996 年。

89. 張光直：《商周青銅器上的動物紋樣》〔M〕，《中國青銅時代》，北京，三聯書店，1983 年。

90. 張懋鎔：《殷周青銅器埋藏意義考述》〔C〕，《古文字與青銅器論集》，北京，科學出版社，2002 年。

91. 張雙棣：《呂氏春秋譯注疏》〔M〕，長春，吉林文史出版社，1987 年。

92. 張正明：《楚文化史》〔M〕，上海人民出版社，1987 年。

93. 張之恒、周裕興：《夏商周考古》〔M〕，南京大學出版社，1995 年。

94. 趙世綱：《中國音樂文物大系‧河南卷》〔G〕，鄭州，大象出版社，1996 年。

95. 中國社會科學院考古研究所（楊錫璋，商煒主編）：《中國考古學——夏商卷》〔M〕，北京，中國社會科學出版社，2003 年。

96. 周昌富、溫增源：《中國音樂文物大系‧山東卷》〔G〕，鄭州，大象出版社，2001 年。

97. 周春生：《吳越春秋輯校彙考》〔M〕，上海古籍出版社，1997 年。

98. 朱鳳瀚：《古代中國青銅器》〔M〕，天津，南開大學出版社，1995 年。

99. 朱家溍：《國寶》〔G〕，商務印書館香港分館，1983 年。

四、期刊論文

1. 陳朝云：《商周中原文化對長江流域古代社會文明化進程的影響》〔J〕，《學術月刊》2006 年第 7 期。

2. 陳通、鄭大瑞：《橢圓截錐的彎曲振動和編鐘》〔J〕，《聲學學報》，第 8 卷，1983 年第 3 期。

3. 陳公柔、張長壽：《殷周青銅容器上鳥紋的斷代研究》〔J〕，《考古學報》1984 年第 3 期。

4. 陳夢家：《殷代銅器》〔J〕，《考古學報》1954 年第 7 冊。

5. 陳雙新：《青銅鍾鎛起源研究》〔J〕，《中國音樂學》2002 年第 2 期。

6. 程建政、蘭從慶：《中華和鐘之雙音鎛的聲頻特徵和振動方式研究》〔J〕，《應用聲學》20 卷，2001 年第 5 期。

7. 仇鳳琴：《商周鎛之考古學研究》〔J〕，《文物春秋》2004 年第 1 期。

8. 戴修政：《湖北石首出土商代青銅器》〔J〕，《文物》2002 年第 11 期。

9. 方建軍：《兩周銅鎛綜論》〔J〕，《東南文化》1994 年第 1 期。

10. 方建軍：《美國收藏的速鍾及相關問題》〔J〕，《天津音樂學院學報（天籟）》

2007 年第 2 期。

11. 馮玉輝：《衡陽博物館收藏的三件周代青銅器》〔J〕，《文物》1980 年第 11 期。

12. 傅聚良：《盤龍城、新干和寧鄉——商代荊楚青銅文化的三個階段》〔J〕，《中原文物》2004 年第 1 期。

13. 高至喜：《論湖南出土的西周銅器》〔J〕，《江漢考古》，1984 年第 3 期。

14. 李昆：《試論新干商墓的幾個問題》〔J〕，《南方文物》，1994 年第 2 期。

15. 李學勤：《夏商周與山東》〔J〕，《煙臺大學學報》2002 年第 3 期。

16. 林巳奈夫（徐朝龍譯）：《新干大洋洲出土青銅器的年代芻議》〔J〕，《南方文物》1994 年第 1 期。

17. 劉緒、雷興山：《洹北花園莊遺址與河亶甲居相》〔J〕，《中國文物報》1990 年 11 月 25 日。

18. 劉懷君：《眉縣楊家村西周窖藏青銅器的初步認識》〔J〕，《考古與文物》2003 年第 3 期。

19. 盧連成、楊滿倉：《陝西寶雞縣太公廟村發現秦公鐘、秦公鎛》〔J〕，《文物》1978 年第 11 期。

20. 羅泰〔德〕：《論江西新干大洋洲出土的青銅樂器》〔J〕，《江西文物》1991 年第 3 期。

21. 錢伯泉：《關於曾侯乙墓楚鎛銘文考釋的商榷——兼談曾侯乙墓的絕對年代》〔J〕，《江漢考古》第 4 期。

22. 石志廉：《西周虎鳥紋銅鍾》〔J〕，《文物》1960 年第 10 期。

23. 蘇榮譽、彭適凡：《新干青銅器群技術文化屬性研究》〔J〕，《南方文物》1994 年第 2 期。

24. 唐蘭：《古樂器小記》〔J〕，《燕京學報》第 14 期。

25. 唐蘭：《郟縣出土的銅器群》〔J〕，《文物》1954 年第 5 期。

26. 唐蘭：《西周銅器斷代中的「康宮」問題》〔J〕，《考古學報》1962 年第 1 期。

27. 唐蘭：《中國古代社會使用青銅農器問題的初步研究》〔J〕，《故宮博物院院刊》總二期，1960 年。

28. 童忠良：《百鍾探尋——擂鼓墩一、二號墓出土編鍾的比較》〔J〕，《黃鍾》1988 年第 4 期。

29. 王寧：《新干大洋洲青銅器「燕尾」紋探討》〔J〕，《中原文物》2003 年第 2 期。

30. 王海文：《樂鍾綜述》〔J〕，《故宮博物院院刊》1980 年第 4 期。

31. 王世民：《陝縣後川 2040 號墓的年代問題》〔J〕，《考古》1959 年第 5 期。

32. 王子初：《晉侯穌編鍾的音樂學研究》〔J〕,《文物》1998 年第 5 期。

33. 王子初：《山西太原金勝村 251 號大墓出土編鎛的樂學研究》〔J〕,《中國音樂學》1991 年第 1 期。

34. 王子初：《中國青銅樂鍾的音樂學斷代》〔J〕,《中國音樂學》,2007 年第 1 期。

35. 魏宜輝：《再談戲巢編鎛及其相關問題》〔J〕,《南方文物》2002 年第 3 期。

36. 武漢音樂學院編鍾古樂器研究陳列室、隨州市博物館：《擂鼓墩二號墓編鍾及其音律測試》〔J〕,《黃鍾》1988 年第 4 期。

37. 楊濤：《先秦青銅鎛研究》〔J〕,《黃鍾》1993 年第 3 期。

38. 楊向奎：《周禮在齊論》〔J〕,《管子學刊》1988 年第 3 期。

39. 俞偉超、高明：《周代用鼎制度研究》（上）〔J〕,《北京大學學報》1978 年第 1 期。

40. 俞偉超、高明：《周代用鼎制度研究》（中）〔J〕,《北京大學學報》1978 年第 2 期。

41. 俞偉超、高明：《周代用鼎制度研究》（下）〔J〕,《北京大學學報》1979 年第 1 期。

42. 原思訓等：《碳十四年代測定報告（九）》〔J〕,《文物》1994 年第 4 期。

43. 袁豔玲：《楚公鍾與早期楚文化》〔J〕,《文物》2007 年第 3 期。

44. 詹開遜、劉林：《初論新干青銅器的地方特色》〔J〕,《南方文物》1994 年第 2 期。

45. 詹開遜、劉林：《初論新干青銅器的地方特色》〔J〕,《南方文物》1994 年第 2 期。

46. 詹開遜：《從新干青銅器的造型看商代中原文化對南方的影響》〔J〕,《中原文物》1994 年第 1 期。

47. 張翔：《周代樂器組合之觀察》〔J〕,《黃鍾》1998 年第 3 期。

48. 張亞初：《論楚公愛鍾和楚公逆鎛的年代》〔J〕,《江漢考古》1984 年第 4 期。

49. 鄭祖襄：《河南淅川下寺 2 號楚墓王孫誥編鍾樂律學分析》〔J〕,《音樂藝術》2005 年第 2 期。

50. 鄒衡：《有關新干出土青銅器的幾個問題》〔J〕,《中國文物報》1990 年 12 月 6 日。

致　謝

　　當敲出「致謝」兩個字的時候，一時心緒萬千，竟不知從何說起，想來是因爲要感謝的人太多了。

　　毫無疑問，首先要感謝的是對我幫助最多、影響最大的王子初老師。初見王老師是在中央電視臺的新聞節目之中，當時我眼中的王先生言語平和、邏輯縝密，在將考古發現娓娓道來之時，卻又隱含著我尚不能全部理解的深意。斷然沒有想到的是，終有一天我會就讀於先生的門下，慶幸之餘常常爲自身學力之不及而愧憾。在博士學習的三年裏，王老師的學品與人品更是給我留下深刻的印象，他腳踏實地、樸實高效的作風與強健的思維能力使我認識到，一個成功的人、一個能成就事業的人所應具有的優秀品格。每每當我陷入思維的困境，面對如麻的頭緒無法理清的時候，王老師總是用簡單而又深刻的語言切中要害，解我多日之困頓。學習之餘，追隨先生進行了大量實踐層面的工作，這些工作使我得到鍛鍊的同時，彌補了日常學習著眼點所未及。其間，王老師過人的思維能力與動手能力常令我晚輩學子自歎不如，時至今日才逐漸體會先生強調在實踐中學習之深意。面對這樣的一位先生，怎能不叫人長存敬畏之心。面對這樣一位恩師，又怎能以一「謝」字表達我的心情。

　　其次，我要感謝的是從未得緣一見的黃翔鵬先生。從我尚未踏入音樂學的學習之門，一本《樂問》就成爲常伴我枕邊的讀物。我在翻閱之時常常會驚訝，原來在課堂所學的中國音樂知識之外，尚有這樣一片廣闊的空間。粗粗讀來彷彿句句能懂，但仔細品味卻感到每一個字的背後都隱含深意，令人產生深入探究之衝動。且不說書中的學術文章，僅是其後的書信往來就讓我

對黃先生欽慕不已，其中的每一句話都像是在鞭策自己，應該如何在學術的道路上前行。雖然黃先生已仙逝 10 年有餘，但由楊蔭瀏先生與其一脈相承的研究所之學風仍然影響著每一位就學於此的年輕人。在現今擔起學術棟梁的各位師長身上，同樣可以看到這一學風之所在。

崔憲老師、秦序老師、張振濤老師、項陽老師，這一個個名字的分量是身處研究所的學生所無法體會的，因為他們都是那樣的親切和藹、平易敬人。但我作為一個來自於邊疆地區的學生深有感觸，這一個個閃光名字的背後所蘊含的力量。有人僅是曾請教於某位先生，就成為長久的談資，而我能夠在研究所伴於各位先生左右，親耳聆聽先生們的教誨，實為一生難得之幸事。所以，能夠在畢業論文上表達我的感激之情是長久以來的願望，今日終於能夠如願實現。在音樂研究所幫助過我的老師還有：李玫老師、李岩老師、齊琨老師等，他們的嚴謹與敬業同樣為我指引了努力的方向。

還要感謝的是博士三年學習中的同學們，無論大家來自何處、專業方向如何，每一位學友的身上都能讓我感到自己的不足，是他們的成績不斷激勵我努力前行。

最後，我要感謝我的家人和我的妻子。自我考入藝術研究院以來，他們就常常以我的學業為榮。但我深知，真正以為傲的應該是我，沒有這樣的家庭，沒有他們的無私奉獻，我這一點點學歷上的進步又從何得來。想起遠在家鄉的父母，心中不禁升起一絲愧疚，該如何才能報答你們的恩情。我的妻子在完成自身學業的同時，無微不至的關懷常使我疲憊的身心感到些許的安寧，沒有她的幫助與鼓勵我的論文不可能完成。

雖然，博士論文的寫作暫時告一段落，但這僅僅是我進入音樂考古學領域的開始，今後的研究學習多要以此為基礎向前推進。而且，考古學學科的特點在於新材料會不斷出現，這也注定了其成果的階段性特徵。本文的研究，只是建立於現有材料的基礎之上，將來必定會有新的考古發現作為補充與修訂。

讓我們拭目以待吧。

馮卓慧
二〇〇八年四月